세기

세기

지은이 / 알랭 바디우
옮긴이 / 박정태
펴낸이 / 강동권
펴낸곳 / (주)이학사

1판 1쇄 발행 / 2014년 1월 18일
1판 2쇄 발행 / 2014년 4월 25일

등록 / 1996년 2월 2일 (등록번호 제 03-948호)
주소 / 서울시 종로구 윤보선길 65(안국동 17-1) 우 110-240
전화 / 02-720-4572 · 팩스 / 02-720-4573
이메일 / ehaksa@korea.com · 트위터 / twitter.com/ehaksa · 페이스북 / facebook.com/ehaksa

한국어판 ⓒ (주)이학사, 2014, Printed in Seoul, Korea.
ISBN 978-89-6147-184-8 03100

Le Siècle de Alain Badiou
Copyright ⓒ Editions du Seuil, 2005
All Rights reserved.

Korean translation edition ⓒ 2014 by Ehak Publishing Co., Ltd.
Published by arrangement with Editions du Seuil through Guy Hong Agency.
All rights reserved.

이 책의 한국어판 저작권은 Guy Hong Agency를 통해 Editions du Seuil와 독점 계약한 이학사에 있습니다.
저작권법에 의하여 한국 내에서 보호를 받는 저작물이므로 무단 전재와 복제를 금합니다.

* 책값은 뒤표시에 표시되어 있습니다.

> 이 도서의 국립중앙도서관 출판시도서목록(CIP)은 e-CIP 홈페이지(http://www.nl.go.kr/ecip)와 국가자료공동목록시스템(http://www.nl.go.kr/kolisnet)에서 이용하실 수 있습니다.
> (CIP제어번호: CIP2013029016)

Cet ouvrage, publié dans le cadre du Programme de Participation à la Publication, bénéficie du soutien du Ministre des Affaires Etrangères et de l'Ambassade de France en Corée.
이 책은 프랑스 외무부와 주한프랑스대사관의 출판 번역 지원 프로그램의 도움으로 출간되었습니다.

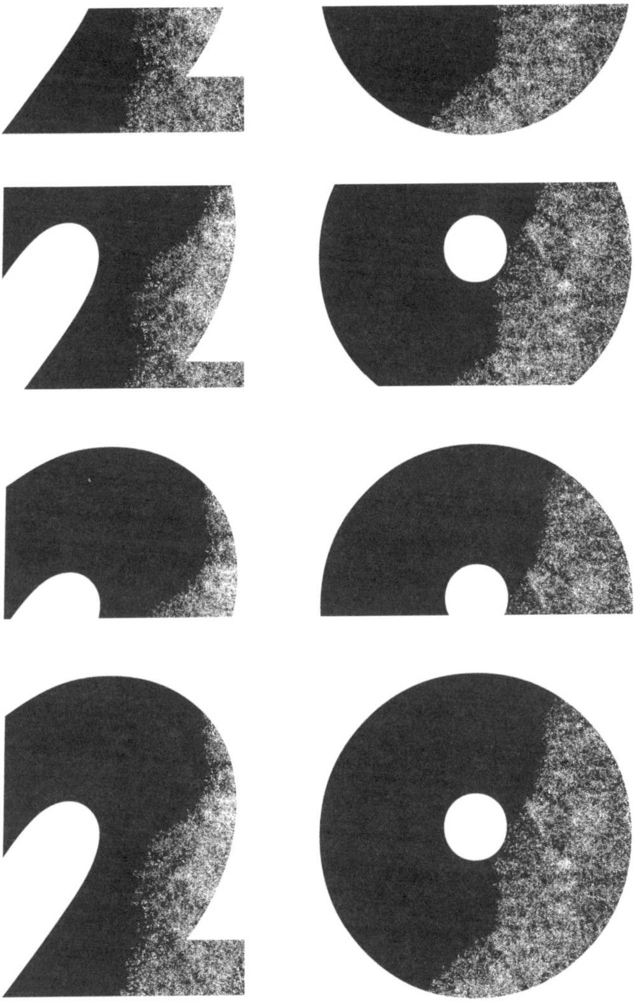

세기

Le Siècle
Alain Badiou

일렝 바디우 지음
박정태 옮김

이학사

일러두기

1. 이 책은 Alain Badiou, *LE SIÈCLE*(Paris: Editions du Seuil, 2005)을 우리말로 옮긴 것이다.
2. 원서의 이탤릭체는 고딕체(이탤릭체 중 도서명은 『 』)로 표기하였다.
3. 아라비아숫자로 된 각주는 지은이가 단 것이고, 별표(*) 각주는 옮긴이가 단 것이다.
4. 부호의 쓰임은 다음과 같다.

    『 』: 도서, 신문명
    「 」: 시, 논문명
    〈 〉: 연극, 영화, 그림, 음악명
    ( ): 본문에서 지은이의 부연 설명
    [*]: 인용문 등에서 지은이의 부연 설명
    [ ]: 옮긴이의 부연 설명

헌사

혁명과 투사를 맹렬하게 비난하는 시대 흐름을 거스르면서, 또 오늘날의 "민주주의자들"이 모든 것을 파기하는 것을 경멸하면서, 어느 날 나타샤 미셸Natacha Michel이 "20세기가 일어났다."라고 선고했습니다. 나타샤 미셸의 이 선고가 없었다면, 나는 결코 이 글을 구상조차 하지 못했을 것입니다.

이 13개 강의의 모태는 1998~1999년, 1999~2000년, 2000~2001년에 국제철학학교Collège international de philosophie에서 했던 세미나입니다. 따라서 국제철학학교에, 그리고 나의 생각을 공적으로 전할 수 있도록 자리를 마련해준, 이 기간 동안 이 학교의 교장이었던 장클로드 밀네Jean-Claude Milner에게 특히 감사드립니다.

세미나의 청중들에게 감사드립니다. 그들의 집단적 지지만이 나의 이 시도를 의미 있게 해주었습니다.

이자벨 보도Isabelle Vodoz에게 감사드립니다. 강의를 즉석에서 옮겨 적은 그녀의 뛰어난 노트와 이 노트의 타이핑 원고는 이 작은 책을 위한 최초의 재료가 되었습니다.

차례

헌사 — 5

1. 방법에 관한 물음 — 9
2. 금수 禽獸 — 29
3. 화해하지 못한 것 — 57
4. 새로운 세계, 좋다, 하지만 언제? — 79
5. 실재에 대한 열정과 가장의 몽타주 — 95
6. 하나가 둘로 나뉜다 — 115
7. 성의 위기 — 131
8. 아나바시스 — 151
9. 일곱 가지 변화 — 179
10. 잔혹함 — 201
11. 아방가르드 — 233
12. 무한 — 261
13. 인간과 신이 함께 사라질 — 291

참고 문헌 — 315
옮긴이의 말 — 317
찾아보기 — 321

1998년 10월 21일

I. 방법에 관한 물음

세기란 무엇일까요? 장 주네가 그의 작품 『검둥이들Les Nègres』*[1]에 쓴 서문을 생각해봅시다. 거기에서 주네는 아이러니하게도 다음과 같이 묻습니다. 흑인이란 무엇일까요? 계속해서

---

* [원주] 인용 작품의 출전은 「참고 문헌」에 적어놓았다.
[1] 초기의 소설 이후 주네의 거의 모든 텍스트(따라서 사르트르의 대단한 책, 『성 주네, 희극배우와 순교자Saint Genet, comédien et martyr』 이후의 텍스트)처럼, 서양의 백인들과 그들의 어두운 역사적 무의식이라고 불릴 수 있는 것 사이의 관계를 문자로 표현한다는 점에서 『검둥이들』은 세기에 관한 핵심적인 자료이다. 한편 『칸막이들Les Paravents』은 무시무시한 알제리 식민지 전쟁의 일화에 대해서가 아니라, 그곳에서 주체들에 관하여 전개된 것에 대한 연극을 시도한다. 이것은, 물론 기요타Guyotat의 장엄하면서도 고독한 작품 『오십만 군인들의 무덤Tombeau pour cinq cent mille soldats』을 제외하면, 전쟁을 루크레티우스의 시와 유사한, 일종의 유물론적 시로 만드는 거의 유일한 시도다.
주네의 문학적 시도는 그 성과를 내가 보기에 그의 최고 걸작인 『사랑에 빠진 포로Un captif amoureux』에서 발견한다. 희곡이 아니라 산문인 이 작품은 이스라엘에 대항하여 팔레스타인 사람들이 벌이는 전쟁의 핵심적인 순간을, 또한 흑표들[흑인 여인들]과 함께, 사람들이 미국이라고 부르는 지속적이고 은밀한 내전의 순간을 끝없이 나타내고 있다.

그는 묻습니다. "우선 흑인은 무슨 색일까요?" 나도 세기에 대해 주네와 동일하게 물음을 던지고자 합니다. 한 세기는 몇 년으로 이루어져 있을까요? 백 년? 만약 그렇다면 보쉬에Bossuet[1]가 던진 다음의 물음은 어떤가요. "단 한순간[즉 어떤 한 시기를 규정짓는 특별한 인상을 주는 한 순간]이 백 년, 천 년을 모두 잊게 만드는 판국에 백 년이 무슨 소용이며 천 년이 무슨 말인가?" 따라서 사람들은 이제 다음과 같이 묻게 될 것입니다. 과연 무엇이 20세기를 잊게 만드는 특별한 순간일까요? 베를린 장벽의 붕괴? 게놈의 핵산 배열 측정법séquençage? 유로화의 통용?

우리가 세기를 건설하는 일에, 다시 말해 세기를 사유의 대상으로 구성하는 일에 도달했다고 가정해봅시다. 그렇다면 이 경우에는 세기가 사유 의지라는 특이한 의지에 포획된 철학적 대상이 되는 걸까요? 하지만 세기란 사실 [철학적 대상이 되기 이전에] 무엇보다도 먼저 역사적 단위가 아닌가요?

따라서 일단 세기의 건설을 순간을 소유한 주인, 즉 역사His-toire에게 맡겨보도록 합시다. 모든 정치의 묵직한 받침대로 상정

---

[1] 나는 사람들이 보쉬에를, 특히 내가 여기서 인용하는 책 『죽음에 대한 설교 Sermon sur la mort』를 여전히 많이 읽는다고 생각하지 않는다. 하지만 이 책은—이 내용을 오랜 시간 동안 집요하게 주장해온 필립 솔레르Philippe Sollers를 정당하게 평가해야 한다—우리의 역사에 대해 가장 강력한 언어를 담은 책들 가운데 하나다. 아울러 세기의 결산에 관심이 있는 사람으로서는, 지금의 이 작은 책[『세기』]의 독자가 그렇다고 우리가 가정하는 것처럼, 보쉬에의 글에서 비록 우리의 지성과 인간 역사의 원천을 넘어선다 할지라도 섭리주의적인, 따라서 합리적인 비전에 대한 가장 일관된 옹호자를 읽어내는 것이 중요하다.

된 역사에게 말입니다. 예를 들어 나는 세기에 대해 합리적으로 다음과 같이 말할 수 있을 것입니다. 1914년에 발발해서 1918년에 끝난 전쟁, 10월 17일의 [러시아] 혁명을 포함한 전쟁과 더불어 세기는 시작되었고, 소비에트연방의 와해, 냉전의 종식과 더불어 세기는 끝이 났다고 말입니다. 이것이 바로 강력하게 하나로 묶여진 ([제1차 세계대전으로부터 소련의 와해까지 아우르는] 75년에 걸친) 작은 세기, 다시 말해 소비에트적 세기입니다. 우리는 전쟁과 혁명이라는, 완전히 인지 가능하고 완전히 고전적인 역사적, 정치적 변수의 도움을 받아서 이 소비에트적 세기를 건설합니다. 여기에서 전쟁과 혁명은 "범세계적 규모"로 명시됩니다. 즉 세기는 한편으로 두 세계대전을 따라 연결되면서, 또 다른 한편으로 소위 "공산주의적" 시도라고 일컬어지는 전 지구적인 [혁명적] 시도의 기원, 전개, 와해를 따라 연결되는 것입니다.

한편 똑같이 역사에 사로잡힌 사람들, 또는 "기억"이라고 불리는 것에 사로잡힌 사람들이 세기를 이것과 완전히 다르게 고려하는 것 또한 사실입니다. 나는 이들을 아무런 어려움 없이 거론할 수 있습니다. 이들에 따르면 세기는 너무나 참담하고 너무나 무시무시한 사건의 장소가 되었고, 따라서 세기의 단위를 말하는 데 적합한 유일한 범주는 범죄가 됩니다. 스탈린식 공산주의의 범죄와 나치의 범죄 말입니다. 실제로 세기의 한복판에 범죄의 척도를 제공하는 [대大]범죄Crime, 즉 유럽의 유태인 말살이 가로놓여 있습니다. 세기는 저주받은 세기인 것입니다. 이 저주받은 세기를 사유하기 위한 큰 변수는 강제수용소, 가스실, 학살, 고문, 조직된 국가 범죄입니다. 여기에서 수數는 본질적인 자격으로 개입합니다. 왜냐하면 범죄의 범주가 국가에 연관되면서부터 범죄의 범주는 곧 대량 학살을 가리키게 되기 때문입니다. 세기의 결산은 이제 사망자들의 수 헤아리기라는 물음을 즉각적으로 제기하게 되는 것입니다.[1] 그렇다면 사망자들의 수 헤아리기라는 이 의지는 과연 무엇 때문일까요? 그것은 이 경우에는 윤리적 판단이 오로지 범죄의 압도적 과잉 속에서만, 즉 수백만의 희생자들에 대한 셈 속에서만 윤리적 판단 자신의 실재를 발견하기 때문입니다. 이렇게 볼 때, 사망자들의 수 헤아리기란 결국 죽음의 산업적 차원과 윤리적 판단의 필요성이 교차하는 지점에 해당합니다. 사망자들의 수 헤아리기, 그것은 사람들이 도덕적 명령 앞에서 가정하는 실재인 것입니다. 그리고 이 실재와 국가 범죄의 만남은 [세기와 관련해서] 다음과 같은 이름, 즉 전체주의적 세기라는 이름을 갖게 됩니다.

[1] 사망자들의 수 헤아리기는 세기에 대한 결산에 가치를 부여한다, 바로 이것이 모든 정치적 사유를 가장 퇴행적인 "도덕적" 경고에 굴복시키려고 시도했던 "새로운 철학자들nouveaux philosophes"이 20년이 넘는 시간 동안 주장해온 것이다. 우리는 『공산주의에 대한 절망을 담은 책Livre noir du communisme』이 최근 출간된 일을, 정말 불길하게도, 역사학자들이 이러한 퇴행을 정당화한 것으로 여겨야 한다. "공산주의"라는 모든 것을 덮는 단어 아래, 영감과 단계에 있어서 엄청나게 다양한 정치에 관하여 이 강의에서 논의되는 것 중 그 어느 것도, 그리고 70년의 역사에 대해서 상술하는 것 중 그 어느 것도 이 회계적 결산 속에서 이해할 수 있는 것은 하나도 없다. 이러한 정치들 가운데 몇몇 정치가 사실상 동반했던 인간 생명의 거대한 학살과 헛된 상실은, 만약 우리가 그것들을 축성祝聖된 존재라고 주장하는 이 책[『공산주의에 대한 절망을 담은 책』]의 방법을 따른다면, 모든 사유를 절대적으로 벗어난 것이 된다. 그런데도 사유되지 않는 것이 주장한다. 종종 이야기되는 것과 반대로 반복에 대한 금지는 사유로부터 오는 것이지 기억으로부터 오는 것이 아니다.

이 전체주의적 세기는 "공산주의적" 세기보다 크기가 더 작다는 점을 주목합시다. 전체주의적 세기는 1917년 레닌과 함께 시작해서(어떤 이들은, 물론 이렇게 되면 그 역사가 아주 길어지게 되겠지만, 1793년 로베스피에르[1]와 함께 전체주의적 세기가 시작한다고 말하기도 합니다), 1937년의 스탈린, 1942~1945년의 히틀러에 이르러 정점에 도달했다가, 1976년 마오쩌둥의 죽음과 함께 본질적으로 끝이 납니다. 따라서 전체주의적 세기는 60년간 지속된 셈입니다. 우리가 적어도 피델 카스트로 같은 먼 나라의 몇몇 생존자, 또는 "광신적" 이슬람주의 같은 제자리를 벗어난 몇몇 악랄한 지하 집단을 무시한다면 말입니다.

하지만 치명적으로 격렬했던 이 작은 세기를 냉정하게 극복한 사람들은, 또는 기억한다거나 회개의 기념제를 열어서 이 작은 세기를 바꿔나간 사람들은 우리의 시대를 이 작은 세기의 결과로부터 출발해서 역사적으로 사유하는 일이 가능합니다. 이들에 따르면 궁극적으로 20세기는 자본주의와 세계시장이 승리한 세기가 될 것입니다. 제한 없는 시장Marché과 끝을 모르는 민주

---

[1] 해방의 정치 또는 비非자유주의 정치의 "전체주의적" 정체성에 대한 담론과 보조를 맞추어 어떤 사람들은 이러한 정치의 뿌리를 프랑스혁명, 특히 프랑스혁명 과격파[자코뱅 당]의 핵심적 이야기 쪽에서 찾는 것이 옳다고 믿었다. 우리는 70년대의 끝자락에서부터 스탈린-로베스피에르에 관한, 아울러 성만대되는 경우로 공화주의자들이 고려하고 있었던 지방의 "집단학살"에 맞서서 방데[프랑스혁명 당시 반혁명 반란이 일어났던 프랑스의 도] 사람들을 탁월하게 구원한 자에 관한 몇몇 어리석음을 이런 식으로 읽을 수 있었다. 만약 20세기의 본질이 이처럼 전체주의적 혐오라면, 20세기가 복고 시대Restauration의 극단주의자들이 볼 때 공적 구원 위원회로부터 시작하는 것은 이런 의미에서다.

주의Démocratie의 화기애애한 상호작용은 결국 [전체주의적 작은 세기의] 고삐 풀린 의지의 병리학을 잠재우면서, 조정으로서의 세기 또는 중용의 지혜로서의 세기라는 의미를 세우게 될 것입니다. 세기는 경제라는 단어가 갖는 모든 의미를 통틀어서 경제의 승리를 말하게 될 것입니다. 세기는 사유의 무분별한 열정의 체계로서의 자본Capital을 말하게 될 것입니다. 이것이 바로 자유주의적 세기입니다. 의회정치와 의회정치의 지지자들에게 소소이념의 왕도를 열도록 한 이 자유주의적 세기는 모든 세기 중에서 가장 짧은 세기입니다. 기껏해야 70년대(혁명을 찬양했던 마지막 시기) 이후부터 시작한 이 세기는 30년을 지속 중*입니다. 이를 두고 혹자는 행복한 세기, 끝자락의 세기라고 말합니다.

그렇다면 이 모든 것을 철학적으로 어떻게 숙고할까요? 소비에트적 세기, 전체주의적 세기, 자유주의적 세기의 교차에 대하여 개념에 의거해서 무엇을 말해야 할까요? 객관적이거나 역사적인 어떤 한 유형의 단위(공산주의적 영웅 행위, 근원적 악, 승리를 거둔 민주주의……)를 선택하는 일은 세기에 대해 철학적으로 숙고하려는 우리에게 직접적으로 도움을 주지 못합니다. 실제로 우리 철학자에게 문제가 되는 것은 세기 속에서 일어났던 것이 아니라 세기 속에서 사유되었던 것입니다. 이전에 있었던 사유의 단순한 전개가 아닌 이 세기 속에서 사람들은 무엇을

---

* 1장부터 8장까지는 1998~1999년 사이에, 9장부터는 2000년 이후에 한 강의다. 이 책은 2005년에 출간되었다.

사유하는 걸까요? 전달된 사유가 아닌 사유란 무엇일까요? 이전에는 사유되지 않은 것과 더불어서, 더 나아가 이전에는 사유할 수 없었던 것과 더불어서 이 세기 속에서는 과연 무엇이 사유되었던 걸까요?

[세기에 대하여 철학적으로 사유하기 위한] 방법은 다음과 같습니다. 그것은 세기가 세기 자신에 대해 어떻게 사유했는지 가리키는 몇몇 자료와 흔적을 세기의 생산물 가운데서 추출해내는 것입니다. 보다 정확하게 말하자면 세기는 세기 자신의 사유를 과연 어떻게 사유했는지, 세기는 세기 자신의 사유에 함축된 역사성과 관계가 있다고 할 때 바로 이 관계의 사변적인 특이성을 어떻게 확인했는지 가리키는 몇몇 자료와 흔적을 세기의 생산물 가운데서 추출해내는 것입니다.

이러한 방법을 보다 명확히 하기 위해 나는 오늘날 볼 때 도전적인, 심지어는 금지된 다음과 같은 질문을 감히 제기해봅니다. 나치 당원들의 사유는 무엇이었을까요? 나치 당원들은 무엇을 사유하였을까요? [나치에 대해서 이야기할 때] 나치 당원들이 저지른 만행(그들은 유럽의 유태인을 가스실에서 말살하려고 했습니다) 쪽으로 언제나 우리를 힘 있게 되돌려놓는 태도가 존재합니다. 물론 결과적으로 이 태도는 나치 당원들이 만행을 저지르며 사유하고 있었던 것, 또는 직이도 그들이 사유한다고 상상하고 있었던 것에 대한 모든 접근을 원천적으로 봉쇄해버리고 맙니다. 그런데 나치 당원들이 사유했던 것에 대해 사유하지 않는 행위는 그들이 했던 것에 대해 사유하는 행위 또한 막게 되고, 따라서 그들이 저지른 것과 같은 만행의 회귀를 금지시키는 모든 실재적 정치를 막는 결과를 낳게 됩니다. 나치의 사유가 사유되지 않는 한, 그것은 결국 우리 사이에서 사유되지 않는 것으로, 따라서 결코 파괴할 수 없는 것으로 남는 것입니다.

사람들이 가볍게, 나치 당원들이 저지른 만행(말살)은 부조리 또는 몰인정의 질서에 의해 저질러진 일이라고 말할 때, 그들은 한 가지 핵심적인 점을 잊고 있습니다. 그것은 부조리하고 몰인정한 그 질서를 나치 당원들은 최대의 정성을 기울여서 최고로 엄격한 규정과 더불어 사유하였고 다루었다는 사실입니다.

나치즘은 사유가 아니라고, 즉 보다 일반적으로 야만은 사유를 하지 않는다고 말하는 것은 실제로는 [나치에 대한] 무죄 선고라는 엉큼한 과정으로 귀착되고 맙니다. 이런 식의 언급은 사실은 사람들에게 유일 정치를 추동하는, 현실의 "유일 사유"의 형식들 가운데 한 형식입니다. 정치는 사유지만 야만은 사유가 아니다. 따라서 그 어떤 정치도 야만스럽지 않다. 이런 식의 삼단논법은 단지 오늘날 우리를 규정하는 의회-자본주의의 명백한 야만을 감추는 일만을 도모할 뿐입니다. 이 같은 감춤으로부터 빠져나오기 위해서는 세기의 증언 속에서, 세기의 증언을 통해서 나치즘은 그 자체로 정치요 사유라고 주장해야 합니다.

사람들은 어쩌면 나에게 다음과 같이 말할 것입니다. 당신은 무엇보다도 나치즘 그리고 시장 위에 군림한 스탈린주의가 악Mal의 형상이라는 사실을 외면하려는 것 같습니다. 그렇다면 나는 반대로 나치즘과 스탈린주의를 사유, 즉 정치라고 확인함으로써 궁극적으로 그것들을 판단하는 방식을 제공하는 것은 나라고, 반면에 [사유, 즉 정치 차원에서의 확인 없이] 판단을 실체화함으로써 결국 나치즘과 스탈린주의가 반복되도록 보호하는 일을 하는 것은 당신들이라고 주장하겠습니다.

나치즘적 (또는 스탈린주의적) "부조리"를 악과 동일시하는 도덕적 등식은 사실 취약한 신학입니다. 왜냐하면 우리는 신학적 방식으로 악을 비-존재와 동일시하는 길고 긴 역사를 물려받았기 때문입니다. 만약 실제로 악이 존재한다면, 만약 악에 대한 존재론적 실증성이 정말 있다면 곧바로 신이 악의 창조자이며, 따라서 신은 악에 대해서 책임이 있다는 결론이 뒤따라 나오게 됩니다. 결국 신에게 무죄를 선고하기 위하여 악에게는 모든 존재[있음]를 부정해야만 하는 것입니다. 나치즘은 사유가 아니라고, 즉 나치즘은 (자신들의 "민주주의"와 반대로) 정치가 아니라고 확언하는 사람들은 결과적으로 사유, 즉 정치에 무죄를 선고하기만을 바랍니다. 다시 말해 나치즘의 정치적 실재와 자신들이 민주주의적 결백이라고 주장하는 것 사이에 존재하는 그 비밀스럽고 깊은 연결을 위장하기만을 원하는 것입니다.

세기의 진리 가운데 하나는, 히틀러에 맞선 전쟁에서 연합한 민주국가들이 유태인 말살에 대해서는 거의 걱정을 하지 않았다는 사실입니다. 전략적으로 볼 때, 연합국들은 독일의 팽창주의에 맞서 전쟁을 한 것이지 결코 나치의 정치체제에 맞서 전쟁을 한 것이 아니었습니다. (공격의 리듬, 폭격 장소, 특공대의 작전 등) 전술적으로 볼 때, 연합국들의 그 어떤 결정도 유태인 말살을 막거나 심지어 제한하는 일을 목적으로 하지 않았습니다. 그리고 이 점을 연합국들은 아주 일찍부터 완벽하게 인식하고 있었습니다.[1] 이와 꼭 마찬가지로 오늘날 세르비아나 이라크를 폭격하는 일에 대해서는 완전히 인도주의적이라고 자처하는 우리의 민주국가들이 에이즈에 의해 수백만의 아프리카인들이 죽어나가는 일에 대해서는 실상 걱정을 하지 않습니다. 사람들은 에이즈를 통제하는 방법을 알고 있으며, 실제로 유럽과 미국에서는 그것을 통제하고 있습니다. 하지만 경제와 소유권 때문에, 상업적 권리와 재정상의 우선순위 때문에, 제국주의적 이유 때문에, 즉 완전히 사유 가능하고 또 사유되는 그런 이유들 때문에 사람들은 죽어가는 아프리카인들에게는 약을 제공하지 않고 단지 백인 민주주의자들에게만 약을 제공할 것입니다. 결국 위의 두 경우에서 확인할 수 있는 것처럼 세기의 진정한 문제는 "민주국가들"과 그 국가들이 타자Autre라고 지적하면서 자신들은 무관하다고 말하는 바로 그 야만 사이에 존재하는 연결입니다.

1 말살의 과정과 가스실에 관해 연합국들에 전달된 정보들에 대해서는 특히 중요한 책, Rudolf Vrba et Alan Bestic, *Je me suis évadé d'Auschwitz*[나는 아우슈비츠에서 탈출했다], trad. Jenny Plocki et Lily Slyper(Ramsay, 1988)를 참조할 수 있다.
우리는 Cécile Winter, "Ce qui a fait que le mot *juif* est devenu imprononçable[유태라는 단어를 발음할 수 없게 만든 것]"이라는 논문을 통해 이러한 해석을 보충할 것이다. 다른 논문들 사이에서 이 논문은 클로드 란츠만Claude Lanzmann의 영화 〈쇼아Shoah〉의 편집이 루돌프 브르바의 증언 속에서 장면을 컷하는 방식을 해석한다.
집단학살 시도의 단계에 대해 기술한 기본 서적으로는 Raul Hilberg, *La Destruction des Juifs d'Europe*[유럽 유태인들의 파괴](Fayard, 1988)가 있다.
나치의 정치체제에 대한 결산이 사유에 제기하는 문제들, 또한 가스실의 존재를 부정하는 수정주의가 사유에 제기하는 문제들을 전체적으로 조망하기 위해서는 나타샤 미셸이 주도한 모음집, 『현재의 입에게 고함. 부정주의[나치의 가스실의 존재를 부정하는 주의]: 역사냐 또는 정치냐?Paroles à la bouche du présent. Le négationnisme: histoire ou politique?』(Marseille, Al Dante, 1997)를 참조할 것이다.

그리고 해체해야 할 것은 다른 것이 아닙니다. 그것은 [민주국가들의] 무죄 선고를 위한 이런 식의 논증 과정입니다. 오로지 이것이 해체될 경우에만 사람들은 몇몇의 진리를 건설할 수 있습니다.

이 진리의 논리는 사람들이 진리의 주체를 결정하는 일을 전제합니다. 즉 실재의 이런저런 단편에 대한 거부 속에서 작용하는 [진리의] 실질적 연산 작용을 결정할 것을 전제하는 것입니다. 세기와 관련해서 우리가 시도하려고 하는 것이 바로 이것입니다.

이에 대한 나의 생각은 우리가 세기의 주체성에 가장 근접해 있는 것을 붙잡는 것입니다. 즉 이러저러한 사람의 [인격적] 주체성이 아니라 정확하게 세기 자체와 연관된 주체성에 가장 근접해 있는 것을 붙잡는 것입니다. 그리고 목적은 "20세기"라는 구句가, 경험적인 단순한 [연대기적] 순서 매기기를 넘어서, 과연 [세기에 대한 철학적] 사유를 위해 어떤 적합성을 가지고 있는지를 알고자 하는 것입니다. 우리는 이를 위해서 최대한으로 내적인 방법을 사용할 것입니다. 이 방법은 세기를 객관적인 소여처럼 판단하는 방법이 아닙니다. 그것은 세기가 어떻게 주체화되었는지를 묻는 방법이자, 세기 자신의 내적인 호출로부터 시작해서 세기를 세기 자신의 범주로 파악하는 방법입니다. 이때 우리에게 특별히 중요한 자료는 세기 그 자신의 당사자들이 보기에 세기의 의미를 묻는 텍스트들(또는 그림들 또는 시퀀스들), 또는 이 세기가 아직 진행 중이며 또 아직 완전히 펼쳐지지 않았음에도 불구하고 "세기"라는 단어를 그들의 주된 단어 가운데 하나로 취하는 텍스트들입니다.

이렇게 함으로써 아마도 우리는 판단을 몇몇 문제의 해결로 대체하게 될 것입니다. 현대의 도덕적 인플레이션은 세기가 모든 면에서 판단되고 선고받도록 만듭니다. 나는 선고받은 세기를 복권시킬 의도가 없습니다. 다만 세기를 사유하기를, 따라서 세기가 지닌 사유 가능한-존재를 배치하기를 원할 뿐입니다. 이때 우리가 관심을 가져야 할 것은 무엇보다도 먼저 인권 법정과 관련하여 거론될 수 있을 세기의 "가치"가 아닙니다. 이런 것은 미국인들이 세운 국제형사재판소TPI가 법적, 정치적으로 빈약한 것과 똑같은 정도로 지적으로도 별 볼일 없는 것입니다. 이보다는 차라리 [세기의] 몇몇 수수께끼 같은 일을 따로 떼어내어서 다루어보도록 합시다.

그 수수께끼 같은 일들 중 하나를 아주 폭넓게 지적하면서 이번 강의를 마치고자 합니다.

20세기는 이례적인 개막으로 출발하였습니다. 1890년에서 1914년에 이르는 위대한 두 10년을 20세기의 서막으로 고려해봅시다. 사유의 모든 질서를 놓고 볼 때, 이 두 10년은 오로지 피렌체의 르네상스만이, 또는 페리클레스의 세기만이 비교될 수 있을 정도로 다양한 형태로 만개한 창조의 시기, 이례적인 발명의 시기를 대표합니다. 이 시기는 촉발과 단절의 경이로운 시대였던 것입니다. 몇몇 지표만을 고려해보도록 합시다. 1898년 현대적 글쓰기를 표명한 『주사위 던지기 Un coup de dés jamais……』를 출판한 직후 말라르메Mallarmé가 죽었습니다. 1905년 아인슈타인은 제한된 상대성을 창안하였습니다. 물론 이것은 푸앵카레Poincaré가 아인슈타인보다 앞서지 않았다는 가정 아래서입니다. 또한 같은 해에 아인슈타인은 빛의 양자 이론을 창안합니다. 1900년 프로이트는 『꿈의 해석』을 출판함으로써 정신분석학적 혁명에 자신의 최초의 체계적 대작을 선사합니다. 이 기간 동안 빈Vienne에서도 언제나 마찬가지였습니다. 특히 1908년 쇤베르크는 비음계 음악의 가능성을 세웠습니다. 1902년 레닌은 『무엇을 해야 할 것인가?』에 증언된 창조물인 근대적 정치를 창조했습니다. 제임스와 콘래드의 수많은 소설이 출판된 것, 프루스트의 『잃어버린 시간을 찾아서』의 본질적 부분이 쓰인 것, 조이스의 『율리시스』가 무르익은 것 또한 세기의 이 초반부였습니다. 프레게로부터 시작된 수학화된 논리학과 그것에 부수된 것들 그리고 언어철학이 러셀, 힐베르트, 젊은 비트겐슈타인, 그 밖에 다른 몇몇 사람과 더불어 영국과 대륙에서 전개되었습니다. 이번에는 1912년경 피카소와 브라크가 회화의 논리를 뒤흔들었습니다. 후설은 고독 속에서 집요하게 현상학적 기술을 펼쳤습니다. 또 이 모든 것과 병행해서 푸앵카레 또는 힐베르트 같은 뛰어난 천재들이 리만, 데데킨트, 칸토어의 계보를 이어가면서 수학의 스타일 전체를 다시 세웠습니다. 1914년의 전쟁 바로 직전에 작은 나라 포르투갈에서는 페르난두 페소아Fernando Pessôa가 시에 아주 곤란한 과업들을 확정하였습니다. 영화는 발명된 지 얼마 되지 않아서 멜리에스, 그리피스, 채플린 같은 최초의 천재들을 발견합니다. 이 짧은 시기에 일어난 경이로운 일들을 다 열거하려면 끝이 없을 것입니다.

그런데 바로 이 짧은 시기 이후에 1914~1918년의 전쟁이 색깔을 정하게 될 기나긴 비극, 영혼을 배제한 채 인간을 재료로 사용한 비극이 일어납니다. 분명히 1930년대의 정신이 존재합니다. 이 정신은, 우리가 앞으로 다시 보게 되겠지만, 빈약한 것과는 거리가 먼 것이었습니다. 하지만 1930년대의 정신은 세기 초반의 정신이 창의적이고 자유로웠던 바로 그 만큼이나 무겁고 난폭한 것이었습니다. 이렇게 볼 때, 결국 이 두 정신의 연속이 갖는 의미와 관련해서 수수께끼와 같은 일이 존재합니다.

또는 문제가 존재한다고도 할 수 있습니다. 다음과 같이 자문해봅시다. 세계대전으로 얼룩진 그 무시무시한 30년대나 40년대, 나아가 50년대, 식민지 전쟁, 불투명한 정치적 건설, 대량 학살, 거대하지만 취약하기 짝이 없는 계획, 차라리 패배라고 해야 할 정도로 엄청난 비용이 든 승리, 이 모든 것은 세기의 초반 몇 해가 구성한 그렇게도 빛나고 창조적이며 문명화되어 보였던 개막과 관계가 있는 걸까요, 없는 걸까요? 이 두 조각의 시간 사이에 1914년의 전쟁이 자리 잡고 있습니다. 그렇다면 1914년의 전쟁의 의미는 무엇일까요? 과연 이 전쟁은 무엇의 결과일까요? 또는 이 전쟁은 무엇을 상징하는 걸까요?

축복받은 시기는 또한 식민지 정복이 최고조에 달한 시기, 지구 전체 또는 지구 거의 대부분에 대한 유럽인의 지배가 최고조에 달한 시기이기도 했습니다. 만약 이 사실을 상기하지 않는다면, 우리는 위에서 언급한 문제를 풀 그 어떤 기회도 갖지 못할 것입니다. 이처럼 이미 다른 곳에서, 먼 곳에서, 그러나 또한 영혼과 아주 가까운 곳에서, 그리고 각 가정에서 예속과 학살이 현존했던 것입니다. 1914년의 전쟁 이전부터 잔인함에 짓눌린 아프리카가 있었습니다. 몇몇 드문 증인이나 예술가가 이것을 정복자의 전통적 잔인함이라고 고발할 터였습니다.¹ 나 역시 나의 부모님이 내게 전해준 1932년판 라루스Larousse 백과사전을 공포를 느끼며 봅니다. 마치 모두에게 명백한 사실인 듯 취급된, 이 사전의 인종의 서열 명부에는 흑인의 두개골이 고릴라의 두개골과 유럽인의 두개골 사이에 있는 것으로 그려져 있습니다.

인간 고기[흑인의 몸]의 강제 이주로부터 노예제도의 폐지에 이르기까지 2세기 또는 3세기의 시간이 흘렀습니다. 그동안 정복은 아프리카를 유럽인들의 자본주의적이고 민주적인 부귀영화의 추악한 이면으로 만들어왔습니다. 그리고 이 일은 오늘날에도 계속됩니다. 30년대의 그 증오에 찬 격분과 죽음에 대한 무관심 속에는 확실히 큰 전쟁과 참호로부터 비롯된 무엇이 존재합니다. 하지만 거기에는 식민지로부터 비롯된 무엇 또한 존재합니다. 즉 식민지에서 인류의 차이에 대해 검토하는 수단의 끔찍한 회귀와도 같은 무엇 또한 존재하는 것입니다.

우리의 세기는 말로가 이야기했던 것처럼 정치가 비극이 된 세기임을 인정합시다. 세기의 초기에, "아름다운 시대"의 금빛 개막 속에서, 과연 무엇이 이런 식의 비극적 비전을 준비하고 있

---

1 식민지 만들기의 야만스러움에 내해 세기의 프랑스 예술가들이 행한 드문 증언 가운데 지드의 『콩고 여행Voyage au Congo』을 우리는 당연히 인용한다. 하지만 모리스 라벨의 〈마다가스카르의 노래Chansons madécasses〉 중의 하나에 나오는 "해안에 거주하는 백인들을 조심해."라고 반복하는 아주 작은 구절 또한 있다. 라벨은, 볼셰비키 혁명에 반대하여 러시아에서 일어난 모든 상상할 수 있는 가능한 책략을 프랑스 정부가 지지했다는 이유로 레지옹도뇌르 훈장Légion d'honneur을 거부한 사람이다.

었을까요? 깊은 내막을 들여다보면, 어느 순간부터 세기는 인간을 바꾸려는, 새로운 인간을 창조하려는 관념에 사로잡혀 있었습니다. 실제로 이 관념은 파시즘과 공산주의 사이를 순환합니다. 예를 들어 해방된 세계의 문턱에 세워진 프롤레타리아의 동상, 전형적인 아리아인의 동상, 몰락하는 용들을 쳐부수는 지크프리트Siegfried의 동상에 이르기까지 동상들은 [새로운 인간의 창조를 형상화하고 있다는 점에서] 모두 다 어느 정도 동일한 모습을 보여줍니다. 그리고 새로운 인간을 창조하는 일은 언제나 옛날의 인간을 파괴해야 한다는 강요로 되돌아옵니다. 난폭하고 화해 불가능한 토론이 옛날의 인간에 대하여 행해집니다. 하지만 어쨌든 계획은 너무나도 근원적이기 때문에 사람들은 계획을 실현하면서 인간 삶의 특이성은 고려하지 않습니다. 거기에는 단지 재료만 있을 뿐입니다. 마치 음계상의 균형 또는 조형상의 균형으로부터 떨어져 나온 음과 형태가 근대 예술의 예술가들에게는 그 용도를 다시 정식화해야 하는 재료가 되는 것과 어느 정도 유사하게 말입니다. 또는 모든 객관적 관념화를 박탈당한 형식 기호들이 수학을 어떤 기계화할 수 있는 완성 위에 투영하는 것과 어느 정도 유사하게 말입니다. 이렇게 볼 때, 새로운 인간을 위한 계획은 세기 초반이 보여주었던 과학적, 예술적, 성적 단절과 동일한 주체적 어조를 역사와 국가의 질서 속에서 주장하는 단절의 계획, 세움의 계획이었다고 할 수 있습니다. 결국 이런 의미에서 세기는 자신의 서막에 충실했다고, 무자비하게 충실했다고 주장하는 것이 가능할 것입니다.

신기한 것은 오늘날에는 이 범주들이 사라졌다는 것입니다.

그 누구도 더 이상 정치적으로 새로운 인간을 창조하는 일에 관심을 갖지 않습니다. 오히려 사람들은 모든 면에서 옛날의 인간을 보존할 것을, 위험에 처한 모든 동물을 시장으로부터 보존할 것을, 그뿐만 아니라 옛날의 옥수수까지도 보존할 것을 요구합니다. 오늘날 사람들이 인간을 정말로 바꾸려고, 즉 인간 종을 변경하려고 준비하는 것은 정확하게 말해서 [정치를 통해서가 아니라] 유전자 조작을 통해서입니다. 이 모든 차이는 유전학이 근본적으로 비정치적이라는 사실에서 비롯됩니다. 나는 유전학이 어리석은 짓이라고, 또는 적어도 유전학은 사유가 아니라고, 최고로 좋게 봐주어도 그것은 기술에 불과하다고 말할 수 있다고 확신합니다. 따라서 (해방된 사회의 새로운 인간을 겨냥한) 프로메테우스적 정치 계획에 대한 파산 선고를 이제 인간의 특성을 [유전학적으로] 바꾸는 일의 기술적 가능성이 계승하고 있다는 말은 논리적으로 맞는 말입니다. 물론 이 기술적 가능성은 궁극적으로 볼 때 재정 문제에 의해 좌우될 것입니다. 실제로 인간의 특성을 바꾸는 일은 그 어떤 계획에도 대응하지 않습니다. 우리가 다섯 개의 발을 가질 수 있으리라는 것, 또는 죽지 않을 수 있으리라는 것, 이런 일이 가능하다는 것을 우리는 신문을 통해서 압니다. 그리고 이 일은 결국 일어나고야 말 것입니다. 왜냐하면 이 일은 계획이 아니기 때문입니다. 사물의 자동성 속에서 이 일은 일어나고야 말 것입니다.

요컨대 우리는 정치 속에서 가장 주체적이고 가장 의지적으로 있는 것을, 기술에 대한 경제적 점유 속에서 가장 맹목적이고 가장 객관적으로 있는 것이 대신한 대리물을 살고 있는 셈입니다. 심지어 어떤 의미에서 우리는 과학적 문제가 정치적 계획을 대신한 대리물을 살고 있습니다. 실제로 과학의 위대함은 문제를 가질 뿐 계획을 갖지 않는다는 것입니다. "인간이 가장 깊이 가진 것 속에서 인간을 바꾸기"[1]는 혁명적 계획, 그렇지만 의심의 여지없이 잘못된 계획이었습니다. 그리고 이 계획은 이제 과학적 문제가 되었거나 아마도 기술적 문제가 되었을 것입니다. 어쨌든 그것은 해결책을 가진 문제가 된 것입니다. 사람들은 지금 과학적 문제의 해결책을 알고 있거나 또는 알게 될 것입니다.

물론 다음과 같이 물을 수 있습니다. 이처럼 과학적 문제의 해결책을 안다는 사실에 대하여 그렇다면 우리는 무엇을 해야 하는 걸까? 하지만 이 물음에 답하기 위해서는 계획이 필연적입니다. 정치적이며 숭고한 계획, 웅장하면서도 격렬한 계획 말입니다. [이 점에 있어서는] 나를 믿어도 좋습니다. "과학이 새로운 인간을 만들 줄 안다는 사실에 대하여 우리는 무엇을 해야 하는가?"라는 물음에 답을 주는 것은 [숭고하면서도 웅장한 정치적 계획이지] 결코 관대한 윤리 위원회가 아닙니다. 그런데 계획이 없기

---

[1] 문화혁명의 초기 국면에서 린뱌오Lin Biao[林彪]가 포함된 지도부는 "인간이 가장 깊이 가진 것 속에서 인간을 바꾸기"라는 슬로건을 지지했다. 인간의 깊은 것에 대한 이 변화는 어쨌든 우발적인 강력한 결과들로 인해서 철의 독재와 가장 드문 폭력의 보복을 요구한다는 사실을 우리는 아주 일찍부터 보아왔다. 이 같이 강요된 새로운 인간의 출산은 "극좌"의 과잉이라고 알려진, 이후에 일어난 일련의 사건 속에서도 있었다. 1969년 최고의 지위에 올랐던 린뱌오는 자신의 삶을 1971년 9월의 이 반-흐름 속에 두었다. 아마도 그는 [몽골 상공에서 비행기 추락으로 사망한 것이 아니라] 지도부가 모인 로비에서 숙청되었을 것이다. 이 이야기는 중국에서 국가 기밀로 남아 있다.

때문에, 또는 계획이 없는 한 이제 우리에게 남은 유일한 대답은 너무나도 뻔한 것이 되고 맙니다. 무엇을 해야 할지를 말해주는 것은 바로 이익인 것입니다.

마침내 종국에 이르러 세기는 새로운 인류가 출현하는 세기, 인간인 것에 대한 근원적인 변화가 이루어지는 세기가 될 것입니다. 그리고 이런 의미에서 세기는 세기 자신의 최초 몇 해가 보여주었던 그 특출한 정신적 단절에 충실한 것으로 남게 될 것입니다. 다만 사람들은 계획의 질서로부터 조금씩 조금씩 이익이라는 자동성의 질서로 옮겨갈 것입니다. 계획은 많은 사람을 죽이게 될 것입니다. 자동성 또한 많은 사람을 죽이게 될 것이며, 또 그 어느 누구도 이 일에 대한 책임자를 명명할 수 없는 상태에서 사람 죽이는 일은 계속될 것입니다. 이제 이치에 맞도록 세기는 거대한 범죄를 유발하는 계기였다고 시인합시다. 그리고 주식회사가 익명인 것처럼 익명의 범죄가 명목상의 범죄를 대신하게 된 것을 제외하고 나면, 이것은 아직도 끝나지 않았다는 것을 추가로 시인합시다.

1998년 11월 18일

2. 금수 禽獸

우리의 방법은 세기가 세기 자신과 관계를 맺는 길, 수단으로부터 출발하는 것이었습니다. 따라서 「세기」라는 이름이 붙여진, 러시아의 시인 오시프 만델스탐Ossip Mandelstam의 시는 의심의 여지없이 전형적인 자료가 됩니다. 더구나 그것이 20년대, 즉 1914년의 전쟁 직후와 볼셰비키 권력의 초창기에 쓰였다는 점에서 더욱 그러합니다.

오늘날 만델스탐[1]은 세기의 가장 위대한 시인 가운데 한 사람으로 알려져 있습니다. 물론 우리가 살아온 지난 시간 동안에는 그렇게 알려지지 않았지만 말입니다. 만델스탐은 결코 난해한 작가가 아닙니다. 그는 전쟁 이전에 시 학교를 무척이나 열정적으로 다녔습니다. 또한 그는 나름대로 전쟁과 혁명의 인간이

---

[1] 만델스탐이 20년대에 쓴 시들에 관해서는 프랑수아 케렐François Kérel이 시를 선택하고 번역한 작은 시집, 『트리스티아와 다른 시들Tristia et autres poèmes』 (Gallimard, 1982)을 참조할 것이다.

었습니다. 그의 조국에서 벌어진 전대미문의 난폭한 일은 그를 자극했고 그의 시적 성찰을 불러일으켰습니다. 그는 자신의 운명이 소비에트연방 말고 다른 곳에 있을 수 있다는 생각, 자신이 진정한 정치적 반대자가 될 수 있다는 생각은 전혀 하지 않았지만, 30년대에 분명히 스탈린적 폭군 정치에 대항하는 일종의 저항 예술인이 될 터였습니다. 그의 판단은 언제나 시에, 또는 자신을 둘러싼 극도로 민감한 사유에 실려 있습니다. 1934년에 스탈린에 대한 시[1]를 쓴 후 만델스탐은 처음으로 체포됩니

---

[1] 스탈린에 대한 시를 프랑수아 케렐의 (리듬과 운율을 넣은) 번역으로 인용해 본다.

　　조국의 체제 아래 우린 느낌 없이 산다네,
　　사람들은 오로지 속삭이기만 할 뿐,

　　혹시라도 말이 많은 인영人影을 만나면
　　사람들은 크렘린과 산 속의 용맹스런 혁명가들을 이야기한다네.

　　그는 시詩와도 같은 굵고 기름진 손가락과
　　무쇠와도 같은 단어를 정확히 1퀸틀[약 50kg]만큼 가졌다네.

　　그의 콧수염이 웃음을 그릴 때, 사람들은 위선자들을 말하고,
　　그의 두툼한 장화는 등대와도 같으리.

　　우두머리들이 그―가냘픈 목덜미―주위로 우글거리고.
　　그는, 이 난장이들 사이에서, 열심히 즐긴다네.

　　누군가 야유하고, 누군가 칭얼대며, 또 누군가 신음하는데―
　　오로지 그만 손가락질, 오로지 그만 주먹질 한다네.

이 30년대 러시아의 시를 폴 엘뤼아르Paul Eluard가 서명한, 1949년의 프랑스

다. 이 시는 정치적 비판을 담은 시라기보다는 냉소적이고 신랄한 일종의 경고였습니다. 신중치 못하고 자신의 사유를 고지식하게 확신했던 만델스탐은 열두서너 명의 사람에게 이 시를 보여주었는데, 아마도 이들 가운데 여덟, 아홉 명은 그 자리에 적절치 않은 사람이었습니다. 모든 사람이 만델스탐은 끝났다고 믿었습니다. 하지만 그는 최고 지도자의 사적인 개입 후에 풀려

의 어떤 시와 비교하는 것은 자못 흥미롭다. 여기에 그 시의 몇 구절을 인용해 본다.

> 오늘 스탈린은 불행을 일소한다네
> 확신은 그의 사랑의 뇌가 낳은 열매
> 합리적인 열매 송이는 그 만큼 완벽하다네
>
> 그 덕분에 우린 가을을 따질 일 없이 산다네
> 스탈린의 시야는 언제나 새롭게 태어나고
> 암운의 바닥에서도 우린 의심 없이 산다네
> 삶을 생산하며 미래를 정하는 우리
> 우리에게 내일 없는 날이란 없다네
> 정오 없는 여명도, 열기 없는 향기도 [*……]
>
> 삶과 인간은 스탈린을 뽑았다네
> 그들의 한없는 희망을 대지 위에 드러내기 위해서

"공산주의"라고 불리는 것의 스탈린적 아류와 관련해서 세기의 주체성을 사유하는 일은 결국, 만델스탐이 옳았고 엘뤼아르가 틀렸다고 서둘러 말하지 않으면서, 이 두 텍스트 사이의 간격을 사유하는 것이다. 그것[그렇게 서둘러 말하는 것]은, 몇몇 분명한 점에서, 사유의 그 어떤 효과도 생산치 않는다. 이보다 흥미로운 일은 오히려, 전前-초현실주의자 엘뤼아르의 진술이 담고 있는 진리, 즉 "스탈린"이라는 이름이 수백만의 노동자들과 지식인들이 보기에는 실제로 "가을을 따질 일 없이" 살아가는 능력, 특히 의심할 필요 없는 삶을 생산하는 능력을 가리킨다는 사실을 솔직하게 고려하는 것이다.

났습니다. 이 일은 예술가들이 연출한 극적인 효과가 폭군들의 환심을 산 덕분이었습니다. 스탈린은 한밤중에 파스테르나크에게 전화를 걸어 만델스탐이 정말로 러시아어를 쓰는 위대한 시인인지 물었습니다. 거의 집행될 뻔했던 죽음의 강제 이주가 파스테르나크의 긍정적인 답변 덕에 가택 연금으로 감형되었습니다. 하지만 이것은 이어질 일이 잠시 보류된 것에 불과했습니다. 만델스탐은 1937년의 대대적인 숙청 때 체포되었고, 결국 아시아의 동쪽 끝으로 이송된 후 수용소로 가는 길 위에서 죽게 됩니다.

우리가 검토하려는 시는 물론 이보다 한참 이전의 시, 그러니까 1923년의 시입니다. 1923년은 강렬한 지적 활동이 넘쳐나던 때였습니다.[1] 소비에트연방의 변화는 여전히 불확실했습니다. 만델스탐은 자신의 시적 의식을 바탕으로 조국의 혼돈스러운 변화 속에서 문제가 되고 있던 근본적인 어떤 것을 인식했습

---

[1] 만델스탐의 부인 나데이다Nadejda의 기억 —*Contre tout espoir*[모든 희망에 맞서서], 3 volumes, trad. Maya Minoustchine(Gallimard, 1975) — 은 소비에트 권력 아래 놓인 인텔리겐차의 삶에 대한, 그리고 20년대의 적극적 행동주의로부터 30년대의 근심으로, 침묵과 "사라짐"으로 이끌려가는 단계에 대한 매우 흥미 있는 자료다. 여기에서 우리는 예를 들어 수만 명이 동원되어 사람들을 총살시키고 수천 명이 동원되어 사람들을 강제 추방시켰던 1937년의 대공포를 조직했던 예조프Jejov가 바로 시인들과 작가들 사이에 널리 알려진 세련된 지식인이었다는 사실을 알게 된다. 일반적으로 활동의 "핵심 그룹"에 접근하고자 하는 집착은 많은 인텔리겐차를 경찰관 또는 비밀 요원으로 바꾸어놓았다. 우리는 이 같은 일을 케임브리지 지식인들의 "공산주의"가 주로 스파이 행위와 잠입에 대한 그들의 태도에 의해 드러나는 영국에서도 보게 된다. 우리는 이러한 도정道程을 실재에 대한 열정의 비뚤어진 변이체들이라고 생각할 수 있다.

니다. 만델스탐은 불확실하게 요동치는 당시를 걱정하면서 그것이 품은 수수께끼를 자신을 위해 명백히 하고자 했습니다. 우선 시 전체를 읽어보도록 합시다. 아래의 시는 앙리 아브릴Henri Abril과 프랑수아 케렐François Kérel 그리고 타티아나 로이Tatiana Roy가 이전에 번역해놓은 것에 크게 의존해서 세실 윈터Cécile Winter와 내가 새롭게 번역한 것입니다.

1 나의 것 세기, 나의 것 금수, 누가
2 너의 눈동자 속에 눈을 담그는 법을 알게 되며
3 자기 피를 가지고서
4 두 시대의 추골椎骨들을 붙이는 법을 알게 될까?
5 떠 있는 피의 건축가
6 지상의 것들을 토해내는구나.
7 추골을 가진 자
8 새로운 날의 문턱에서 거의 떨지를 않는구나.

9 금수가 창조를 실천하는 한
10 그 끝에 이르기까지 꺾여야만 하고
11 물결은 이제
12 보이지 않게 된 척추를 가지고서 놀이를 하는구나.
13 아이의 연한 연골은
14 지상의 방금 시작한 세기로구나.
15 또다시 희생물로서, 어린 양과 같이,
16 생명의 전두부前頭部가 주어졌구나.

17 세기를 그의 감옥으로부터 끄집어내기 위하여,
18 새로운 세계를 시작하기 위하여,
19 관절이 굳어버린 하루하루의 무릎들을
20 피리가 하나로 모아야만 하리.
21 그렇지 않으면 세기가
22 인간의 슬픔을 따라서 물결을 휘젓고,
23 풀 속 살무사가
24 세기의 황금 리듬에 맞추어서 숨을 쉬리라.

25 또다시 싹들이 부풀어 오르고
26 파란 새싹이 솟아나리라,
27 그러나 너의 추골은 부러졌으니,
28 나의 불쌍한 아름다운 세기여!
29 그리고 기묘한 미소를 지으며
30 잔인하고 나약한 너 뒤돌아보는구나,
31 마치 한때 민첩했던 금수가
32 자기 발자국의 흔적을 뒤돌아보는 것처럼.

1. 시의 근본적 형상, 시의 의미를 규정하는 형상은 텍스트의 처음과 끝에 언급된 금수의 형상입니다. 이제 막 시작한, 하지만 다른 곳보다 러시아에 훨씬 더 근원적 상처를 입힌 이 세기는 하나의 금수입니다. 시는 금수를 X선 촬영을 한 다음 뼈대 이미지, 골격 이미지를 생산해냅니다. 처음에는 살아 있는 금수입니다. 마지막에는 금수가 자신의 행적을 바라봅니다. 이 둘 사이에서

결정적 물음은 척추에 관한 물음, 금수의 등뼈의 견고함에 관한 물음입니다. 그렇다면 이 모든 것은 철학자에게 무엇을 제안하는 걸까요?

이 시는 세기에 대해서 기계적 비전이 아닌, 유기체적 비전을 건설하고자 합니다. 이때 사유의 과업은 세기를 살아 있는 구성체로서 주체화하는 일입니다. 하지만 시 전체는 이 금수의 생명에 관한 물음이 불확실하다는 것을 보여줍니다. 시는 묻습니다. 세기는 과연 어떤 의미에서 살아 있는 것으로 취해질 수 있는가? 시간이 지닌 생명이란 무엇인가? 우리의 세기는 생명의 세기인가, 아니면 죽음의 세기인가?

독일어에서의 니체, 프랑스어에서의 베르그손(투린Turin*의 광대와 비교하여 볼 때 우리의 국가적 온건함을 짊어진 자)은 이런 종류의 물음에 대한 진정한 예언자들입니다. 실제로 그들은 모든 면에서 하나로 합일된 유기체적 재현을 생산할 것을 요구합니다. 19세기의 과학주의가 제안하는 기계적 또는 열역학적 모델과 결별하는 것이 중요합니다. 이제 막 시작한 20세기의 주요한 존재론적 물음은 다음과 같습니다. 생명이란 무엇인가? 인식은 이제 사물의 유기체적 가치에 대한 직관이 되어야 합니다. 그래서 시에서 세기의 인식에 관한 은유는 금수의 유형학일 수가 있는 것입니다. 한편 위의 물음은 우리가 그것을 규범을 염두에 두고 물을 경우 다음과 같이 정식화됩니다. 진정한 생명이란 부

★ 1889년 1월 니체는 이곳에서 채찍질 당하는 말의 목을 부여잡고 울부짖다가 쓰러졌다.

엇인가? 살기vivre라는 유기체적 강도強度에 적합한 생명을 가지고서 진정으로 산다는 것은 무엇인가? 바로 이 물음이, 니체가 초인을 통해 예견한 바 있었던 새로운 인간에 대한 물음과 관계를 가지면서, 세기를 가로지르고 있습니다. 생명에 대한 사유는 살기-원하기vouloir-vivre라는 힘에 대해 살피는 것입니다. 살기-원하기를 따라서 산다는 것은 무엇을 말하는가? 그리고 세기가 문제라면 물음은 다음과 같이 바뀝니다. 유기체로서의 세기, 금수로서의 세기, 골격이 있고 살아 있는 능력으로서의 세기란 무엇인가? 실제로 사람들이 이 생기적 세기에 공속共屬해 있습니다. 사람들은 필연적으로 자기의 것인 생명을 가지고서 삽니다. 다시 말해 시의 초반에서부터 멘델스탐이 말하는 것처럼 금수로서의 세기는 바로 "나의 것 금수"인 것입니다.

이런 식의 생기적 확인은 시의 운동을 명령하게 됩니다. 즉 금수를 바라보는 시선으로부터 금수 자신의 시선으로, 세기와 마주함으로부터 배후에서 세기가 본다는 사실로 옮겨가게 되는 것입니다. 시간에 대한 시적 사유, 그것은 이제 자기 고유의 눈으로 사물을 보되, 동시에 세기 자체의 눈으로 사물을 보는 것이 됩니다. 여기에서 우리는 근대성 전체의 놀라운 역사성, 시의 생기주의 속에까지 자리 잡은 역사성을 건드리고 있습니다. 실제로 생명Vie과 역사Histoire는 동일한 것을 가리키는 두 이름입니다. 즉 생명과 역사는 죽음으로부터 긍정의 생성을 끄집어내는 운동을 가리키는 두 이름인 것입니다.

세기에 들러붙어 있는 이 서술적이고 존재론적인 문제의식, 다시 말해 생명에 관한 문제의식은 궁극적으로 무엇일까요? 그것은 무엇에 대립되는 걸까요? 그것은 철학은 개인적 지혜라는 관념과 대립합니다. 적어도 1980년경에 시작된 복고 시대Restauration 이전까지는, 이러한 관념에 대해 세기는 아니야! 라고 말합니다. 인간 개개인의 지혜란 없습니다. 생명과 역사라는 짝지어진 단어들 아래에서 사유는 언제나 개인보다는 많은 사람과 관계가 있습니다. 이 사유는 단순한 인간 동물animal humain의 기질보다 훨씬 더 강력한 어떤 금수적 기질과 관계가 있습니다. 그리고 이 관계는 존재하는 것에 대해서 유기체적 이해, 즉 때로는 개인을 희생시키는 것이 옳을 수 있게 되는 이해를 명령합니다.

이런 의미에서 세기는 생명에 의해 초월된 부분적 존재로서의 인간 동물의 세기입니다. 인간은 어떤 동물일까요? 인간 동물의 생기적 생성은 무엇일까요? 인간 동물은 생명, 즉 역사와 보다 깊이 있는 조화를 어떻게 이룰 수 있을까요? 이 물음들은 세기 속에서 [개인의] 특이성을 넘어서는 범주, 즉 혁명 계급의, 프롤레타리아의, 공산당의 범주의 힘을 설명합니다. 하지만 우리는 이런 근원적 물음들의 끝이 없는 억압감 또한 인정해야만 합니다.

시는 이런 종류의 초월성에 자신을 내맡기지 않습니다. 하지만 시는 금수의 생기적 원천 이미지에 세기를 굳게 연결시킵니다.

2. "누가 너의 눈동자 속에 눈을 담그는 법을 …… 알게 될까?" 마주함에 대한 물음은 세기에 대한 영웅적 물음입니다. 사람들은 역사적 시간을 정면으로 마주하면서 버틸 수 있을까요? 이 버티기는 역사의 시간 속에 존재하기보다 훨씬 더 영웅적인 일

입니다. 금수-세기를 고정시켜 바라보는 일은 자기 시대와 더불어 단순하게 살아가는 사람의 주체적 능력보다 훨씬 더 우월한 주체적 능력을 요구합니다. 세기의 인간은 역사의 육중함을 마주해서 버텨내야만 하며, 사유와 역사의 비교 가능성에 관한 프로메테우스적 계획을 지탱해야만 합니다. 19세기의 헤겔적 관념은 역사의 운동에 맡기는 것, "대상의 생명에 빠져드는 것"[1]이었습니다. 반면에 20세기의 관념은 역사와 대면하는 것, 역사를 정치적으로 지배하는 것입니다. 왜냐하면 1914~1918년의 전쟁 이후 이제 어느 누구도 더 이상 역사 운동의 가정된 진보에 빠져들 만큼 역사에 신뢰를 보낼 수 없게 되었기 때문입니다.

맑스주의가 역사의 의미에 대한 관념을 전혀 사용하지 않으면서도 여전히 그것을 이끌어감에도 불구하고 주체성 속에서 시간과 맺는 관계의 형상은 영웅적이 되었습니다. 19세기의 중심과 "작은 20세기"의 초반 사이에, 그러니까 1850년과 1920년 사이에 사람들은 역사적 진보주의로부터 역사-정치적 영웅주의로 옮겨갔습니다. 실제로 자발적 역사 운동에 관한 한, 사람들은 이제 신뢰에서 의혹으로 옮겨간 것입니다. 새로운 인간의 계획은 사람들이 역사를 강압적으로 이끌어가리라는 관념, 역사를 강제하리라는 관념을 부과하였습니다. 20세기는 의지주의적 세기입니다. [그러니] 20세기를 의지주의적 역사주의의 역설

---

[1] 『정신현상학』의 서문을 읽고 또 읽는 것이 중요하다. 이 책은 의심의 여지없이 20세기를 향해 가장 강력한 울림을 내는, 19세기의 사변적인 텍스트 가운데 하나다. 심지어 우리는 이 텍스트가 자기 시대에 반시대적이었다고, 오히려 1930년경에 전적으로 타당했다고 말할 수 있다.

적 세기라고 말합시다. 우선 거대하고 강력한 금수인 역사는 우리를 넘어섭니다. 하지만 그럼에도 우리는 역사의 그 무거운 시선을 견뎌내면서 역사로 하여금 우리에게 봉사하도록 강제해야 하는 것입니다.

  세기의 문제이기도 한 시의 문제는 생기주의와 의지주의의 연결 속에, 시간의 동물적 능력이 보여주는 명백함과 마주하기라는 영웅적 규범의 연결 속에 있습니다. 생명에 대한 물음과 의지주의에 대한 물음이 세기 속에서 과연 어떻게 서로 묶일까요? 여기에서도 니체는 그의 "권력의지"와 더불어서 예언자적 역할을 합니다. 니체는 생명과 의지 사이의 중대한 변증법을 간파하였습니다. 그것은 매우 커다란 긴장으로서 다음과 같은 세기의 주요 당사자들의 한결같은 주장을 상징합니다. 즉 세기 속에서 일어난 일은 그 어떤 생기적 필연성, 역사적 강제에 대응하지만, 그것은 또한 그 어떤 긴장된 추상적 의지에 의해서만 일어날 수 있다는 것입니다. 생명의 존재론(내가 보기에 이것은 역사의 존재론과 동질적입니다)과 의지주의적 불연속성의 이론 사이에는 일종의 양립 불가능성이 존재합니다. 하지만 그럼에도 불구하고 바로 이 양립 불가능성이 세기-금수의 활동적 주체성을 구성하였습니다. 마치 생기적 연속성이 오로지 의지주의적 불연속성 속에서만 자기 고유의 목적을 성취하는 것과도 같이 말입니다. 철학적으로 볼 때, 이 물음은 니체의 사유의 핵심에 있었던 물음, 즉 생명과 의지의 관계에 대한 바로 그 물음에 해당합니다. 니체적 초인류surhumanité는 모든 것에 대한 전적인 긍정, 다시 말해 생명의 긍정적 순수 펼침인 디오니소스적 정오Midi를 말합니다. 그런데 이와 동시에 니체는 1886~1887년부터 증폭되기 시작한 불안 속에서, 이 같은 완전한 긍정은 또한 절대적 단절이기도 하다는 사실, 그의 고유의 표현을 빌려 말하자면 "세계의 역사를 둘로 쪼개야"[1] 한다는 사실을 깨닫습니다.

여기에서 주목해야 할 것은 생기적 연속성 위에 불연속성의 영웅주의를 부과하는 일이 [세기에서는] 공포의 필요 속에서 정치적으로 해결된다는 점입니다. 숨겨진 물음이란 생명과 공포 사이의 관계입니다. 생명은 자기의 적극적 운명(그리고 계획)을 오로지 공포를 통해서만 성취한다는 점을 세기는 동요 없이 주장하였습니다. 그리고 이러한 사실로부터 마치 죽음이 생명의 매개체에 불과한 것처럼 여겨지는, 생명과 죽음 사이의 일종의 역전이 비롯됩니다. 만델스탐의 시는 생명과 죽음 사이의 바로 이 결정 불가능성에 사로잡혀 있습니다.

3. 시가 세기-금수에 제기한 커다란 물음은 세기-금수의 척추에 대한 물음입니다. 세기-금수의 골격은 무엇일까요? 무엇이 세기-금수를 지탱하는 걸까요? 추골일까요, 연골일까요, 전두부일까요……. 세기의 안정성에 관한 이 물음은 만델스탐의 은유 속에서 매우 민감한 물음에 해당합니다. 그것은 또한 "말[馬]에서 쇠를 발견한 자"라는 제목이 붙은, 시간과 시간의 주체에 바쳐진 또 다른 뛰어난 시 속에서 큰 자리를 차지하는 물음이기

---

[1] 나는 이 경구를 정확하게 "세계의 역사를 둘로 쪼개야?"라고 이름이 붙여진 페로케Perroquet의 컨퍼런스 팸플릿에서 매우 구체적으로 논평한 바 있다.

도 합니다. 금수의 이 골격에 대해서, 역사적 시간의 이 안정성에 대해서 만델스탐은 언뜻 보면 모순적인 것 같은 다음의 세 가지를 말합니다.

a) 골격은 육중하고 압도적이며 그 관절이 굳어 있습니다(3~4행, 19행). X선 사진이 그 본질적 무거움을 투명하게 드러냅니다. 금수는 한때 민첩했지만(31행), 더 이상 그렇지가 못합니다. 1923년에 사람들은 1914~1918년의 도살장으로부터 빠져나왔지만, 러시아에서는 그보다 훨씬 더 심한 것, 즉 내전과 전쟁의 공산주의가 있었습니다. 금수-세기의 본질은 생명이되, 피와 죽음을 토해내는 생명이었던 것입니다.

b) 한편 반대로 골격은 극도로 연약합니다(13~14행). 그 무엇인가가 아직 가라앉질 않았고, 금수는 태어난 지 얼마 안 된 아이와 같습니다.

c) 마지막으로 금수의 추골은 이미 부러져 있습니다(27행). 시작도 하기 전에 세기는 이미 부서진 등뼈를 가지고 있는 것입니다.

서로 모순적인 이 진술들을 우리는 세기에 대한 주체의 관점에서의 기술로 이해합시다. 세기는 무거움과 피 속에서 시작합니다. 세기는 자신의 죽음의 무게로 우리를 이미 압도합니다. 하지만 세기는 자신의 출발점 부근에 있으며, 따라서 세기 속에는 아직 결정되지 않은 것, 막 태어나서 취약한 약속이 있습니다. 그러나 무언가가 세기 속에서 꺾인 채로, 중단된 채로, 지탱이 불가능한 채로 있습니다.

시는 이 모든 것을 동시에 말할 수 있지만 결코 변증법화할 의무는 없습니다. 실제로 시는 여기에서 객관적 진술이 아니라 "세기"라는 이름을 가진 정신적 몽타주에 관계하고 있습니다. 사실 세기는 만델스탐보다 훨씬 더 자기 고유의 무시무시함에 사로잡혀 있었습니다. 특히 상상이 불가능할 정도로 심한 정신적 충격이었던 1914년의 전쟁 이후로 세기는 피로 물든 자기 자신을 인식합니다. 1914년의 전쟁은 전쟁과 다른 것—실제로 "도살장"이라는 표현이 아주 일찍부터 등장했습니다—으로서 체험되었습니다. "도살장"은 수백만 인간의 생명을 도살하며 순수하고 단순하게 소비하는 것을 말합니다. 하지만 세기가 새로운 시대의 시작으로서, 진정한 인류의 유아기로서, 약속으로서 사유된 것 또한 사실이었습니다. 심지어는 도살자들마저도 약속과 시작의 기호 아래 등장했으니 말입니다. 도살자들 또한 황금시대를, 천 년의 평화를 약속했던 것입니다.

실제로 세기의 주체성은 완전히 새로운 방식으로 종말과 시작의 관계를 조직합니다. 만델스탐의 시는 종말과 시작이라는 이 두 관념을 다음과 같이 병렬시킵니다.

> 세기를 그의 감옥으로부터 끄집어내기 위하여,
> 새로운 세계를 시작하기 위하여,

세기는 감옥이면서 동시에 새로운 날이었습니다. 그것은 죽음을 선고받은 공룡이거나 또는 막 태어난 어린 금수였던 것입니다.

이제 이에 더하여 단절의 의미, 부러진 등뼈의 의미를 읽는 일이 남아 있습니다.

그러나 너의 추골은 부러졌으니,
나의 불쌍한 아름다운 세기여!

세기의 기회가 이미 지나가버렸다는 것, 이것은 세기 전체를 가로질렀던 관념입니다. 즉 세기는 단지 자기 자신의 무능력을 고통스럽게 만회하는 일만을 시도할 수 있었습니다. 세기는 생기주의적이었으며, 바로 그렇기 때문에 세기는 자신의 생기성에 대해 물음을 던지면서 그것을 종종 의심했습니다. 세기는 의지주의적이었으며, 바로 그렇기 때문에 세기는 자기 의지의 불충분함을 측정했습니다. 세기는 스스로가 너무나도 거창한 목표들을 세운 나머지 자기가 그 목표들에 도달할 수 없다고 쉽게 믿게 된 것입니다. 따라서 세기는 진정한 위대함이란 혹시 자기 뒤에 있는 것이 아닌지 자문하기에 이릅니다. 이리하여 향수가 언제나 그를 노리고, 세기는 자기 뒤를 돌아다보는 경향을 가지게 됩니다. 세기가 이미 자신의 에너지를 상실했다고 믿을 때, 세기는 이처럼 자기 자신을 지키지 못한 약속으로서 드러내는 것입니다.

결국 생기주의(강력한 금수), 의지주의(금수를 마주하여 버티기), 향수(모든 것은 이미 지나갔으며 에너지는 부족하다), 이것들은 서로 모순된 것들이 아닙니다. 바로 이 점이 1923년의 시가 이제 막 시작한 작은 세기의 주체성으로서 기술한 것입니다. 관절이 굳은 골격, 어린아이의 연골, 부서진 추골은 그 각각이 선고받은 세기, 찬양받은 세기, 회환의 세기를 가리킵니다.

4. 하지만 사람들이 뒤를 돌아다보면 19세기가 있고, 따라서 사람들은 세기의 확인에 있어서 특별히 중요한 숙명적 물음, 즉 이전 세기와의 관계에 대한 물음을 던지게 됩니다. 사람들은 묻습니다.

[누가] 자기 피를 가지고서
두 시대의 추골들을 붙이는 법을 알게 될까?

두 세기 사이에 경계를 이루는 것이 전쟁과 학살이었음을 생각한다면, "피를 가지고서 붙이기"는 뜻이 분명합니다. 그렇다면 이 관계의 진정한 의미는 무엇일까요? 이 물음은 20세기에 대한 절대적으로 근본적 물음입니다. 왜냐하면 20세기가 19세기와 맺는 관계를 사람들이 어떻게 사유하느냐에 따라서 20세기의 의미가 다르게 결정된다고 말할 수 있기 때문입니다. 그런데 이 두 세기 사이에 우선적으로 가능한 두 관계가 있습니다. 이 두 관계는 모두가 다 세기에 관한 진술들 속에서 아주 강하게 나타나는 관계입니다.

a) 이상적인 궁극성의 관계: 20세기는 19세기의 약속을 성취합니다. 19세기가 사유한 것을 20세기가 실현합니다. 예를 들어 이상주의자들과 초기 맑스주의자들이 꿈꾸었던 혁명이 그렇습니다. 라캉식의 표현을 빌려 말하자면, 이것은 다음과 같은 두 방식으로 이야기될 수 있습니다. 즉 19세기가 무엇에 대한 상상적인 것이었다면, 20세기는 이 무엇의 실재입니다. 19세기가 무엇에 대한 상징적인 것이었다면(즉 19세기가 무엇에 대하여 독

트린을 만들고 사유했으며 조직했다면), 20세기는 이 무엇의 실재입니다.

b) 부정적인 불연속성의 관계: 20세기는 19세기(황금의 시대)가 약속했던 모든 것을 포기합니다. 20세기는 몰락한 문명의 악몽이자 야만입니다.

첫 번째 경우에서 핵심은 사람들이 실재가 지니는 어떤 공포를 받아들이도록 이끌려갔다는 것입니다. 사람들은 종종 당사자들, 즉 혁명가들이나 파시스트들이 약속의 이름으로, "노래하는 내일"의 이름으로 공포를 받아들였다는 사실로부터 20세기의 야만이 비롯되었다고 말하곤 합니다. 나는 반대로 이 세기의 투사들을 사로잡은 것은 바로 실재였다고 믿습니다. 실제로 실재가 지니는 공포에 이르기까지 실재에 대한 찬양이 존재했습니다. 당사자들은 분명히 [약속이나 노래하는 내일 같은] 환상에 의해 조종되는 바보들이 아니었습니다. 예를 들어 제3인터내셔널의 핵심 인물이 보여주었던 인내와 경험, 더 나아가 그의 깨우침이 어떤 것일 수 있었는지 상상해봅시다! 스페인 전쟁 기간 중, 국제여단Brigades internationales*의 러시아 공산주의 측 대표가 갑자기 모스크바로 소환되었을 때, 그는 이 소환이 자신을 체포하고 처형하기 위한 것임을 잘 알고 있었습니다. 무슨 일이 되었든 사람들이 자신의 통제를 벗어나는 것을 원치 않았던 스탈린이 스페인의 모든 옛 동료를 실제로 숙청하고자 했다는 것을 그

★ 스페인 전쟁(1936~1939) 동안 공화파(인민전선정부)의 편에 서서 프랑코파의 파시스트 세력과 맞서 싸운 외국의용군.

는 일찍이 알고 있었던 것입니다. 그렇다면 그는 도망을 가서 자신을 지키고 반항을 했을까요? 전혀 그렇지가 않았습니다. 이런 상황에서 대표단은 밤새 달려서 아침에 모스크바로 들어갔습니다. 자, 이들 대표단의 행동을 두고서 환상의 결과라고, 약속과 노래하는 아침의 결과라고 사람들이 말할까요? 그렇지 않습니다. 실제로 이들 대표단에게 있어서 실재란 이러한 공포의 차원을 포함하는 것이었습니다. 공포는 이처럼 실재의 한 측면일 뿐이며, 죽음 또한 실재의 한 부분을 이루는 것입니다.

실재의 경험은 언제나 부분적으로는 공포의 경험이라는 것을 라캉은 아주 정확하게 간파하였습니다. 진정한 물음은 결코 상상적인 것에 관한 물음이 아니라, 이런 근원적 [공포의] 경험 속에서 실재의 역할을 하는 것을 파악하는 것에 관한 물음입니다. 어쨌든 최상의 날들에 대한 약속은 확실하게 아닙니다. 게다가 나는 행위와 용기의 주관적 동인은 물론 체념의 주관적 동인까지도 언제나 현재적이라고 믿습니다. 하는 일이 무엇이든 간에 도대체 어느 누가 결정되지 않은 미래의 이름으로 일을 했단 말입니까?

5. 시의 3연이 갖는 중요성은 3연이 시와 시인에게 결정적 역할을 부여한다는 사실에서 비롯됩니다. 요컨대 새로운 세계를 시작하기 원한다면, "피리"(예술)가 하루하루의 무릎들을 모으고 시간의 신체를 하나로 통일해야 한다고 시의 3연이 말하는 것입니다.

여기에서 우리는 세기를 끊임없이 쫓아다녔던 또 다른 논제

하나를 발견합니다. 즉 예술의 기능은 무엇일까, 예술과 세기 사이에는 어떤 공통된 척도가 있는 걸까? 여러분도 알고 있는 것처럼 이 물음은 이미 19세기를 사로잡고 있었습니다. 그것은 역사주의와 미학적 절대성 사이의 어떤 긴장으로부터 비롯된 물음이었습니다. 19세기의 어떤 한 시기 동안, 예술의 절대적인 것이 그 시대의 사람들을 지도해갈 때, 사람들에게는 인도자-시인이 있었습니다. 이 점에 있어서 위고는 프랑스의, 휘트먼은 미국의 원형에 해당합니다. 앞에서 걷는 자라는 엄격한 의미에서의 척후병 형상, 즉 사람들을 깨우는 일에, 진보에, 해방에, 에너지의 분출에 연관된 형상이 존재했던 것입니다.

하지만 19세기 말에 이미 그 용도가 폐기된 인도자-시인의 수사학은 20세기에는 완전히 소멸되었습니다. 20세기는 말라르메의 계보 속에서 19세기의 그것과 다른 형상을 세우게 됩니다. 즉 은밀히 활동하는 예외자, 잃어버린 사유를 간직한 자로서 시인의 형상을 세우게 됩니다. 시인은 망각된 개방ouverture을 언어 속에서 보호하는 자, 하이데거가 말한 것처럼 "개방된 것l'Ouvert의 지킴이"[1]인 것입니다. 사람들에게 알려지지 않은 시인이 이처럼 일탈에 맞서서 경계를 강화합니다. 언제나 우리는 실재에 대한 강박관념 속에 있습니다. 왜냐하면 언어가 실재를 명명하

---

[1] 시에 대한 하이데거의 텍스트는 차고 넘친다. 그중에서도 아마 가장 다의적인 텍스트는 우리가 지금 추구하는 것, 즉 세기의 극단 점에 대해서 가장 잘 드러내는 텍스트일 것이다. 따라서 우리는 모음집, *Approche de Hölderlin*[횔덜린에게 다가가기], trad. Henry Corbin, Michel Deguy, François Fédier et Jean Launay(Gallimard, 1979)를 참조할 것이다.

는 능력을 간직하고 있음을 시인이 보장해주기 때문입니다. 시인의 "제한된 행위", 시인의 매우 높은 기능이 바로 이것입니다.

시의 3연에서 우리는 예술이 세기 속에서 하나로 모으는 일을 책임지고 있다는 것을 분명하게 봅니다. 물론 이 일은 집단적 합일과는 무관합니다. 이 일은 내적인 박애, 다른 손과 맞잡는 손, 다른 무릎을 건드리는 무릎과 관계가 있습니다. 만약 예술이 이 일에 성공한다면, 예술은 다음의 세 비극으로부터 우리를 지켜주게 될 것입니다.

a) 무거움과 감금의 비극. 오로지 이 원칙만이 유일하게 세기를, 세기 자신인, 세기의 감옥으로부터 끄집어낼 수 있습니다. 시는 세기를 세기로부터 끄집어내는 능력을 가지고 있습니다.

b) 수동성의, 인간적 슬픔의 비극. 시가 처방한 합일 없이는 사람들은 슬픔의 물결 속에서 뒤흔들리고 맙니다. 이처럼 시의 기쁨의 원칙, 능동적 원칙이 있습니다.

c) 배신의, 매복한 상처의, 증오의 비극. 세기는 또한 뱀의 공식(발레리[1]가 이 점을 깊이 탐구한 바 있습니다) 아래에서 절대

---

1 「뱀의 소묘Ébauche d'un serpent」에서 「젊은 파르카La Jeune Parque」에 이르기까지 우리는 독수리가 차라투스트라의 동물 가운데 하나인 것처럼 뱀이 발레리의 동물 가운데 하나라고 말할 수 있다. 발레리는 세기에 관해 무관심한 채 있을 수 있는 사상가가 아니다. 오히려 그 반대다. 뱀은 그의 상징 속에서 인식의 물어뜯기를, 즉 자신에 대한 명철한 의식에 눈뜸을 가리킨다. 발레리가 그만의 방식으로 우리가 지금 거론하고 있는 커다란 물음, 즉 실재로의 우리의 접근을 어떻게 보장하는가, 라는 물음을 제기하고 있음에 주목하자. 가장 완벽한 시 「해변의 묘지Le Cimetière marin」에서 발레리는 세기에 대해 완전히 생기주의적 문체로 실재는 언제나 반성으로부터 떼어놓기, 즉각적인 것과 순간적인 것 속에서 요동치기, 신체의 에피파니[주현절]라고 결론을 내린다.

적 죄의 유혹이기도 합니다. 다시 말해 아무런 저항 없이 시대의 실재에 빠져드는 것입니다. 여기에서 "황금 리듬"은 다음을 말합니다. 즉 그것은 세기 자체에 의해서, 세기의 장단에 맞추어서 놀아나는 일, 따라서 숙고함 없이 폭력에, 실재에 대한 열정에 동의하는 일입니다.

하지만 이 모든 비극에 맞서서 유일하게 예술의 피리가 있습니다. 의심의 여지없이 이 피리는 사유의 모든 시도가 지니는 용기의 원칙을 말합니다. 즉 자기의 시대와 더불어 있되 그것과 더불어 있지 않겠다는, 이제껏 들어본 적이 없는 방식으로 존재하는 것입니다. 니체처럼 말한다면, 그것은 반시대적으로 존재할 용기를 갖는 것이 될 것입니다. 모든 참된 시는 이처럼 "반시대적 고려"인 것입니다.

사실상 1923년부터 만델스탐은 세기의 폭력과 관련해서, 결코 뒤로 물러섬 없이, 시는 기다림 속에 자리 잡는다고 말합니다. 실제로 시는 시간에 바쳐진 것이 아닙니다. 시는 미래의 약속도 아니요, 순수한 향수도 아닙니다. 시는 그 모습 그대로의 기다림 속에 있으면서, 기다림의, 맞아들이는 기다림의 주체성을 창

아니, 아니야! 일어서라! 이어지는 시대 속에
부셔버려라, 내 신체여, 생각에 잠긴 이 형태를,
마셔라, 내 가슴이여, 바람의 탄생을!
신선한 기운이 바다에서 솟구쳐 올라
나에게 내 영혼을 되돌려준다. 오 엄청난 힘이여
파도 속에 달려가 싱그럽게 용솟음치세!

조합니다. 시는, 그래 맞아, 봄이 돌아올 거야라고, "파란 새싹이 솟아나리라."고 말할 수 있습니다. 하지만 또한 시는, 세기의 무릎이 부서졌기 때문에, 우리는 인간적 슬픔의 물결에 저항을 시도하면서 [기다림의 주체성 속에서] 살게 되리라고 말할 수 있는 것입니다.

세기는 이처럼 기다림이라는 시정詩情의, 문턱이라는 시정의 세기였습니다. 결코 문턱을 넘어서는 일은 일어나지 않을 것입니다. 하지만 기다림 또는 문턱의 유지는 시가 지닌 능력을 가리키게 될 것입니다.

이 기다림의 모티브에 대한 세 가지 매우 다른 예를 제시하면서 이번 강의를 마치고자 합니다. 그것은 앙드레 브르통, 하이데거, 이브 본푸아Yves Bonnefoy의 예입니다.

a) 앙드레 브르통, 『미친 사랑L'Amour fou』(1937)

세기 속에서 1937년은 아무것도 아닌 해가 아니었습니다. 1937년은 본질적인 것이 배치된 환유換喩의 해였습니다. 1937년은 스탈린적 공포가 자기 본질 속에서, 그리고 자기 본질의 초과 속에서 주어진, 스탈린적 공포의 절대적 농축이었습니다. 실제로 1937년은 사람들이 "거대 공포"라고 불렀던 것이 일어난 해입니다. 스페인 전쟁에서도 일이 잘못 돌아가기 시작했습니다. 스페인 전쟁은 세기 전체의 내적 축소판이었습니다. 왜냐하면 모든 당사자(공산주의자, 파시스트, 인터내셔널의 노동자, 반란 농민, 용병, 식민지 부대, 파시스트 국가, "민주국가" 등)가 그 전쟁에 등장했기 때문입니다. 그리고 이해에 나치 독일은 전쟁 전반을 위한 준비에 돌이킬 수 없을 정도로 빠져들어 갔습니다. 이해는 또한 중국에서도 중요한 분기점이었습니다. 그리고 1937년에 프랑스에서는 인민전선Front populaire의 실패가 분명해졌습니다. 1937년의 의원들이 2년 후 페탱에게 거대 권력을 주게 될 바로 그 의원들임을 잊지 맙시다.

또한 이해는 이 모든 것에 더해서 내가 태어난 해이기도 합니다.

1937년의 브르통은 우리에게 무엇을 말하는 걸까요? 그는 불침번이라는 시정, 즉 기다림이라는 시정의 강력한 한 변이를 말하고 있습니다. 『미친 사랑』 제3장의 초반부를 보도록 합시다.

[*발견의 선봉에서 최초의 항해자들이 새로운 땅을 보았던 순간부터 그들이 해안에 발을 내디딘 순간까지의 그 시간 동안, 또 학자가 알려지지 않았던 현상의 증인이 되었노라고 확신할 수 있었던 순간부터 그가 관찰의 범위를 측정하기 시작한 순간까지의 그 시간 동안―이 시간 동안에는 기회가 주는 도취 속에서 지속의 모든 감정이 사라지고 없다―아주 섬세한 열정의 붓은 생명의 의미를 생명 그 자체인 것으로서 뚜렷이 드러내거나 완벽하게 한다.]

더 이상 헛것ombre이 아니되 아직도 현실proie이 아닌 것, 즉 어떤 유일한 번쩍임 속에서 헛것과 현실이 용해된 것을 위해 결국에는 헛것과 현실을 무시하면서, 초현실주의가 언제나 열망했던 것은 정신의 이 특별한 상태를 재창조하는 일이었다. 자기 뒤에서 욕구의 길이 황폐화되지 않도록 하는 것이 중요하다. 예술에서, 학문에서 그 어떤 것도 적용의, 성과의, 수확의 의지를 가지지 않은 것은 없다. 꾸려진 모든 건초가 그렇다, 그것이 보편적 용도의 질서를 따른 건초든, 몬테주마Montezuma의 귀한 돌로 꾸며진 정원 속의 건초든! 오늘날 여전히 나는 이 유일한 자유만을, 모든 것을 만나기 위해 방랑코자 하는 이 욕구만을 기다린다. 이 기다림을 통해서 나는, 마치 우리가 갑작스레 하나를 이루도록 호명된 것과도 같이, 자유 또는 욕구가 나를 다른 자유로운 존재들과 함께 신비스러운 소통 속에서 유지시킨다는 것을 확신한다. 나는 내 생명이 초병의 노래의, 기다림을 달래기 위한 노래의 중얼거림 말고는 다른 중얼거림을 뒤에 남겨 두지 않기를 원했다. 일이 일어나든 또는 일어나지 않든 상관없이 멋진 것은 기다림이다.

초병의 형상은 세기의 위대한 예술적 형상 가운데 하나입니다. 초병에게는 단지 망보기의 강도만 있을 뿐입니다. 따라서 초병에게는 헛것과 현실이 유일한 번쩍임 속에서 혼동되게 됩니다. 망보기나 기다림의 논제는 결국 일어나는 것과 일어나지 않는 것에 대해서 무관심한 채로 있을 경우에만 실재를 간직할 수 있다는 것을 말합니다. 이것은 세기의 주요한 논제입니다. 기다림은 기본적 덕목입니다. 왜냐하면 기다림이야말로 강도 높은 무관심의 유일한 실존 형식이기 때문입니다.

b) 하이데거

『강연과 논문』(1951)의 「인간은 시적으로 거주한다」에서 발췌한 일부를 프레오 André Préau의 번역으로 제시해봅니다.

"인간은 건축하는 한에서만 거주한다."는 문장은 이제 자신의 진정한 의미를 받았다. 땅 위와 하늘 아래에서 자신의 체류를 조직하는 일에 머물 경우, 농부처럼 자라는 것들을 돌보며 건축물을 건설하는 일에 머물 경우 인간은 거주하지 않는다. 오로지 시를 통해 측정한다는 의미로 이미 거주할 경우에만 인간은 건축할 수 있다. 진정으로 거주하기란 이처럼 시가 존재하는 곳에서 일어난다. 그것은 건축학을 위해, 집의 구조를 위해 [시를 통해] 측정하는 인간들이 존재하는 곳에서 일어나는 것이다.

이 글에는 세기의 모든 시정 속에서 발견되는 것에 대한, 즉 설치, 수확, 먹이 같은 모든 것에 대한 시적 경멸이 있습니다. 그리고 이 시적 경멸은 기다림, 순수한 주의를 유지하는 일과 관계가 있습니다.

또 이 글에서는 측정하기라는 예비 조건, 언제나 망보기와 감시의 형상 속으로 빠져들고 마는 예비 조건 쪽으로 모든 것이 되돌려집니다. 따라서 그 모습 그대로의 시정은 이제 넘어서기와 못-넘어서기 사이의 가역성 속에서 문턱을 취하기, 앞과 뒤를 한꺼번에 바라볼 수 있기가 됩니다. 시인들의 세기는 이처럼 그 어떤 넘어서기도 없는 문턱-세기인 것입니다.

이러한 점은 만델스탐의 시 마지막 연에서도 나타납니다. 거기에는 분명히 혁신이 있습니다. 그것은 만개할 것이며 다시 태어날 것입니다. 하지만 거기에는 균열, 문턱에서 부서져 나온 돌 또한 있습니다. 그리고 이로부터 뒤를 돌아다보는 시선, 흔적에 대한 강박관념이 발생합니다. 앞에는 지켜질 수 없는 약속(참고로 말하자면 클로델[1]에게 있어서 이것은 여성에 대한 정의에 해당합니다)이 있고, 뒤에는 당신들 고유의 흔적이 있습니다. 세기는 세기 자신을 시적으로 보았습니다. 즉 불가능한 넘어서기이면서 동시에 흔적과 목적지라는 둘-사이로 인도하는 노선이기도 한 세기 자신을 세기는 시적으로 보았던 것입니다.

c) **이브 본푸아**, 『**빛 없이 있었던 것** Ce qui fut sans lumière』(1987)의 「**대지가 끝나는 바로 그곳에서** Par où la terre finit」

미네르바의 새가 나는 것은 밤이 내릴 무렵이니, 이제 당신

---

1 클로델의 희곡 『도시 La Ville』의 여주인공은 제3막에서 "나는 지켜질 수 없는 약속이다."라고 선언한다. 클로델에게로 빠져드는 일, 그리고 클로델을 그를 많이 동경했던 브레히트와 비교하는 일은 무척이나 흥미롭다. 클로델 또한, 일종의 거의 중세적인 두터운 가톨릭주의를 구실로 삼아, 실재를 배치하는 것은 결코 현학적인 인식도, 일상적인 도덕성도 아니라는 확신에 접근한다. 이런 확신에는 뿌리를 뽑는 결정적인 만남, 그리고 이 만남의 효과를 뒤따르는 절대적인 고집스러움이 요구된다. 그 또한 개인은 힘들과 충돌들의 취약한 기호에 불과하다고 생각한다. 힘들과 충돌들은, 그것들이 개인을 넘어서기 때문에, 개인으로 하여금 내면적인 초월의 고귀함으로 접근토록 한다. 클로델 또한 (그의 눈에는 신교도적 두려움으로 보이는) 인본주의와 자유주의를 비난받을 만한 빈약함으로 고려한다.

에 대해, 당신이 이 희생된 대지에서 지워버린 길들에 대해 말할 순간이다.
당신은 명백했지만, 당신은 이제 수수께끼일 뿐이다. 당신은 영원성 속에 시간을 새겨 넣었지만, 당신은 지금 과거일 뿐이다. 그리고 바로 이 과거에서 대지는 마치 낭떠러지의 가파른 면과도 같이 우리 앞에서 끝이 난다.

여러분이 보는 것처럼 본푸아는 만델스탐과 거의 비슷한 것을 말합니다. 세기, 그것은 일시적 기착이자 문턱의 이동성입니다. 하지만 결코 문턱을 넘어서지는 못합니다. 더구나 본푸아는 [이와 유사한 맥락 아래] 『문턱의 올가미 속에서Dans le leurre du seuil』라는 제목이 붙은 또 다른 시집을 낸 바 있습니다. 지워진 길("그 어느 곳으로도 데려가지 않는 길"로 번역된 하이데거의 『숲길Holzwege』 참조)과 끝이 난 대지 사이에 사람들이 존재합니다. 그리고 이 둘 사이에서 시인이 숙고를 하는 것입니다.
반세기가 넘는 거리를 두고서 [만델스탐과 본푸아 사이에] 시의 동일한 형상, 즉 지워진 흔적에 대한 감정과 성취된 세계에 대한 감정 사이에 자리 잡은 시의 형상이 존재합니다. 사람들은 그 어느 곳으로도 들어갈 수 없습니다. 과연 우리가 문턱의 이동을 소유하게 될 만큼 어떤 일이 일어나기라도 했단 말입니까? [그런 일은 일어나지 않았습니다.] 시는 이처럼 흔적과 성취 사이의 예리한 날입니다.

만델스탐은 우리에게 우리는 "기묘한 미소"와 함께 문턱 위에 버티어 서 있다고 주체적으로 말합니다. 여기에서 "미소"는 사람들이 문턱 위에 서 있기 때문이며, "기묘한"은 문턱을 도저히 넘을 수 없기 때문입니다. 넘을 수 없는데 도대체 왜 웃는 걸까요? 사람들은 생명과 더불어 희망을 가지고 나아가되(미소), 실재의 의미 부재를 향해서 나아갑니다(기묘한). 그렇다면 이 기묘한 미소는 혹시 세기의 주체적 격언이 되지 않을까요?

1999년 1월 6일

3. 화해하지 못한 것

　세기의 최근 20년 또는 두 번째의 복고 시대를 어떻게 부를까요? 어쨌든 우리는 이 시기가 수數에 사로잡힌 시기임을 확인합니다. 복고란 혁명은 불가능한 것이요 추한 것이라고 선언하는, 또 부유한 이들이 누리는 우위는 그것이 뛰어난 만큼이나 자연스러운 것이라고 선언하는 역사의 한순간에 불과하다는 점에서 사람들은 복고가 수를 경외한다는 것을 알게 됩니다. 물론 이때 수는 무엇보다도 돈의 수, 달러 또는 유로의 수를 말합니다. 수에 대한 이 같은 경외는 1792~1794년의 프랑스혁명 이후의 복고 시대, 그러니까 최초의 복고 시대의 위대한 예술가였던 발자크의 수많은 소설 속에서 이미 인지됩니다.
　하지만 보나 깊게 들어다보면 모든 복고는 사유를 두려워합니다. 모든 복고는 오로지 견해만을, 기조Guizot의 "부자 되세요!"라는 지상명령에 잘 농축된 특별히 지배적인 견해만을 좋아합니다. 사유의 강요된 상관물인 실재가 바람직한 논의가 배제된 상태로, 언제나 정치적 성상 파괴 운동에, 따라서 공포에 개방되기 쉬운 상태로 복고 시대의 이데올르그들에게 붙잡혀 있습니다. 결국 복고는 무엇보다도 먼저 실재에 대한 주장, 즉 실재와는 그 어떤 관계도 갖지 않는 것이 더 바람직하다는 주장입니다.

수(여론조사, 계좌, 시청률, 예산, 자금, 주식, 추첨, 지도층의 월급, 스톡옵션 등)가 현 시대의 숭배 대상이라면, 이와 같이 맹목적인 수가 자신을 지탱하는 곳은 실재가 쇠퇴하게 된 바로 그곳입니다.

수가 맹목적이라는 것은 헤겔이 나쁜 무한을 말할 때와 같은 의미로 나쁜 수를 가리킵니다. 존재의 형태로서의 수와 실재의 쇠퇴를 임시로 대신한 것으로서의 [나쁜] 수를 구분하는 일은 내가 보기에 너무나도 중요한 일입니다. 그래서 나는 이 일을 위해 책 한 권을 온전히 바쳤습니다.[1] 여기에서는 다음과 같이 [나쁜 수의] 반대 사례를 드는 것으로 만족합시다. 말라르메는 『주사위 던지기』를 통해서 수를 사유했습니다. 하지만 말라르메에게 있어서 수란 견해의 재료를 제외한 모든 것입니다. 그에게 있어서 수란 "다른 것일 수 없는 유일한 수"를 말하며, 우연이 필연 속에서 주사위 던지기를 매개 삼아 응결되는 순간을 말합니다. 주사위 던지기가 없애버리지 못하는 우연 그리고 수적 필연성 사이에는 이처럼 분리할 수 없는 연결articulation[관절처럼 접합과 분절의 기능을 동시에 함축한 연결]이 존재합니다. 수는 결국 개념의 숫자인 것입니다. 그래서 말라르메는 "모든 사유는 주사위 던지기를 발산한다."라고 결론을 내립니다.

---

[1] 15년 전에 쓴 이 책의 제목은 『수와 수들Le Nombre et les nombres』(Seuil, 1990)이다.

반면에 오늘날의 수란 무한정으로 셀 수 있는 것의 수입니다. 말라르메의 수와 반대로 복고 시대의 수는 아무런 어려움 없이 무차별적으로 다른 수가 될 수 있다는 특징을 갖습니다. 자의적인 가변성이 오늘날의 수가 지닌 본질인 것입니다. 이것은 곧 떠다니는 수입니다. 실제로 바로 이런 수의 뒤쪽에 주식시장의 요지경 세상이 자리 잡고 있습니다.

말라르메의 수로부터 여론조사의 수로 나아가는 궤적은 이처럼 개념의 숫자를 무차별적 변화로 바꾸는 궤적과 같습니다.

그렇다면 내가 지금 무엇 때문에 이와 같은 서두를 꺼내는 걸까요? 정확하게 말하자면 뒤이어 계속 거론될 내용으로부터 실제로 뚜렷이 드러나는 [나쁜 수에 대한] 어떤 전조前兆를 들여오기 위해서입니다. 복고 시대의 한복판에 사는 나 또한 수를 가지고서 이 작업을 해나갈 것입니다. 나는 몇몇 신중한 신문[1]으로부터 수를 뽑습니다. 그런데 이 신문들은 훨씬 더 신중한 공식적

---

[1] 합의에 근거한 자유주의로부터 벗어나고자 시도하는, 그리고 세기의 지적인 힘들 가운데 몇몇을 보존하기를 원하는 프랑스의 신문들 가운데, 지금 여기에서 언급한 대부분의 수의 출처인 『르몽드 디플로마티크Le Monde diplomatique』를 언급해야 한다. 이 신문의 한계는, 사회적 상황과 어마어마한 경제적 불평등에 관해서는 격렬히 비판하면서도, 고유하게 정치적인 문제에 대해서는 오히려 공손하다는 것, 그리고 궁극적으로 본질적인 것 쪽으로는, 즉 의회주의와 그것에 방패막이 역할을 하는 "민주주의적" 논제에 대한 비판, 완전히 다른 개념, 정치, 민주주의에 대한 사유의 실천을 가정하는 비판 쪽으로는 위험을 무릅쓰고 뛰어드는 일이 거의 없다는 것이다. 한마디로 말해 정치 단체Organisation politique[OP. 1985년에 창립된 포스트레닌주의 및 포스트마오주의 단체. 2007년 3월에 사실상 해체됨. 알랭 바디우, 실뱅 라자뤼스, 나타샤 미셸 등이 주요 구성원이었다]—나는 내가 이 단체의 투사들 중 하나임을 자랑스럽게 여긴다—가 제안하는 비판을 거의 보도하지 않는다.

보고서들로부터 수를 뽑습니다.

세기에 관하여 적어도 핵심이 되는 것을 가르쳐줄 다음의 두 논제로부터 여러분은 [나쁜] 수에 관해 들을 수 있습니다.

a) 먼저 만족스런 유럽과 희생당한 아프리카를 하나로 잇는 거의 존재론적인 연결, 즉 검게 얼룩진 아프리카가 백인을 위해 도덕적 분말 세제를 생산하는 그 모호하기 짝이 없는 연결이 첫 번째 논제입니다.

b) 다음으로 부르주아 독재가 최고조에 이른 듯한 순간에 사람들이 생뚱맞게 "평등 유토피아"라고 명명한 것에 관한 물음이 두 번째 논제입니다.

자, 그러면 오늘 내가 뽑은 숫자들을 가능한 한 무심하게 나열해보겠습니다.

1. 오늘날 유럽에는 에이즈에 감염된 사람이 대략 50만 명 있습니다. 에이즈 치료법 덕분에 사망률은 급격히 떨어지고 있습니다. 이 50만 명 가운데 대다수가 힘겨운 장기 치료를 대가로 생존하게 될 것입니다.

아프리카에는 에이즈에 감염된 사람이 2,200만 명 있습니다. 치료약은 실제로 전무합니다. 거의 대부분이 사망할 것입니다. 어떤 나라에서는 이렇게 죽어갈 사람들의 4명 가운데 1명, 아니 어쩌면 3명 가운데 1명이 아동입니다.

그런데 아프리카의 모든 환자에게 필요한 약을 분배하는 일은 완전히 가능합니다. 약을 생산하는 산업 수단을 가진 몇몇 나라가 동종의 약을 생산해서 해당 국민에게 넘기고자 결심만 한다면 그것으로 충분합니다. "인도주의적" 군대 파견에 드는 비용에 비하면 그야말로 새 발의 피에 해당하는, 금전적으로 극히 적은 노력으로도 이 일을 할 수가 있는 것입니다.

이와 같이 행할 것을 결심하지 않는 정부는 결국 수천만 명의 죽음에 대하여 공동의 책임자가 될 것을 결심하는 셈입니다.

2. 세계에서 가장 부유한 세 사람이 소유한 재산의 총합이 세계에서 가장 가난한 48개 나라의 순수 국내 생산의 총합보다 더 많습니다.

3. 지구의 인류 전체에게 하루 2,700칼로리로 계산된 음식물, 물 그리고 기본적인 보건 위생을 제공하려 한다고 가정해봅시다. 이 일에 드는 비용은 유럽과 미국에 거주하는 사람들이 1년 동안 향수에 쓰는 돈과 엇비슷합니다.

4. 세계에서 가장 가난한 20%의 사람들과 가장 부유한 20%의 사람들을 봅시다. 1960년에는 부유한 20% 사람들의 소득이 가난한 20% 사람들의 소득보다 30배 많았습니다. 그런데 1995년에는 82배나 더 많습니다.

5. 세계 70개 나라(세계의 40%에 해당하는 나라)에서는 [화폐 가치나 물가 변동 등을 고려하지 않은] 불변의 수치를 적용하더라도 1인당 국민소득이 20년 전보다 오히려 감소했습니다.

자, 이것으로 [숫자의] 도입은 끝났습니다.

오늘 나는 지난 세미나에서 우리에게 기본 받침대의 역할을 했던 만델스탐 시의 2연으로부터 출발하고자 합니다. 이 부분은 희생의 장소로서의 세기의 시작에 관한 물음을 담고 있습니다.

아이의 연한 연골은

지상의 방금 시작한 세기로구나.
또다시 희생물로서, 어린 양과 같이,
생명의 전두부前頭部가 주어졌구나.

분명히 이 시에는 기독교적 은유, 즉 새로움, 알림, 한쪽 편의 약속, 결백한 이의 죽음, 다른 이의 희생을 잇는 연결에 대한 은유가 있습니다. 세기 속에서 기독교적 사유가 끈질기게 지속되었음을, 심지어는 부활했음을 잊지 맙시다. 안티크리스트였던 니체가 결과적으로 안티-안티크리스트를 야기했던 것입니다. 실제로 20년대와 30년대에 기독교의 유행이 있었습니다. 클로델로부터 만델스탐을 거쳐 파솔리니에 이르는 위대한 기독교 시인들, 또는 기독교에 밀착된 논리를 펴는 위대한 시인들이 있었습니다. 기독교적 도덕주의가 현상학 전체를 거의 흡수해버린 기독교 철학의 완강함 또한 있었습니다.[1] 심지어 종교적 신체는 해로운 것을 소화할 때 무감각한 감수성을 지니게 된다고 말하는 기독교적 정신분석학의 광범위한 전개마저 있었습니다.

이렇게 세워진 기독교, 국가의 힘이 되어버린 기독교의 본질적 논제는 새로운 세계는 형벌의, 결백한 자의 죽음의 기호 아래 태어난다는 것입니다. 독생자에 의해 육화된, 신과 인간 간의 새로운 연합이 십자가 처형을 통해서 시작되는 것입니다. 그렇다

---

[1] 우리는 이 점에 관해서는 도미니크 자니코Dominique Janicaud의 뛰어난 작은 시론『프랑스 현상학의 신학적 전회Le Tournant théologique de la phénoménologie française』(Combas, Éd. de l'Éclat, 1998)를 참조할 것이다.

면 이런 식의 출발로부터 사람들은 어떻게 다시 일어서게 되는 걸까요? 시작의 절대적 폭력을 과연 어떻게 넘어서 극복하게 되는 걸까요? 이것은 공식적 기독교에서 언제나 크게 문제가 되어 왔던 물음 가운데 하나였습니다. 하지만 이 물음은 1914년의 전쟁, 1917년의 혁명, 아울러 그 뒷배경에 자리 잡은 식민주의의 입에 담기 어려운 행위 때문에 결과적으로 20세기 초반의 문제이기도 했습니다. 물음은 사람들이 어떻게 시작의 잔인한 행위를 새로운 인간의 약속과 조화시키는가입니다. 새로운 인간의 약속은 어떤 공포에 사로잡혀 있던 걸까요? 최초의 희생을 과연 어떻게 구제할까요?

이런 유형의 문제에 대해서 언제나 사유의 두 방향이 존재해 왔습니다.

첫 번째 방향은 다음과 같습니다. 그것은 세기가 이런 식으로 시작했기 때문에 우리는 지금 죽음의 시대, 종말의 시대에 처해 있다는 것입니다. 초기 기독교인들이 생각했던 것이 바로 이것, 즉 그리스도가 죽었기 때문에 이제 세상의 종말이 임박했다는 것입니다. 1914~1918년의 전쟁 직후에 특히 프랑스를 지배했던 관념은 이 같은 도살장은 정말 전쟁의 끝자락에서만, 다시 말해 궁극의 평화에서만 있을 수 있으리라는 것이었습니다. 당시 "무슨 일이 있어도 평화를"이라는 구호 속에, 평화적 조류의 그 강력한 힘 속에 주어졌던 것이 바로 이 관념이었습니다. 논제는 피 속에서 시작하는 것이 이 피가 마지막 피라고 선언하는 것입니다. "마지막에서도 마지막", 사람들이 1914년의 전쟁에 대해서 말한 것이 이것이었습니다.

두 번째 방향은 다음과 같습니다. 그것은 세기가 폭력과 파괴 속에서 시작했기 때문에 이 폭력과 파괴를 보다 우월한 파괴와 보다 본질적 폭력을 통해 완수해야 한다는 것입니다. 나쁜 폭력의 자리를 나쁜 폭력 때문에 정당화된 좋은 폭력이 물려받아야 하는 것입니다. 이처럼 전쟁을 통한 평화 세우기가 존재하며, 따라서 사람들은 좋은 전쟁을 통해 나쁜 전쟁을 종식시키게 될 것입니다. 특히 1918년과 1939년 사이에 이 두 길은 서로 교차하기도 하고 대립하기도 합니다. 전쟁을 통한 [세기의] 시작은 과연 어떤 논리를 향하게 될까요? 전쟁/평화의 논리일까요? 아니면 좋은 전쟁/나쁜 전쟁, 올바른 전쟁/옳지 못한 전쟁의 논리일까요?

두-전쟁 사이에 프랑스에서 있었던 평화주의의 역사는 주로 "좌파의" 흐름이었습니다. 그리고 이것은 역설적이게도, 내 견해를 말하자면, 페탱주의를 이룬 요인들 가운데 하나였습니다. 왜냐하면 페탱주의란 결국 항복이라는 양식에 정치적 형태를 제공하는 것이었기 때문입니다. 전쟁만 아니라면 무엇이든지, 이것이 "이젠 더 이상 안 돼."의 길인 것입니다.

문제는 나치 당원들이 다른 방향을 지지했다는 것입니다. 즉 그들은 제국주의적이고 국가적이며 인종주의적인 좋은 전쟁, 다시 말해 천 년의 독일제국을 건설할 결정적 전쟁을 통해서, 물론 그들이 전쟁에 패했지만, 나쁜 전쟁으로 되돌아오고자 했던 것입니다. 무슨 일이 있어도 평화라는 구호가 갑자기 프랑스인들에게는 전쟁 전반과의 평화, 나치 당원들과의 평화를 의미하는 것이 되었고, 따라서 그 구호는 말살의 권리를 요구하는 [나치의] "절대적" 전쟁 속에 수동적으로 포함되는 일을 의미하게 되었습니다. 결국 페탱주의의 본질이란 다음과 같은 것이었습니다. 말살의 전쟁과 더불어 평화를 이루기, 따라서 말살의 전쟁에 수동적이며 또 말살의 전쟁에의 추종만을 생각할 정도로 비열하기 짝이 없는, 말살의 전쟁의 공범자로 존재하기.

1940년에 드골이 전쟁은 계속된다고 아주 단순하게 말해야 했던 것은 따라서 주목할 만한 일입니다. 결국 드골과 저항군은 전쟁을 다시-벌여야 했으며 전쟁을 다시-심어야 했습니다. 하지만 그들은 곧이어 다음과 같은 역설에 부딪히고 맙니다. 잔인한 전쟁으로 시작했던 세기가 어떻게 한층 더 잔인한 전쟁을 통해 계속될 수 있단 말인가? 이 연쇄 속에서 도대체 새로운 인간에 대한 "그리스도적" 약속은 무엇이 되었는가?

내가 여기에서 전쟁에 대해 말하는 것은 역설적 주체성에 그 기반을 두고 있습니다. 우리는 만델스탐을 거론하면서 이 역설적 주체성의 힘에 대하여 기술하기 시작했습니다. 세기는 그 자체가 종말, 쇠진, 타락처럼 생각됨과 동시에 또한 절대적 시작처럼 생각되었습니다. 세기의 문제를 이루었던 한 부분이란 결국 이러한 두 확신을 결합시키는 일이었던 것입니다. 이것을 다른 식으로, 즉 세기는 그 자체가 허무주의로서 인지되었지만 또한 디오니소스적 긍정으로서도 인지되었다고 말해봅시다. 세기는 때에 따라 다음의 두 준칙 가운데 하나 아래에서 작용하는 것처럼 보입니다. 하나는 (예를 들어 오늘날 볼 수 있는) 포기, 체념, 최소악, 절제, 정신성으로서의 인류의 종말, "위대한 이야기들"[1]에

---

[1] 장 프랑수아 리오타르는 "위대한 이야기들"의 종말을 선언하면서 세기에 ("근

대한 비판의 준칙입니다. 다른 하나는 1917년에서 80년대까지의 "작은 세기"를 지배한 준칙으로서, 니체로부터 "세계의 역사를 둘로 쪼개고자" 하는 의지를 되찾고, 화해한 인류의 근원적 시작과 건설을 제안하는 준칙입니다.

이때 두 준칙이 겨냥하는 것들이 이루는 관계는 결코 단순한 관계가 아닙니다. 그것은 변증법적 상관관계가 아니라 뒤얽힘의 관계입니다. 세기가 필연성과 의지 사이의 비변증법적 관계에 사로잡혀 있었던 것입니다. 이런 식의 비변증법적 관계는 니체에게서 명백히 나타납니다. 실제로 니체는 이쪽 방면으로는 세기의 예언자라 할 만합니다. 니체는 (죄의식, 원한 등) 부정적 정서의 계보학에 할당된 극도로 세밀한 허무주의라는 진단을 내립니다. 하지만 동시에 허무주의의 지배와 그 어떤 결과 관계나 변증법적 교대 관계도 주장하지 않는 거대한 정오Grand Midi의 의지주의적 확실함 또한 있습니다. 결국 통과를 보장하는 부정성의 이론은 존재치 않습니다. 관계가 아닌 이 관계[비-관계로서의 관계]를 들뢰즈가 "분리적인 종합"[1]이라고 부른 것은 따라서

대성"에) 대한 일종의 우울한 이별에 형태를 제공했다. 이것은 그의 정신 속에서 특히 맑스주의적 정치의 종말, "프롤레타리아적 이야기"의 종말을 의미했다. 그는 잃어버린 전체성과 불가능한 위대함을, [위대한 이야기들을] 대체할 현대 예술의 세련됨 속에서, 불연속과 미세한 것 속에서 추구하면서 우아하고 깊이 있게 이 선언을 했다. 이 점에 대해서는 『분쟁Le Différend』(Éd. de Minuit, 1984)을 읽어야 한다.
1 "분리적인 종합"의 개념은 들뢰즈가 존재의 "잠재성"을 가지고서 한 개념화 작업의 핵심에 있다. 존재의 "잠재성"은 존재의 생산적 일의성과 같은 것이다. 실제로 분리적인 종합은 최고로 발산하는 계열에 이를 때까지 스스로 드러나는 일자의 역능을 가리킨다. 나는 나의 책 『들뢰즈, 존재의 함성Deleuze, La clameur

전적으로 옳은 일입니다.

그런데 두 준칙의 분리는 역사의 질서 속에서, 역사가 정치에 자발적으로 종속해 들어가는 바로 그 질서 속에서 문제를 일으키고 맙니다. 즉 두 준칙의 분리 때문에 세기는 객관적 폭력이기만 한 것이 아니라 종종 경배의 대상이 되는 주체적 요구이기도 한 그 어떤 특이한 폭력에 의해 전적으로 표시되는 것입니다. 폭력은 이처럼 [두 준칙의] 분리의 지점에서 도래하여 [두 준칙의] 결핍된 결합을 대체합니다. 말하자면 폭력은 반-변증법적 지점에서 강요된 변증법적 연결과도 같은 것입니다.

이 폭력은 새로운 인간의 창조로 정당화됩니다. 물론 새로운 인간의 창조라는 동기는 신의 죽음이라는 지평 위에서만 의미를 갖습니다. 신에게 종속된 인간을 대체하기 위하여 신이 배제된 인간이 재창조되어야 하는 것입니다. 이런 의미에서 새로운 인간은 분리적인 종합의 조각들 전체를 붙잡고 있습니다. 왜냐하면 새로운 인간은 신의 죽음의 시기에 인간이 겪는 운명이기도 하지만 또한 이전의 인간을 극복하려는 의지이기도 하기 때문입니다. 만약 세기가 대단히 이데올로기적이라는 것이 사실이라면, 그것은 새로운 인간이 세기의 여러 사유 방향을 구성하고 정하는 분리적인 종합에 형상을 제공하기 때문입니다. 따라서 우리의 겸손, 우리의 인도주의적 경건함을 나타내는 그 유명한 "이데올로기의 종말"이란 사실 인간의 모든 새로움에 대한

---

de l'être』(Hachette, 1997)에서 이 모든 것의 재구축을 (그리고 내가 [들뢰즈와] 합리적으로 구분됨을) 시도했다.

3. 화해하지 못한 것　67

포기에 불과한 것입니다. 그리고 이 포기는, 내가 이전에 말한 것처럼, 새로운 인간을 맹목적 조작과 금전 거래를 통해 [유전학적으로] 완전히 다른 인간으로 바꾸려고 준비하는 바로 그 순간에 등장합니다.

하지만 사실 20세기에 작용한 것은 새로운 인간의 논제가 지닌 이데올로기적 차원이 아닙니다. [세기의] 주체들, 투사들을 매혹시킨 것은 오히려 새로운 인간의 역사성입니다. 왜냐하면 우리는 [역사적] 시작이라고 하는 실재의 순간 속에 존재했기 때문입니다. 19세기는 알렸고 꿈을 꾸었으며 약속했습니다. 20세기는 세기 그 자신이 하였음을, 지금 이 순간에도 하고 있음을 선언했습니다.

바로 이것이 내가 실재에 대한 열정으로 부르자고 제안하는 것입니다. 나는 이 실재에 대한 열정을 세기에 대한 모든 이해의 열쇠로 만들어야 한다고 생각합니다. 시작이라고 하는 실재에 소환되었다는 감동적 확신이 사람들에게 존재하는 것입니다.

실재는 두려움을 주면서도 마음을 들뜨게 하고 치명적이면서도 창조적입니다. 세기의 당사자들 각각은 이것을 압니다. 확실한 것은, 니체가 훌륭하게 말한 것처럼, 실재는 "선과 악을 넘어서" 있다는 점입니다. 새로운 인간의 실재적 도래에 대한 모든 확신은 그것을 위해 지불한 대가에 대한 강한 무관심 속에, 가장 폭력적인 방식들에 대한 합법화 속에 자리 잡고 있습니다. 새로운 인간과 관련된 경우라면, 이전의 인간은 이제 재료에 불과할 수 있는 것입니다.

반면에 오늘날의 온건한 도덕주의는 정화된 범죄를 촉진하는 것에 불과합니다. 왜냐하면 온건한 도덕주의는 고결한 전쟁을 통해 또는 고유의 이익을 통해 범죄를 촉진하기 때문입니다. 따라서 오늘날의 온건한 도덕주의 입장에서 보면 "공산주의"라는 다의적인 이름 아래 모인 혁명적 정치의 세기였던 작은 세기는 야만적이었습니다. 왜냐하면 작은 세기가 매달렸던 실재에 대한 열정이 작은 세기 자신을 선과 악을 넘어서 위치시켰기 때문입니다. 예를 들어 우리는 정치와 도덕 사이의 노골적 대립 속에서 이 같은 사실을 볼 수 있습니다. 하지만 세기 자신의 내부로부터, 세기는 [실재에 대한 열정을 향한] 영웅적이며 서사적인 세기로서 체험되었습니다.

『일리아드』를 읽을 때, 사람들은 이 책이 학살의 끊임없는 연속이라는 것을 확인하게 됩니다. 하지만 시와 같은 사물의 운동 속에서 학살의 연속은 야만스런 것으로서가 아니라 영웅적이고 서사적인 것으로서 주어집니다. 일반적으로 [어떤 한 진영에 대해] 다른 진영에서 제기한 야만이겠지만, 세기의 야만스러움이 종종 확인되고 고발되었음에도 불구하고, 세기는 주관적 『일리아드』였습니다. 이러한 사실로부터 잔인함이라는 객관적 기호에 대한 어떤 무관심이 비롯됩니다. 사람들이 『일리아드』를 읽으면서 빠지는 곳이 바로 이와 동일한 무관심입니다. 왜냐하면 실제로 행위의 능력은 도덕적 감상보다 훨씬 더 강렬하기 때문입니다.

세기의 가장 야만스런 일화들을 서사적 감정에 의존해서 미학적으로 다룬 이 주관적인 관계를 우리는 유명한 문학적 사례들을 통해 확인할 수 있습니다. 1914년의 전쟁과 관련된 사례로 우리는 『지혜의 일곱 기둥』(1921)에서 로렌스가 공포스런 장면을 기술한 방식을 참고할 수 있습니다. 로렌스는 여기에서 상대 진영(모든 마을 사람을 학살하는 터키인들)뿐만 아니라 자기편 진영에서 일어난 일에 대해서도 기술하고 있습니다. 예를 들어 "가차 없이 해치워라."라는 말이 입에 오를 때, 감옥에 갇힌 사람이 한 명도 없게 될 때, 부상당한 모든 사람을 아주 죽게 만들 때가 그렇습니다. 이 행위들 가운데 그 어떤 것도 정당화되지 않습니다. 정반대로 이 행위들은 "아랍 전쟁"의 서사적 흐름과 일체를 이루고 있습니다. 한편 혁명의 측면에서는 말로의 『희망L'Espoir』(1937)을 인용할 수 있을 것입니다. 특히 말로가 스페인 전쟁에서 프랑코파 진영과 공화파 진영 모두에서 벌어진 고문과 즉결 처형에 대해 보고하고 해설할 때가 그렇습니다. 여기에서도 여전히 저항이라는 서사적이고 대중적인 위대함이 모든 것을 쟁취하고 있습니다. 말로는, 말로 자신의 고유 범주 속에서, 가장 불투명한 자기 당의 면모에 대한 분리적인 종합, 즉 운명으로서의 역사의 형상을 다룹니다. 만약 잔혹한 행위들이 이처럼 상황에 "도덕적" 의미를 줄 수 있는 것이 아니라면, 그것은 마치 스토아학파의 철학자들로부터 니체가 빌려온 용어인 운명 fatum 속에 우리가 존재하는 것과도 같이, 우리 자신이 [실재에 대한 열정이라는 운명 아래에서] 이런 종류의 모든 [도덕적] 고려를 넘어서 존재하기 때문입니다. 만델스탐의 시에서 사람들이 세기-금수에 맞서야만 했던 것과 마찬가지로 강렬한 상황 속에서 각자가 자신의 운명을 만나 그 운명에 맞설 수 있다는 것이 중요합니다. 실제로 말로가 말했듯이 창백한 스페인은 자기 자신에 대해서 의식하고 있었고, 따라서 드라마[스페인 전쟁]의 각 배우 또한 이 의식에 공속해 있었습니다. 운명으로서의 역사를 드러내는 것이 거의 언제나 전쟁의 경험인 한, 결국 잔혹한 행위란 이 같은 드러남의 한 부분에 불과한 것입니다.

이러한 사실은 세기의 성격을 규정짓는 데 있어서 의심의 여지없이 실재에 대한 열정 다음으로 중요한 것으로 우리를 이끕니다. 즉 세기는 전쟁의 세기가 될 것입니다. 이 말은 단지 세기가 오늘날에 이르기까지 광폭한 전쟁에 의해 채워졌다는 것을 의미하는 것이 아니라, 세기가 전쟁의 패러다임 아래 있었다는 것을 의미합니다.

세기가 세기 자신을 사유할 때 또는 세기가 세기 자신의 창조적 에너지를 사유할 때 사용했던 근본 개념들은 전쟁의 의미론에 종속됩니다. 지금 우리가 헤겔적 의미의 전쟁이나 나폴레옹적 의미의 전쟁을 말하는 것이 아님을 주목합시다. 헤겔에게 있어서 전쟁이란 한 국민이 자기의식을 구성하는 순간을 말합니다. 전쟁은 특별히 국가적 의식을 창조하는 것입니다. 하지만 20세기의 전쟁은 이 같은 전쟁이 아닙니다. 왜냐하면 20세기에는 전쟁의 관념이 결정적인 전쟁, 즉 마지막 전쟁의 관념이기 때문입니다. 모든 사람에게 있어서 1914~1918년의 전쟁은 다시 일어나서는 안 될 나쁜 전쟁, 고약한 전쟁이었습니다. 그렇기 때문에 "마지막에서도 마지막"이라고 표현한 것입니다. 절대적으로 1914~1918년의 전쟁은 이런 나쁜 종류의 전쟁 가운데서도 마지막 전쟁이어야 했습니다. 이제부터 고약한 전쟁을 낳았던 세계에 종지부를 찍는 것이 중요합니다. 그런데 이 고약한 전쟁에 종지부를 찍게 될 것, 그것이 다름 아닌 전쟁, 다른 유형의 전쟁인 것입니다. 실제로 1918년에서 1939년 사이의 평화는 사실 전쟁과 다름없는 것이었습니다. 그 누구도 이때의 평화를 믿지 않았습니다. 정말로 마지막일 다른 전쟁이 필요했던 것입니다.

마오쩌둥은 이 같은 확신을 가진 대표적 인물입니다. 그는 1925년에서 1949년까지 20년이 넘는 기간 동안 전쟁을 지휘했습니다. 그는 전쟁과 정치의 관계에 대한 사유를 완전히 새롭게 바꾸어놓았습니다. 1936년의 텍스트, 즉 『중국 혁명전쟁의 전략적 문제』에서 마오쩌둥은 "영속적인 평화"를 쟁취하기 위해서는 새로운 전쟁을 고안해야 한다는 관념을 전개합니다. 다시 말해 시대의 강자들을 대립시키는 통상적인 전쟁에다가, 프롤레타리아와 농민이 조직한 새로운 전쟁, 즉 그가 정확하게 "혁명전쟁"이라고 명명한 전쟁을 대립시켜야 한다는 관념을 전개한 것입니다.

마오쩌둥 이전에, 그러니까 레닌의 사유에서 전쟁과 혁명은 복잡한 변증법적 상황을 구성하는 서로 반대되는 용어들이었습니다. 실뱅 라자뤼스Sylvain Lazarus[1]가 분명하게 보여준 것처럼, 1917년 봄 레닌이 전쟁은 명백한 소여인 반면 [혁명을 위한] 정치는 모호하다고 적었을 때, 레닌은 역사의식으로부터 정치적 주체성을 분리시켰습니다. 이때 분리의 기준으로 작용한 것이 전쟁에 관한 물음이었습니다. 그러나 혁명전쟁에 관한 마오쩌둥의

---

1 우리는 이 점에 관해서는 실뱅 라자뤼스의 뛰어난 책 『이름의 인류학Anthropologie du nom』(Seuil, 1996) 속에 있는 연구 논문 「레닌과 시대Lénin et le temps」를 읽을 것이다.

논제는 다양한 정치에 유기적으로 연결된 다양한 유형의 전쟁들을 그들끼리 서로 대립시키는 완전히 다른 구분을 제시합니다. 그리고 바로 이와 같은 구분으로부터 마오쩌둥의 논제가 (정치적으로 옳은) 전쟁이 (정치적으로 옳지 못한) 전쟁에 종지부를 찍는 일로 귀착되는 것입니다.『중국 혁명전쟁의 전략적 문제』라고 인쇄된 1936년의 텍스트에서는 다음과 같이 말합니다.

> 전쟁, 사람들을 서로 죽이게 만드는 이 괴물은 인간 사회의 발전을 통해 제거됨으로써 끝나게 될 것이다. 그리고 심지어 이 일은 그리 멀지 않은 미래에 이루어질 것이다. 하지만 전쟁을 없애기 위해서는 오로지 하나의 방법밖에는 없다. 그것은 전쟁에 전쟁을 대립시키는 것, 즉 반-혁명전쟁에 혁명전쟁을 대립시키는 것이다. …… 인간 사회가 계급의 제거에, 국가의 제거에 도달할 때, 더 이상 전쟁은 없게 될 것이다—반-혁명전쟁도, 혁명전쟁도, 옳지 못한 전쟁도, 옳은 전쟁도 더 이상 존재하지 않게 될 것이다. 인류를 위한 영속적인 평화의 시대가 올 것이다. 혁명전쟁의 법칙을 연구하면서 우리는 모든 전쟁을 없애고자 하는 열망으로부터 출발했다. 우리 공산주의자들과 모든 착취계급의 대표자들 사이의 차이는 바로 이 점에 있다.

그리고 2년 후에 다시『전쟁과 전략의 문제』에서 다음과 같이 말합니다.

우리는 전쟁의 폐기를 위해 있다. 전쟁, 우리는 그것을 원치 않는다. 하지만 전쟁은 오로지 전쟁을 통해서만 폐기할 수 있다. 더 이상 총이 존재하지 않도록 하기 위해서 총을 들어야 하는 것이다.

전면적이고 최종적인 전쟁을 통해 전쟁에 종지부를 찍고자 하는 이 같은 동기는 이런저런 문제의 "궁극적" 해결에 대한, 세기 내내 이어진 모든 확신을 지탱합니다. 이런 확신의 검은 형태, 잔인하고 극단적인 형태가 반제Wannsee 회담에서 나치 당원들이 결심한 소위 "유태인 문제"의 "최종 해결책"이었음은 의심의 여지가 없습니다. 모든 영역에 아주 일반적으로 스며들어 있는, 문제의 "절대적" 해결이라는 관념으로부터 이러한 살인 극단주의를 완전히 분리시키는 일은 불가능합니다.

세기의 강박관념 가운데 하나는 궁극적인 것을 획득하는 것이었습니다. 우리는 이러한 강박관념을 학문의 가장 추상적인 부분까지 다룬 작업을 통해 볼 수 있습니다. [이를 위해서는] 부르바키Bourbaki라는 이름을 가진, 전적으로 형식화되고 완벽하며 궁극적인 수학적 기념비의 건설을 겨냥한 수학적 시도를 생각해보는 것으로 충분합니다. 또 예술에서 사람들은 모방과 재현의 상대성에 종지부를 찍으면서, 절대적 예술에, 예술을 전적으로 예술로서 나타내는 예술에, 예술 자신의 고유 과정을 대상처럼 취함으로써 예술의 예술적인 것을 드러내는, 예술 속에서 예술이 예술 자신의 전적인 목적이 되는, 따라서 [재현과 관련해서] 할 일이 없어진 예술의 형식 속에서 예술이 마지막 작품이 되는 예술에 도달하는 일을 생각합니다.

어쨌든 우리는 궁극적인 것에 대한 강박관념이 파괴 너머에서 획득된다는 것을 확인합니다. 새로운 인간은 오래된 인간의 파괴입니다. 영속적 평화는 전면적인 전쟁 속에서 오래된 전쟁들을 파괴함으로써 획득됩니다. 완성된 학문의 기념비는 전적인 형식화를 통해 오래된 학문적 직관을 파괴합니다. 현대 예술은 재현의 상대적 세계를 폐허로 만듭니다. 이처럼 파괴와 궁극적인 것의 근본적 쌍이 존재하는 것입니다. 그리고 다시 한번 더 이 쌍은 비변증법적 쌍이요 분리적인 종합입니다. 실제로 궁극적인 것을 생산하는 것은 파괴가 아니며, 따라서 매우 다른 두 과업, 즉 옛것을 파괴하는 일과 새로운 것을 창조하는 일이 존재합니다. 전쟁 자체는 잔인한 파괴와 승리의 아름다운 영웅주의를 비변증법적 방식으로 병렬시키는 것입니다.

결국 세기의 문제는 끝의 동기와 시작의 동기의 비변증법적 결합 속에서 세기가 존재하는 것을 말합니다. "끝내기"와 "시작하기"는 세기 속에서 화해하지 못한 채 머무는 두 항인 것입니다.

화해하지 못함의 모델, 그것은 전쟁, 즉 궁극적이고 전면적인 전쟁으로서, 다음과 같은 세 가지 특징을 드러냅니다.

a) 그것은 나쁜 전쟁, 쓸모없는 전쟁 또는 보수적인 전쟁의 가능성에 종지부를 찍습니다. 나쁜 전쟁의 모델은 1914~1918년의 전쟁입니다.

b) 그것은 허무주의를 뿌리 뽑아야 합니다. 왜냐하면 그것은 근원적 참여를, 원인을, 역사와의 진정한 대면을 제안하기 때문입니다.

c) 그것은 역사적이고 전 지구적인 새로운 질서를 세울 것입니다.

궁극적이고 전면적인 전쟁은 1914년의 전쟁과 같은 국가의 단순한 군사행동이 아닙니다. 그것은 주체적으로 연루連累되는 것입니다. 그것은 새로운 유형의 주체를 발생시키는 절대적 원인이며, 자신의 투사들을 창조하는 전쟁입니다. 궁극적으로 볼 때, 전쟁은 주체와 관련된 패러다임이 됩니다. 세기는 결국 실존에 대한 투쟁적 개념을 짊어진 짐꾼이었던 것입니다. 이 말은 곧 전체성 그 자체는 전체를 이루는 실재적 단편들 하나하나 속에서 투쟁으로서 재현되어야 한다는 것을 의미합니다. 규모가 어떻든 간에, 전 지구적인 것이든 사적인 것이든, 모든 실재적 상황은 분열이요 맞섬이자 전쟁인 것입니다.

따라서 20세기에 세계가 공유하는 법칙은 하나Un도 아니고 다수Multiple도 아닙니다. 그것은 둘Deux입니다. 그것은 하나가 아닙니다. 왜냐하면 이 법칙에는 조화도, 단순한 것의 주도권도, 신의 합일된 능력도 존재하지 않기 때문입니다. 그것은 다수가 아닙니다. 왜냐하면 이 법칙은 능력들의 균형이나 기능들의 조화를 획득하는 일에 관한 것이 아니기 때문입니다. 그것은 둘입니다. 그리고 둘의 양상 속에서 재현된 세계는 조합에 기초한 균형의 가능성만 추방하는 것이 아니라 만장일치에 기초한 종속의 가능성까지도 추방해버립니다. 즉 [둘로] 잘라야 하는 것입니다.

모든 사람이 세기가 결심할 것이라고, 세기가 자를 것이라고 생각한다는 사실, 세기가 지닌 주체적 열쇠란 바로 이 사실을 말합니다. 둘을 발명하는 인간의 능력은 탁월합니다. 세기는 이 점을 보여주고 있습니다. 전쟁은 조합에 기초한 균형에 대항하는 둘의 결연한 가시성입니다. 전쟁이 편재遍在하는 것은 이런 이유에서입니다. 하지만 둘은 반-변증법적입니다. 둘은 종합이 배제된 비변증법적 분리를 낳습니다. 우리는 종합이 배제된 비변증법적 분리라는 이 패러다임이 미학에서, 성의 관계에서, 기술적 공격성 속에서 과연 어떻게 제시되는지를 연구해야 합니다.

만델스탐이 언급했던 세기의 "금수"란 결국 분열의 편재성과 다른 것이 아닙니다. 세기의 열정, 그것은 실재입니다. 하지만 실재, 그것은 적대敵對입니다. 따라서 제국, 혁명, 예술, 학문, 개인적 삶, 그 무엇이든 상관없이, 세기의 열정은 전쟁과 다름이 없습니다. "세기란 무엇인가?"는 세기를 요구합니다. 그리고 세기는 "세기는 궁극적인 투쟁"이라고 답합니다.

1999년 1월 13일

4. 새로운 세계, 좋다, 하지만 언제?

다음의 문장을 봅시다. 실재에 대한 열정에 사로잡힌 세기, 궁극적 전쟁의 패러다임 아래 놓인 세기는 파괴와 세움 사이의 비변증법적 마주함을 주체적으로 배치합니다. 이 비변증법적 마주함을 필요로 하면서 세기는 전체 단편들 중 가장 작은 단편과 전체성을 적대의 형상 속에서 사유합니다. 이렇게 함으로써 세기는 실재의 숫자를 둘이라고 주장합니다.

오늘 우리는 이 문장으로 하여금, 이렇게 말할 수 있다면, 브레히트의 텍스트를 거쳐 지나가도록, 그리하여 이 문장이 브레히트의 텍스트가 지닌 힘과 색조를 취하도록 하고자 합니다.

브레히트는, 사람들이 그를 작가, 극작가, 맑스주의 변증법론자, 당의 동반자 또는 여자관계가 복잡한 남자 등 무엇으로 보든, 20세기의 상징적 인물입니다. 그가 20세기의 상징적 인물인 데에는 여러 이유가 있습니다. 이중에서 나는 다음의 네 가지 이유를 취하고자 합니다. 브레히트는 독일인입니다, 연극 연출가입니다, 공산주의 동조자입니다, 나치즘과 동시대인입니다.

1. 브레히트는 전쟁 이후에 그 놀라운 바이마르 독일에서 곧바로 글을 쓰기 시작한 독일인입니다. 바이마르 독일은 전쟁의 패배보다 훨씬 더 깊은 독일의 정신적 상처—아! 슬프게도 뒤에 일어난 일이 이 상처를 증명하게 될 것입니다—를 견뎌야 했던 만큼 보다 더 창조적이었습니다. 브레히트는 조국의 정체성 혼란을 겪은 예술가 가운데 한 사람입니다. 그는 1914년의 전쟁을 빠져나온 독일과 자신의 갈등을 일종의 강렬한 도취 속에서 해결하게 됩니다.

실제로 브레히트는 낭만주의로부터 완전히 뽑혀져 나온, 또 바그너적 신화(이 신화는 천재 바그너와는 관계가 없습니다. 그보다는 바그너를 프티부르주아적 원한의 방식을 통해 적용한 것과 관계가 있습니다. 즉 파산한 점포 주인이 완고한 군인이 되어서 자신을 마치 독일군이 된 지크프리트라고 생각하는 경우처럼 말입니다)로부터 완전히 벗어난 독일의 사유를 생산하기를 필사적으로 희망했던 독일인 가운데 한 사람이었습니다. 종종 신고전주의적 열정에까지 나아간 낭만주의와의 불화, 이것이 세기의 주요한 논제였던 것입니다. 이러한 관점에서 브레히트는 빈번하게 프랑스 쪽으로 향했습니다. 젊은 브레히트에게 있어서 본질적 인물은 랭보였습니다. 사람들은 실제로 『바알신』과 『도시의 정글』에서 그 모습 그대로 동화된 랭보의 텍스트를 발견합니다. 사실 브레히트에게 있어서 독일인의 불행이란 언제나 숭고의 큰북을 향해 있는 언어의 둔함과 싸우는 것이었습니다. 그가 보기에 이상적 언어는 18세기의 프랑스어, 날렵하면서도 육감적인 프랑스어, 예를 들어 디드로의 프랑스어였습니다. 결국 이런 점에서 볼 때, 그리고 다른 많은 점에서 볼 때도 마찬가지로, 브레히트는 맑스보다 오히려 니체의 직계 후손에 해당합니다. 니체 또한 마치 자신이 바그너에 맞서서 비제를 선택할 것을 짓궂게 주장했던 것과 꼭 마찬가지로 독일어에 프랑스어의 가벼움을 부여하기를 원했습니다. 독일 자신에 대한, 그리고 독일 자신에 맞선 독일의 이 모든 고된 작업은 세기의 재난 속에서 중심적인 것이었습니다.

2. 브레히트의 운명은 특히 연극적이었습니다. 그는 일생 동안 연극의 작가이자 실무자가 될 터였습니다. 그는 연기, 연출과 관련해서뿐만 아니라 글쓰기와 관련해서도 극작법의 근본적 개혁을 제안하고 실험했습니다. 그런데 우리는 20세기는 예술로서의 연극의 세기라고 주장할 수 있습니다(이것은 [20세기의] 중요한 증상을 나타내는 점이기도 합니다). 연출의 개념을 발명한 것이 20세기입니다. 20세기는 재현 그 자체에 대한 사유를 예술로 변모시켰습니다. 코포Copeau, 스타니슬랍스키Stanislavsky, 메이어홀드Meyerhold, 크래그Craig, 아피아Appia, 주베Jouvet, 브레히트, 빌라르Vilar, 비테즈Vitez, 윌슨Wilson 그리고 그 외 다른 이들이 재현의 배치에 불과했던 것을 독립적 예술로 변모시켰던 것입니다. 이들은 작가의 예술에도 속하지 않고 해석가의 예술에도 속하지 않는 예술가, 오히려 사유와 공간 속에서 이들 두 예술 사이의 중재仲裁를 창조하는 예술가 유형을 출현시켰습니다. 연출가는 일종의 있는 그대로의 재현에 대한 사유자입니다. 그는 텍스트, 연기, 공간, 관객 사이의 관계에 대하여 매우 복잡

한 중재를 옹호합니다.

그렇다면 무엇 때문에 우리의 세기에 이 같은 연극의 연출이 발명되었을까요? 연극에 있어서 위대한 예술가 가운데 한 사람이었으며, 텍스트와 연기 양쪽 모두에 매달린 드문 예술가 가운데 한 사람이었던 브레히트는 연극의 동시대성에 대해서도 숙고했습니다. 예를 들어 그는 정치의 연극성이란 무엇인지에 대해, 정치적 의식의 생산 속에서 재현의 자리, 연출의 자리는 무엇인지에 대해 자문했습니다. 정치의 명백한 형상이란 무엇일까요? 이 문제에 대한, 그중에서도 특히 파시즘에 대한 논쟁이 두 전쟁 사이에서 매우 활발히 전개되었습니다. 우리는 이 문제와 관련해서 발터 벤야민의 강력한 공식, 즉 정치의 (파시즘적) 미학화에 맞서서 예술의 (혁명적) 정치화를 대립시켜야 한다는 공식을 알고 있습니다. 브레히트는 실제적 실험, 예술적 발명에 대한 이론적 사유를 배가시킴으로써 벤야민보다 한 걸음 더 나아갑니다. 하지만 브레히트는 연극성과 정치 사이의 그 특이한 연결에 대한 확신은 벤야민과 공유하고 있었습니다.

연극성은 무엇과 연결되어 있을까요? 아마도 연극성은 1917년의 러시아혁명 이래로 역사적 행위 속에서 대중에게 주어진 새로운 역할과 연결되어 있을 것입니다. 우리 시대를 특징짓는 것으로 "역사의 무대 위로의 대중의 등장"을 꼽은 트로츠키[1]의 공

---

[1] 트로츠키의 『러시아 혁명사』는 뛰어난 책이다. 이 점에 대해서는 조금도 의심의 여지가 없다. 이 책은 "대중의 등장"(그 공식이 이 책 속에 있다)의 서사적 의미와 맑스주의적 정치 분석을 명료하게 조화시킨다.

식을 생각해봅시다. 장면의 이미지는 매우 충격적입니다. 혁명의, 프롤레타리아의, 파시즘의 범주는 모두가 다 대중의 등장이라는 형상을, 집단적인 강력한 재현을, 겨울 궁전의 장면이든 또는 로마의 행렬이든 불멸의 것이 된 장면을 가리킵니다. 이때 지속적으로 다음과 같은 물음이 제기됩니다. 개인의 운명과 대중의 역사적 등장 사이의 관계는 무엇일까? 하지만 이 물음은 또한 [연극성 아래] 다음과 같이 제기될 수 있습니다. 누가 무슨 작품의 연기자일까? 누가 어떤 장면의 연기자일까?

브레히트는 개별 운명, 개별 인물과 비인격적인 역사 전개, 대중의 출현 사이의 관계를 어떻게 연극적으로 재현하고, 형상화하고, 전개시킬 것인지를 자문했습니다. 20세기는 집단과 주역主役의 물음을 재발견하며, [그래서] 20세기의 연극은 낭만주의적이라기보다 그리스적입니다. 바로 이 그리스적 연극이 연출의 발명과 발전을 명령합니다. 20세기에서 연극은 작품을 연기하는 것과 다른 것이 되었습니다. 그 생각이 틀리든 맞든 간에, 사람들은 연극의 목적이 변경되었다고, 이제 연극의 목적은 집단적인 역사적 해명에 관계한다고 생각하는 것입니다.

어쩌면 오늘날에는 이 같은 질서에 대한 확신이 없기 때문에 연출이 유죄 선고를 받는 일, 사람들이 옛날의 수단들로 되돌아가는 일이 벌어지는지도 모릅니다. 즉 좋은 텍스트, 훌륭한 배우를 통해 연극의 성공을 찾는 것이 그것입니다! 사람들은 더 이상 정치적 의식으로 또는 그리스인들로 우리를 지루하게 만들지 않습니다.

브레히트에게 있어서는, 오래된 작품이든 현대적 작품이든 상관없이, 작품은 인물과 역사적 운명 사이의 관계에 대한 물음을 제기합니다. 주체를 구성하는 힘들의 놀이, 주체의 의지와 선택의 공간이기도 한 힘들의 놀이를 분명히 드러내면서 어떻게 한 주체의 생성을 재현할 것인가? 결국 브레히트는 연극이 바뀌어야 한다고, 연극은 관람하는 부르주아계급의 자기 찬양과는 다른 것이 되어야 한다고 확신했던 것입니다.

오늘날에도 또한 사람들은 연극이 바뀌어야 한다고 생각합니다. 즉 연극은 오늘날 민주적이고 도덕적인 합의에 대한 찬양이 되어야 하며, 세상의 불행과 인도주의적 유사 불행에 대한 일종의 우울한 합창이 되어야 하는 것입니다. 영웅도, 전형적 투쟁도, 사유도 없습니다. 만장일치의 육체적 감동 말고는 아무것도 없습니다.

브레히트와 그 시대의 연극 예술가들은 연기가 무엇이며 인물이 무엇인지에 대해, 연극적 상황에 선재先在하지 않는 인물이 무엇보다도 힘의 놀이인 연기 속에서 어떻게 구성되는지에 대해 숙고합니다. 우리는 심리학 속에서, 의미의 해석학 속에서, 언어의 놀이 속에서, 육체의 재림 속에서 존재하지 않습니다. 연극이 진리를 건설하기 위한 장치인 것입니다.

3. 브레히트는 비록 그가 자신의 공산주의 동조를 언제나 우회적 또는 간접적으로 표현했다 할지라도 많은 연극인(나는 앙투안 비테즈 또는 버나드 소벨Bernard Sobel의 특이한 공산주의 소속을 생각합니다)처럼 공산주의의 동조자입니다. 이 연극인들은 한편으로 보면 매우 분명하게, 하지만 또한 다른 한편으로

보면 다소 불분명하게 당의 동반자들이었습니다. 연극은 이와 같은 곡예를 위한 좋은 훈련이었습니다. 확실하고 진실한 것, 그것은 브레히트가 맑스주의 또는 공산주의의 조건 아래에서 예술이 무엇인지에 대해 다음과 같이 물음을 던졌다는 것입니다. 교육적 예술, 대중의 개화에 도움이 되는 예술, 프롤레타리아 예술 등은 무엇일까? 확실히 브레히트는 이러한 토론에서 중심이 되는 인물입니다. 하지만 이와 동시에 브레히트는 매우 위대한 예술가이기도 합니다. 연극과 정치의 변증법에 대한 토론이 시들해졌을지라도 오늘날 브레히트의 작품이 도처에서 공연되고 있습니다. 자신들의 실존과 창조를 공산주의라고 일컬어지는 정치에 분명히 연결시킨 예술가들 가운데 브레히트가 가장 보편적이고 가장 확실한 예술가임은 의심의 여지가 없습니다.

4. 브레히트는 독일의 나치즘의 문제를 만났습니다. 그는 나치즘의 가능성, 나치즘의 성공 가능성에 관한 물음에 정면으로 부딪혔습니다. 그는 이 물음을 중심으로 수필과 『아르투로 우이』 같은 연극 작품을 쓰는 일에 더욱 매달렸습니다. "야비한 짐승이 빠져나오는 그 배는 여전히 기름지구나."라는 유명한 (그리고 애매한) 경구는 바로 이 『아르투로 우이』에서 나온 것입니다. 이 경구는 나치의 특성을 단지 사물의 한 상태, 주체의 한 상태라는 구조적 결과로 만들 것을 주장하고 있다는 점에서 애매합니다. 이 경구는 따라서 나치의 특성을 진정으로 사유하기 위한 가장 유망한 길이 아닌 것입니다. 하지만 마침내 브레히트는 권좌에 오른 히틀러에 대항하여 그가 가진 수단을 동원해서, 홍

분한 상태로, 결국 세련된 연극적 교육법을 시도합니다. 그리고 이에 따른 당연한 결과로 그는 망명자의 신분으로 제2차 세계대전을 보내게 됩니다. 이 사실 또한 브레히트가 세기에 강하게 유착되었음을 보여주는 점들 가운데 하나입니다. 우리가 소설 작품, 특히 에리히 마리아 레마르크[1]의 소설에서 볼 수 있는 것처럼 세기에 있어서 망명자라는 인물은 본질적입니다. 즉 매우 특별한 망명의 주체성이 존재하는 것입니다. 그리고 이 망명의 주체성은 미국으로 망명을 할 경우에 보다 더 특별했습니다. 당시 미국에는 나치즘에 의해 추방된 수많은 독일 지식인이 머물고 있었습니다. 추방된 예술가들, 작가들, 음악가들, 학자들은 그곳에서 극도로 활발한, 하지만 분열되고 불확실한 작은 세계를 구성했습니다. 결국 우리는 긴 망명의 시간 동안 아메리카는 그 요란한 현대성, 실증주의, 기술의 활력을 가지고서 브레히트를 매혹한 기묘한 무엇이었다고 말해야 할 것입니다. 이런 의미에서 브레히트는 또한 미국에 대한 유럽의 훌륭한 증인입니다. 하지만 궁극적으로 브레히트는 동독에서 가장 의지주의적이고 가장 폐쇄된 형태로 "실재 사회주의"를 실험한 사람입니다. 동독에서 그는 공직자가 되어 ["실재 사회주의"의 실험을 위해] 불화, 위선적 회개, 은밀한 행위에 가담하게 됩니다. 브레히트의 말년(그는

---

1 에리히 마리아 레마르크의 작품은 1914년의 전쟁에 관한 세기의 위대한 고전(À l'Ouest rien de nouvea[서부전선 이상 없다], trad. Alzir Hella et Olivier Bournac, Stock, 1968)에서부터 두-전쟁-사이의 방황, 행위, 유감스러운 사랑의 형상(Les Camarades[세 전우], trad. Marcel Stora, Gallimard, 1970)에 이르기까지의 세기의 다양한 드라마를 강조한다.

1956년 젊은 나이에 죽었습니다)의 근본적인 에피소드는 소련군에 의해 베를린에서 진압된 1953년의 노동자 봉기입니다. 브레히트는 국가의 공산당 정부에 편지를 썼습니다. 당시 정부의 (유일한 공식) 진영은 진압에 찬성했던 반면, "비공식적인" 다른 진영은 "노동자와 농민의 국가"가 노동자의 폭동을 짓밟는 일에 대하여 의심에 찬 물음을 던졌습니다. 이와 같이 브레히트가 환경으로 인한 이중성의 인간일 수 있다는 것은 브레히트가 권위를 대하는 학자의 이중성을 논제들 중의 하나로 다룬, 자신의 의심의 여지없는 대표작인 『갈릴레이의 삶』을 지속적으로 수정한 사실을 통해서도 짐작됩니다(실제로 이미 망명 시절, 소위 매카시즘[1]의 시기에, 미국 경찰과 법원은 브레히트가 [독일에서] 공산주의 활동으로 의심받았다는 것을 알고 있었습니다).

이렇게 해서 여러분은 브레히트가 세기의 증인으로서, 세기의 사람들을 위해 세기가 의미했던 것을 검토하자는, 내가 제안

---

[1] 미국 역사의 짧음과 빈약함은, 오늘날의 패권주의적 제국과는 또 다른 관점에서, 정치적 함의가 명백한 몇몇 이야기를 냉정하게 검토하도록 하며 예술적으로 강력하게 형식화하도록 한다. 당연히 남북전쟁과 보다 일반적으로는 남부의 문제가 이런 경우다. 반공산주의의 비호 아래 40년대 막바지와 50년대 초반에 주로 지식인들과 예술가들에게 가해진 일련의 박해들 또한 이런 경우다. 소위 비미활동위원회非美活動委員會는 상원 의원 매카시가 주도했다. 그래서 우리는 이 시기를 "매카시즘"이라고 부른다. 각자가 다른 사람들의 밀고자가 되게끔 강요당했다는 점에서 그 강도가 특별했다. 밀고를 했던 사람들은 그들의 입장에서 의심받지 않아야 했고 또 그들의 자리를 보전해야 했기 때문에 그 수가 많았으며, 때때로 그들 중에는 유명 인사들도 있었다. 가장 말이 많았던 경우는 아마도 위대한 영화 예술가 엘리아 카잔Elia Kazan일 것이다. 헤아릴 수 없이 많은 예술가, 배우, 시나리오 작가, 연출가가 위원회에 출두했다. 이 시기에 대한 암시들은 그후의 아메리카 예술, 특히 영화를 말 그대로 가득 채운다.

한 내재적인 방법의 합당한 자료로서 소환되는 많은 이유를 가지고 있다는 것을 알게 됩니다.

내가 선택한 브레히트의 텍스트는 「프롤레타리아는 하얀 조끼를 입고 태어나지 않았다」는 제목을 가지고 있습니다. 이 텍스트는 우리 작업의 핵심적 가정들 가운데 하나와 직접적으로 결부됩니다. 그 가정은 세기는 파괴와 시작의 그 풀기 어려운 매듭을 전쟁의 패러다임하에서 사유하고자 한다는 것이었습니다. 이것은 1932년의 텍스트인데, 라르슈L'Arche 출판사에서 출간된 『정치와 사회에 관한 글 모음(1919~1950)Écrits sur la politique et la société(1919~1950)』 속에 있습니다. 여러분이 곧 보게 되겠지만, 이 텍스트의 직접적인 목적은 문화, 다시 말해 문화에 있어서의 주체적 범주들입니다. 확실한 것은 부르주아의 거대 문화는 과거의 일이라는 것, 하지만 새로운 문화는 아직 도래하지 않았다는 것입니다. 브레히트는 세기에 관한 전형적 물음을 스스로에게 던집니다. 마침내 새로운 것이 도래하는 것, 그것은 과연 언제일까? 새로운 것은 이미 만들어지고 있는 걸까? 우리는 새로운 것의 생성을 알아차릴 수 있을까? 또는 새로운 것이란 파괴에 얽매여 있는 것이라는 점에서 결국 우리는 새로운 것의 오랜 형태에 불과한 것, 즉 여전히 너무나도 오래된 그런 "새로운" 것의 신기루에 사로잡혀 있는 것이 아닐까? 물음은 따라서 "언제?"입니다. 이 "때[언제]"에 구두점이 찍힌 일종의 주요 열거 문열擧文을 텍스트에서 뽑아보았습니다.

요컨대 문화가 완전하게 무너져 내리면서 오점으로 뒤덮일 때, 문화가 거의 오점의 성좌星座처럼 될 때, 문화가 정말 오물의 분뇨 처리장이 될 때,

이데올로그들이 소유 관계를 공격함에 있어서 너무나 비열해지고, 또한 소유 관계를 방어함에 있어서도 너무나 비열해질 때, 그리고 이데올로그들이 그렇게도 원했을 주인들, 하지만 봉사할 줄 몰랐던 주인들이 그들을 뒤쫓을 때,

단어와 개념이 자기들이 가리키는 사물, 행위, 관계와 더 이상 아무런 연관이 없게 됨으로써 사람들이 단어와 개념을 바꾸지 않고도 사물, 행위, 관계를 바꿀 수 있게 되거나, 또는 사물, 행위, 관계를 변화 없이 그대로 두고서도 단어를 바꿀 수 있게 될 때,

살아서 난관을 벗어나기를 바란다면 죽일 준비가 되어 있어야 할 때,

착취 과정 자체에 해가 된다는 점에서 지적 활동이 제한받게 될 때,

위대한 인물들에게 그들 스스로를 부정하기 위해 필요한 시간을 더 이상 줄 수 없게 될 때,

배신이 쓸모없어지고, 비열함이 이익이 되지 않으며, 어리석음이 권고되지 않게 될 때,

사제들의 피에 대한 탐욕스러운 갈증만으로도 부족해서 이제 사제들이 쫓겨야만 될 때,

압제가 민주주의라는 가면 없이 진행되고, 전쟁이 평화주의라는 가면 없이 진행되며, 착취가 피착취인들의 자발적 합

의라는 가면 없이 진행되기 때문에 가면을 벗겨내야 할 일이 더 이상 없게 될 때,

모든 사유에 대하여 가장 참혹한 검열이 지배하게 될 때, 하지만 더 이상 사유가 존재하지 않기 때문에 그 검열 자체가 쓸모없는 것이 될 때,

오, 비로소 생산과 동일한 상태 속에서, 즉 폐허 속에서 프롤레타리아가 문화를 담당할 수 있게 되리라.

텍스트가 완벽할 정도로 명료하기 때문에 나는 다음의 다섯 가지를 이야기하는 것으로 그치고자 합니다.

a) 본질적 주제: 새로운 것은 오로지 폐허를 취함으로써만 도래할 수 있습니다. 오로지 완전히 달성된 파괴의 요소 속에서만 새로운 것이 있게 될 것입니다. 그렇다고 브레히트가 지금 파괴 그 자체가 새로운 것을 낳게 되리라고 말하는 것은 아닙니다. 그의 변증법은 그렇게 단순하게 헤겔적인 것이 아닙니다. 브레히트는 단지 파괴란 새로운 것이 세상을 움켜쥘 수 있는 토양이라는 것을 말하고 있습니다. [그러나] 우리가 정확하게 말해 힘의 관계라는 논리 속에 있지 않다는 점에 주의합시다. 새로운 것이 오래된 것보다 힘이 세다는 이유로 새로운 것이 오래된 것보다 우월할 수 있다고 예측할 수는 없습니다. 옛 문화와 관련해서 볼 때, 가능한 새로움의 공간으로 요구되고 검토될 수 있는 것은 [힘의 차원에서의] 옛 문화의 쇠약이 아닙니다. 그것은 [옛 문화] 현장에서의 부패, [새로운 것의] 자양분이 되는 [옛 문화의] 해체입니다.

b) 적은 진정으로 어떤 힘으로서 나타나지 않습니다. 적은 더 이상 힘이 아닙니다. 적은 일종의 중립적 비열함이요 원형질이지 그 어떤 경우에 있어서도 사유가 아닙니다. 바로 이 부패시키는 중립성으로 인해서 적은 변증법적 대체물을 갖지 못하게 될 것입니다. 만약 전쟁의 패러다임이 궁극적 전쟁 또는 최종의 전쟁 쪽으로부터 도출된 것이라면, 그것은 이 전쟁의 주역들이 같은 단위로 측정될 수 없으며 동일한 유형의 힘에 속하지 않기 때문입니다. 여기에서 사람들은 명백히 적극적 힘과 반응적 힘이라는, 디오니소스와 예수라는 니체적 대립을 생각하게 됩니다. 내가 방금 주장한 것에 대한 추가적 방증으로, 브레히트는 종종 맑스보다는 니체에 훨씬 더 가깝습니다.

c) 예술가를 위해 매우 중요한 사실이 있습니다. 그것은 해체의 징후 가운데 하나가 언어의 와해라는 것입니다. 단어의 명명하는 능력이 타격을 입었으며, 단어와 사물의 관계가 끊기고 말았습니다. 사람들은 끝을 향해 가는 모든 압제의 핵심점이 바로 언어의 와해라는 것, 창조적이고 엄격한 모든 명명에 대한 무시라는 것, 쉽고 부패한 언어, 즉 저널리즘 언어의 지배라는 것을 확인합니다(이것은 오늘날 볼 수 있는 큰 진리입니다).

d) 브레히트가 말하고자 한 것, 세기의 폭력의 기호에 해당하는 것, 그것은 종말이란 오로지 사람들이 죽이느냐 죽음을 당하느냐는 양자택일에 직면할 경우에만 진정으로 도래한다는 것입니다. 살해는 일종의 핵심적 아이콘과도 같은 것입니다. 살해에는 역사의 환유가 존재합니다. 살해 속에서 우리는 실재에 대한 열정의 흔적, 명명의 능력을 잃어버린 언어 매체 속에 등장하기

때문에 그만큼 더 무시무시한 흔적을 재발견합니다. 종말에 대한(옛 문화의 종말에 대한) 사유로서의 세기, 그것은 명명할 수 없는 살해 아래에서의 죽음인 것입니다.

내가 놀란 것은 이 같은 살해의 범주가 아주 정확하게 현대적 참상慘狀의 근본적인 한 범주가 되었다는 사실입니다. 가장 대표적인 인물은 연쇄살인범입니다. 연쇄살인범은 모든 상징 작용을 박탈당한 죽음, 그리고 이런 의미에서 비극적이 되지 못하는 죽음을 보편적으로 분배합니다.

살해와 언어의 쇠락 사이의 결합에 관한 논제는 매우 강력한 논제입니다. 어쨌든 이 논제는 끝나가는 세기의 주목할 만한 상징을 이룹니다. 브레히트는 죽음을 건드리는 무엇, 즉 상징 작용이 사라졌을 때 잔류물에 불과한 신체를 건드리는 무엇과 단어의 유출이 공존한다는 것을 인지했던 것입니다.

e) 마지막으로 가면에 관한 물음이 있습니다. 브레히트는 종말이란 압제의 형상이 더 이상 가면을 필요로 하지 않을 때라고 말합니다. 왜냐하면 사물 자체가 이미 자리를 잡아버렸기 때문입니다. 여기에서 우리는 폭력과 가면 사이의 관계, 즉 세기 동안 맑스주의자들로부터 루이 알튀세르에 이르기까지 많은 이가 이데올로기에 대한 물음이라고 명명하기도 했던 관계를 사유해야 합니다. 우리는 [나중에 이 물음으로] 다시 돌아오게 될 것입니다.

그렇다면 압제의 "가면 벗기기"라는 말은 무엇을 말하는 걸까요? 가면의 정확한 기능은 무엇일까요? 브레히트는 실재에 가면을 씌우는 능력인 연극에 대한 사유자입니다. 왜냐하면 정확하게 말해서 연극이란 아주 뛰어난 가면의 예술, 가장假裝semblant의 예술이기 때문입니다. 연극의 가면은 물음을 상징화합니다. 사람들은 이것을 종종 세기 속에서 거짓말이 지니는 중차대함에 관한 물음처럼 여기지만 사실은 그렇지가 않습니다. 이 물음은 오히려 다음과 같이 이야기됩니다. 실재에 대한 열정과 가장의 필연성 사이에는 도대체 어떤 관계가 있는 걸까?

1999년 2월 10일

5. 실재에 대한 열정과
가장의 몽타주

브레히트가 배우의 연기를 위한 준칙으로 만든 "소외 효과"*
란 무엇일까요? 그것은 연기 자체 속에서 실재와 연기 사이의
간격을 명확하게 드러내는 일을 말합니다. 하지만 보다 깊게 보
면 그것은 실재의 우연성으로 인한 돌발적인 효과의 위치를 정
하고 가시적이게 만드는, 실재 상황에 대한 진짜 [재현] 원리를
가장이 이루고 있기 때문에 발생하게 되는 연결, 즉 실재와 가장
을 하나로 묶는 내적이고 필연적인 연결을 풀어헤치는 기술입
니다.

실재적 폭력과 가장 사이의, 얼굴과 가면 사이의, 벌거벗음과
변장 사이의 관계, 무엇보다도 종종 모호했던 이 관계를 사유하

---

* 예를 들어 등장인물의 말과 행동을 모순되게 한다든지 또는 등장인물이 갑자
기 관객에게 말을 건다든지 하는 등의 장치를 통해 관객이 연극에 감정적으로
몰입되지 않게 함으로써 결과적으로 관객으로 하여금 사건과 등장인물에 대
해, 즉 연극이 가장의 방식으로 재현하고 있는 실재에 대해 보다 더 객관적이
고 명확하게 인식할 수 있도록 하는 기법.

는 일에 매달린 것, 이것이 세기의 위대함 가운데 하나였습니다. 우리는 정치 이론으로부터 예술적 실천에 이르는 매우 다양한 기록 속에서 이 점을 재발견합니다.

우선 맑스주의자들 또는 맑스주의적인 사람들marxiens로부터 시작해봅시다. 세기의 맑스주의자들은 이데올로기의 개념에 매우 큰 중요성을 부여했습니다. 이데올로기의 개념은 중심에서 벗어난 실재, 파악되지 않고 갈피를 잡을 수 없는 실재에 대한 애매한 의식이 갖는 변장의 힘을 가리킵니다. 이데올로기는 말하자면 사회적 관계를 재현하는 일종의 논증적 형상이요, 실재를 재-묘사하는 상상적 몽타주인 것입니다. 따라서 이데올로기 속에는 준準연극적인 무엇이 존재합니다. 이데올로기는 사회적 관계의 원초적 폭력(착취, 압제, 불평등한 파렴치)에 가면을 씌우는 재현의 형상을 무대에 올립니다. 연극에서 브레히트식 소외 효과가 실재로부터 분리된 가장을 이야기하는 것과 마찬가지로 이데올로기는 실재를 표현하지만 실재로부터 분리된 의식을 조직합니다. 브레히트에게 있어서 연극이란 바로 이 실재와 가장 사이의 분리를 알리는 일종의 교육법을 의미합니다. 그는 실재의 폭력이 어떻게 실재적 결과와 이 실재적 결과에 대한 지배적 재현 사이의 간격 속에서만 효과적으로 인식될 수 있는지를 보여줍니다. 이데올로기라는 개념 자체가, 재현과 담론은 그 자신들이 드러내기도 하고 감추기도 하는 어떤 실재의 가면처럼 읽혀야 한다는 "학문적" 확실성을 분명히 하고 있는 것입니다. 알튀세르[1]가 보았던 것처럼 이데올로기의 개념에는 일종의 징후徵候적 배치가 존재합니다. 어떤 실재의 (읽고 해독해야 할) 징후로서 그것은 마치 몰이해沒理解 méconnaissance처럼 실재의 위치를 주관적으로 결정한 것입니다. 이데올로기의 힘은, 이데올로기가 이러한 몰이해를 경유하는 한, 실재의 힘일 뿐입니다.

이때 이 "징후"라는 말이 명백히 보여주는 사실이 있습니다. 그것은 세기의 맑스주의와 정신분석학 사이의 공통된 무엇이 실재에 대한 이 같은 몰이해의 힘 위에 존재한다는 사실입니다. 라캉은 자아Moi가 상상적 구성물임을 보여줌으로써 이 점을 특히 분명히 하였습니다. 충동의 실재적 시스템이 자아라는 상상적 구성물 속에서 읽힐 수 있는 것은 단지 그것이 모든 종류의 중심 일탈과 변형의 노정을 가로지르기 때문입니다. 어떤 주체의 실재가 내적이고 상상적인 자아의 구성 속에서만 의식적으로 접근이 가능해지는 것은 그것이 "무의식적"이라는 단어가 정확하게 가리키는 작용들의 모임을 거치기 때문입니다. 이런 의미에서 의식에 대한 심리학은 라캉이 "노이로제 환자의 개별 신

---

1 라캉의 시도에 아주 일찍부터 관심을 가졌던 알튀세르는 이데올로기에 대한 맑스주의적 개념을 정신분석학의 무의식적 형식화가 낳는 상상적 효과에 직접적으로 연결했다. 궁극적으로 그는 "주체"라는 심급을, 즉 그가 "주체로의 호명"이라고 부르는 것을 이데올로기의 효력이 지닌 동력과 이데올로기의 물질적 장치들로 만들었다. 이에 대해 우리는 「이데올로기와 이데올로기적 국가장치Idéologies et appareils idéologiques d'État」라는 논문을 읽을 수 있다.

개인적인 증언을 하고자 한다. 1960년에 나는 파리고등사범학교의 학생이었다. 학교의 철학과 주임 교수였던 알튀세르가, 당시 전혀 관심을 끌지 못했던 라캉의 개념들을 종합해서 동급생들에게 발표하라고 나에게 시켰을 때, 나는 라캉의 출판된 책들을 막 발견하고 몹시 열광하던 터였다. 2회에 걸쳐 한 그때의 발표는 오늘날에도 여전히 나를 내면적으로 인도한다.

화"라고 명명한 것과 같은 일종의 개별 이데올로기에 해당합니다. 이처럼 실재의 절벽으로 하여금 오로지 허구 속에서만, 몽타주 속에서만, 가면 속에서만 작동하도록 하는 몰이해의 기능이 존재하는 것입니다.

19세기의 실증주의가 이해의 힘을 긍정했다면, 반면에 세기는 몰이해의 효율성이라는 모티브를 펼칩니다. 실증주의의 인식적 낙관주의에 맞서서 20세기는 무지ignorance의 기막힌 힘, 즉 라캉이 "무지의 열정"이라고 정당하게 명명했던 것이 지니는 기막힌 힘을 발견하고 무대 위에 올린 것입니다.

소외 효과 자체가 실재로부터 가장이 나름의 거리를 두는 일처럼 사유된다는 점에서, 소외 효과는 세기 속에서 예술의 공리로, 그중에서도 특별히 "아방가르드" 예술의 공리로 취해질 수 있습니다. 허구의 힘을 허구로 만드는 것, 가장의 효율성을 실재적인 효율성으로 간주하는 것이 중요해진 것입니다. 20세기의 예술이 반성적인 이유, 즉 20세기의 예술이 예술 자신의 과정을 보여주기를 원하는 예술이면서 또한 예술 자신의 물질성을 명백하게 관념화하기를 원하는 예술인 이유 가운데 하나가 이것입니다. 인위적인 것과 실재 사이의 간격을 보여주는 일이 이제 [20세기의 예술에서] 인위성의 핵심적 쟁점이 된 것입니다. 맑스주의자들이 볼 때, 지배계급이 지배만 필요로 하는 것이 아니라 지배 이데올로기 또한 필요로 한다는 것은 분명합니다. 만약 예술이 인위적인 것이 제시하는 수단을 통한 실재와의 우연한 만남이라면, 그렇다면 예술은 도처에 있습니다. 왜냐하면 지배와 지배 이데올로기 사이의 간격, 실재와 그것의 가장 사이의 간격이 인간의 모든 경험을 가로지르고 있기 때문입니다. 즉 이 같은 간격의 실천과 경험이 도처에 존재하는 것입니다. 20세기가 그 이전에는 불가능했던 예술적 몸짓을 제안한 이유, 이전에는 하찮은 것에 불과했던 것을 예술로서 제시하는 이유가 바로 이것입니다. 이 같은 몸짓, 이 같은 제시는, 예술적 몸짓이 실재의 날것 그대로의 상태와 간격에 가장이 볼 것을 제공하면서 불법적으로 침입하는 일로 귀결되는 한, 예술의 편재성偏在性omniprésence을 증명합니다.

  이 점에 있어서 위대한 발명자가 있습니다. 그는 피란델로Pirandello입니다. 그 자신이 맑스주의와 완전히 무관했던 만큼, 게다가 그가 폐쇄된 가정, 불륜으로 얼룩진 가정, 살롱과 같은 부르주아를 대표하는 최악의 것들에 종속되어 있었던 만큼 피란델로는 더욱더 이 경우에 해당한다고 할 수 있습니다. 피란델로의 본질적 논제는 실재와 가장의 가역성可逆性이야말로 실재에 예술적으로 접근할 수 있는 유일한 길이라는 것입니다. 피란델로는 자신의 연극 전체를 "벗겨진 가면"이라는 특별히 암시적인 제목으로 제시합니다. 실재, 벗겨진 것, 그것은 심지어 가면, 가장에서 주어지는 것입니다.

  피란델로의 이 논제를 연극으로 옮기는 힘은 이 논제가 어떤 희귀한 폭력이 가하는 주관적 문맥 속에서 형성된다는 사실에 있습니다. 예를 들어『당신이 나를 원하는 것처럼』,『신의 기쁨』,『모를리 부인의 두 얼굴』과 함께 피란델로의 가장 뛰어난 작품 가운데 하나로 꼽히는『엔리코 4세』의 마지막의 매우 특징적인 한 구절이 그렇습니다. 지금 여기에서 문제가 되고 있는 엔리코 4세는 13세기의 독일[신성로마제국] 황제입니다. 반면에 오늘날의 사람인 연극의 주인공은 연극 속에서 끊임없이 자신이 엔리코 4세라고 선언합니다. 연극의 주인공은 이런저런 이유로 자신의 이야기에 의식적 공범이 되기로 한 사람들을 주위에 두고 있습니다. 그리고 이 주인공은 종국에 이르러 살인을 합니다. 이 경우 사람들은 우선 "역사적" 기록 속에서 이 살인을 이해할 수 있습니다. 즉 우리가 "실재"의 엔리코 4세에게서 추정할 수 있는 성격상의 특징과 실존적 환경으로부터 이 살인을 이해할 수 있습니다. 하지만 사람들은 또한 주관적 기록 속에서도, 즉 어쩌면 엔리코 4세의 역사적 가면을 사용하고 있을 연극 주인공의 삶과 열정으로부터도 이 살인을 이해할 수 있습니다. 사실 작가가 여기에서 깜짝 놀랄 만큼 뛰어난 솜씨로 구성하고 있는 연기의 본질적 부분, 다시 말해 가역성의 논제는 다음의 사실에 근거합니다. 즉 주인공이 자신을 "실재적으로" 엔리코 4세로 아는지, 말하자면 (미쳤다는 말의 일상적 의미로) 주인공이 정말 미쳤는지, 아니면 개인적 삶의 맥락에 기인한 복잡한 이유 때문에 주인공이 자신을 엔리코 4세라고 생각하는 연기를 하는지, 따라서 (가장이라는 말에 특별히 걸맞게) 주인공이 미친 것처럼 "가장을 하는"지 우리가 결정할 수 없다는 사실 위에 가역성의 논제가 성립하는 것입니다. 하지만 살인이 벌어지면서 이 상황이 변하게 됩니다. 나중에 살인으로 유죄 선고를 받게 될지 모르지만, 이제부터 주인공은 [처벌을 피하기 위해] 사람들로 하여금 주인공 자신이 미쳤다고, 그리하여 그가 살인을 한 것은 그가 자신을 정말 엔리코 4세로 알았기 때문이라고 믿게 만들 수밖에 없는 상황에 결정적으로 놓이게 되는 것입니다. 이런 가장 외에도 아마도 오래전부터 주인공의 실재를 이루어왔을 가장의 필연성 또한 도래합니다. 피란델로는 다음과 같은 주목할 만한 지문을 삽입하고 있습니다. 인용해보겠습니다. "눈 깜짝할 사이에 자신을 범죄로 이끈, 그 자신의 허구적 삶의 힘 때문에 공포에 질린 채로 눈을 크게 뜨고 무대에 있는 엔리코 4세." 이 지문은, 비록 그것이 허구적 삶의 힘의 상태, 따라서 실제로 실재적 능력에 해당하는 것의 상태를 거론하고 있음에도 불구하고, 완전히 결정 가능한 것이 아닙니다. 이 지문은 단지 힘은 오로지 허구만을 경유한다는 사실을 말할 뿐입니다. 하지만 허구는 형식입니다. 따라서 사람들은 이제 모든 힘이 의미를 결정할 수 없는 어떤 형식만을 통해 위치가 지정되거나 실제적이 된다고 말하게 될 것입니다. 가면으로서 제시되는 것, 그것은 바로 실재의 에너지라는 사실을 지지해야 하는 이유가 바로 이것입니다.

이 논제의 가공할 만한 형식들은 세기 속에서 얼마든지 찾을 수 있습니다. 그중에서도 제일 먼저 1930년대 말에 스탈린과 그의 그룹이 연출한 모스크바 [숙청] 재판을 언급해야 할 것입니다. 이 재판은 결국 순수하고 단순하게 사람들을 죽이는 일, 공산주의 체제 옹호자 가운데 중요한 일부를 청산하는 일이었습니다. 우리는 여기에서 [허구적 형식을 통한] 실재적인 순수 폭력을 목격합니다. 트로츠키가 명명했고, 트로츠키가 상징이었으며, [나중에] 트로츠키를 암살하게 될 "구볼셰비키 경비대"는 사라져야 했던 것입니다.

지명된 희생자들, 너무나 쉽게 체념해버리는 희생자들로 하여금 자신들에게 전혀 있을 법하지 않은 일들을 말하게 만들 재판을 꾸며야 할 필요성이 무엇이었을까요? 지노비예프Zinoviev나 부하린 같은 사람들이 과연 일본의 스파이, 히틀러의 비호를 받는 자, 반-혁명 세력에 매수된 자들이었을까요? 그리고 그 누가 이런 말을 믿을 수 있을까요? 이런 어마어마한 가장의 목적이 도대체 무엇일까요? 물론 사람들은 이 모든 이를 청산해야 할 필요성에 대하여 스탈린의 입장에서 합리적인 가정을 제시할 수 있습니다. 사람들은 거대한 숙청의 정치 무대를 재구성하는 일을 시도해볼 수 있는 것입니다.[1] 이러한 재판의 필요성

---

[1] 오늘날 프랑스 역사가들의 훈계하기 좋아하는 경향을 고려할 때, 게다가 프랑수아 퓌레François Furet의 공산주의에 대한 책이 보여주는 것처럼 그들이 자유로운 선동자들에 불과한 것으로 만들어버리는 미사여구를 고려할 때, 소비에트연방의 스탈린 시대에 관하여 지적으로 설득력이 있는 연구를 찾아야 할 곳은 아마도 영국 또는 미국 쪽일 것이다. 그럼에도 불구하고 [스탈린이] 인민의 작은 아버지라는 형상이 될 수 있었던 것에 대한 이해의 출발점으로서, 우리는 『크렘린궁 사람들이 본 스탈린Les Stalines vus par les hôtes du Kremlin』(Julliard, coll. "Archives", 1979)이라는 제목으로 릴리 마르쿠Lilly Marcou가 수집하고 해설한 자료집을 유익하게 읽을 것이다.
특히 시베리아의 강제노동수용소에 관해서는 카트린 푸르니에Catherine Fournier가 프랑스어로 번역한 『콜리마 이야기』(La Découverte/Fayard, 1986)라는 제목의 샬라모프Chalamov의 소설보다 더 좋은 것은 없다. 이 소설은 의심의 여지없이 세기의 걸작들 가운데 하나다. 그것은 솔제니친의 육중한 건설보다 훨씬 더 훌륭하다. 실제로 우리는 이후로 솔제니친의 열정적인 숭배자들, 마오주의의 변절자들이 뒤쳐진 일을 제외하면, 솔제니친의 건설들이 친親슬라브적이면서도 약간은 반유태적인 것들에 대한 비전을 강화하는 데까지 나아간 것을 보았다.

을 밝히는 일은 무척이나 어려운 일이며, 게다가 이 일은 수많은 고위 관리, 특히 고위 군인이 정보기관의 지하실에서 최소한의 공적 선서도 남기지 못한 채 청산되었던 만큼 더욱더 어렵습니다. 실제로 이러한 재판은 연극적인 순수 허구에 해당합니다. 고문까지 포함하여 치밀하게 준비된 피고인들은 그들 자신이 하나의 역할에 순응해야만 했습니다. 이때 이 역할과 관련된 그들의 대사는 친위 경찰의 흑막 속에서 심의되고 쓰인 것이었습니다. 이 점과 관련해서 볼 때, 부하린[1]의 재판 이야기는 우리에게 시사하는 바가 매우 큽니다. 왜냐하면 여기에서는 마치 가장의 실재가 자신의 기능을 혼돈에 빠뜨리는 것과도 같이 잠시 동안 모든 연출을 휘저어버리는 의미 있는 일탈이 발생하기 때문입니다.

실재의 절대적 폭력(여기에서는 테러리스트 국가-당)은 오로지 설득당하기로 미리 결심한 사람들(이런 사람들이 실제로 많습니다)만을 설득하기 쉬운 [허구적] 재현을 경유해야 하는 것으로 보입니다. 하지만 이 사람들, 결국 설득당한 공산주의자들은 또한 궁극적으로 보면 "인민의 적들"에 대한 말 없는 청산을 유효하게 할 사람들이기도 합니다. 이 설득당한 공산주의자들은 그들을 지지하는 재판을 거의 필요로 하지 않았습니다. 그들이

---

[1] 이 문제에 대한 훌륭한 소책자로는 아주 뛰어난(그리고 완간된) 총서 ≪아카이브Archives≫에 속한 P. Broué, *Les Procès de Moscou*[모스크바의 재판](Julliard, 1964)이 있다. 이뿐만 아니라 이 총서에는 앞에서 언급한 바 있는 릴리 마르쿠의 책 또한 있다. 이 총서에서 발간된 모든 책을 읽으면 세계사의 중요한 단편들을 가장 훌륭한 방식으로 배우는 셈이다.

뭔가 불신하는 사람들에게 가장의 메커니즘을 설명하는 일에 어려움을 느끼면 느낄수록, 그만큼 더 실재에 대한 그들의 열정은 그들에게 이 곤란한 가장을 점점 더 면제시켜주는 것처럼 보였습니다. 바로 이 지점에서 세기의 거대한 물음 가운데 하나를 건드리는 다음과 같은 수수께끼가 등장하게 됩니다. 실재에 대한 열정 속에서, 즉 정치를 선과 악 너머로 배치하는 바로 그 열정 속에서 가장이 하는 기능이란 과연 무엇일까?

나는 쟁점(혁명적 테러[1]와 관련해서 이미 일찍이 헤겔이 인식한 바 있는 쟁점)이 다음과 같다고 확신합니다. 그것은 실재가 자신의 우연한 절대성 속에서 인식되는 한, 실재는 자신이 혹시 가장이 아닌지 의심받지 않을 만큼 충분히 실재적이지 않다는 것입니다. 실재에 대한 열정, 그것은 또한 필연적으로 의혹입니

---

[1] 『정신현상학』에서 테러에 헌사된 매우 압축적인 구절을 다시 읽어야 한다. 단순히 읽기를 권유하는 차원에서 나는 다음의 구절을 발췌해본다(장 이폴리트의 번역을 택한 이유는 이것이 내가 젊었을 때 읽은 번역이기 때문이다. 장-피에르 르페브르Jean-Pierre Lefebvre의 보다 철저하고 현대적인 번역을 저평가해서가 아니다).

보편적인 의지가 그 의지에 대항하는 정부의 범죄 앞에서 멈추듯이 정부의 실질적인 행위 앞에서 멈춘다면, 역으로 정부는 결정된 그 어떤 것도, 또는 정부에 반대하는 의지의 결핍이 드러나게 될 외부의 그 어떤 것도 갖지 않는다. 실제로 정부의 맞은편에는 단지 실질적이지 않은 순수의지 또는 의도만이 마치 실질적인 보편적 의지처럼 있을 뿐이다. 이때 의심받기가 죄인 되기를 대체하거나 또는 죄인 되기의 의미와 효과를 갖는다. 의도의 단순한 내부 속에 있는 이러한 실질성에 대항한 외적 반응은, 사람들이 자신들의 존재 말고는 그 어떤 것도 제거할 수 없는 존재의 요소 속에서, 바로 자아에 대한 난폭한 파괴로 구성된다.

다. 그 어떤 것도 실재가 실재적임을 증명할 수 없습니다. 실재는 단지 가장이 실재의 역할을 연기하기 위해 들어갈 허구의 체계일 뿐입니다. 혁명적 정치 또는 절대적 정치의 모든 주관적 범주, 예를 들어 "확신", "충성", "덕", "계급의 위치", "당에 대한 복종", "혁명적 열의" 등은 범주의 가정된 실재의 점이 사실은 가장에 불과한 것이 아니냐는 의혹으로 점철됩니다. 따라서 언제나 범주와 그 범주의 지시 대상 사이의 상관관계를 공개적으로 정화해야 하는 일이 일어납니다. 말하자면 문제가 되는 범주를 내세우는 이들 가운데 주체들을, 따라서 혁명의 참여자 자신들을 정화해야 하는 것입니다. 그리고 이때 모든 이에게 실재의 불확실성이라는 가르침을 마련해주는 의식을 따라서 정화 작업을 단행하는 것이 중요합니다. 정화는 세기의 중요한 슬로건 가운데 하나입니다. 스탈린은 이 점을 다음과 같이 분명히 언급합니다. "당은 오로지 스스로를 정화함으로써만 강화되는 법이다."

나는 약간은 가혹한 이 같은 고려가 마치 절대 정치 또는 "전체주의"에 대한 나약하고 도덕적인 현대적 비판을 펴는 일처럼 생각되는 것을 원치 않습니다. 나는 여기에서 어떤 특이함에 대해서, 그 특이함 본래의 중차대함에 대해서 해석을 하고 있습니다. 설령 그것이 실재에 대한 개념화라는 그물에 걸려서 결과적으로 그 이면에 극도의 폭력성을 갖게 된다고 할지라도 말입니다.

이 같은 우울함에 대한 모든 반-정치적 해석을 차단하기 위하여 나는 정화가 예를 들어 예술 활동의 본질적 슬로건이기도 했다는 사실을 강조하고 싶습니다. 사람들은 순수예술을, 즉 가장의 기능이 단지 날것 그대로의 실재를 가리키는 일에 불과할 뿐인 그런 순수예술을 욕구했습니다. 사람들은 공리 체계와 형식주의를 통해서 공간적이거나 수적인 모든 상상적인 것으로부터, 그리고 직관으로부터 수학적 실재를 정화하기를 원했습니다. 이처럼 형식의 정화를 통해 힘이 획득된다는 관념은 결코 스탈린의 전유물 또는 피란델로의 전유물이 아닙니다. 이 모든 시도에 공통된 것, 그것은 다시 한번 더 말하지만 실재에 대한 열정인 것입니다.

이 문제와 관련해서 잠시 헤겔의 선행 작업으로 되돌아가봅시다. 헤겔은 프랑스혁명이 무엇 때문에 테러리스트적 혁명이 되었는지 설명하고자 했습니다. 그의 논제는 다음과 같습니다. 혁명은 절대적 자유의 주체적 형상을 제시합니다. 하지만 절대적 자유는 선Bien에 대한 그 어떤 객관적 재현에도 얽매이지 않은 자유입니다. 절대적 자유는 따라서 규준이 없는 자유, 아무것도 그 유효성을 증명할 수 없는 자유입니다. 사람들은 언제나 이런저런 주체가 절대적 자유를 배신하고 있다고 생각할 만한 충분한 자격이 있습니다. 따라서 구체적인 경험 속에서 절대적 자유의 본질은 궁극적으로 배신-당하기-앞의-자유로서 주어지게 됩니다. 진정한 자유의 주체적 이름, 그것이 곧 [언제라도 배신당할 수 있는] 덕Vertu이 되는 것입니다. 하지만 덕에 대한 신뢰할 수 있고 공유된 규준을 내세우는 것은 불가능합니다. 모두가, 지배하는 것은 덕에 반대되는 것, "부패"라고 이름 붙여진 것이라고 가정하게 됩니다.[1] 결국 이렇게 해서 실재적 자유의 본질은 부패에 맞선 투쟁이 되는 것입니다. 그리고 부패는 사물의 "자연스러운"상태이기 때문에 모든 사람은 이제 잠재적으로 이 부패에 맞선 투쟁의 표적이 됩니다. 말하자면 모든 사람이 용의자가 되는 것입니다. 따라서 자유는 "용의자에 대한 법"으로서, 만성적인 정화 작업으로서 대단히 논리적으로 실행됩니다.

이때 우리에게 중요한 것은 다음의 사실입니다. 그것은 가장으로부터 실재를 구분시켜주는 모든 형식적 규준이 부재할 때 사람들은 의심을 받게 된다는 것입니다. 그리고 이 같은 규준이 부재할 경우 강요되는 논리는, 주관적 확신이 실재적인 것으로 떠오르면 떠오를수록 그 주관적 확신을 그만큼 더 의심해야 한다는 것입니다. 따라서 가장 많은 배신자가 있게 되는 곳, 그곳은 자유에 대한 열정이 끊임없이 선언되는 곳, 즉 혁명 정부의 최상층부입니다. 배신자, 그것은 지도부입니다. 그리고 그 끝에까지 가면, 배신자는 바로 자기 자신이 됩니다. 그렇다면 이러한 조건 속에서 유일하게 확실한 것은 무엇일까요? 그것은 무無입니다. 오로지 무만이 용의자가 아닙니다. 왜냐하면 무는 그 어떤 실재도 주장하지 않기 때문입니다. 정화는 필연적 귀결로서 무를 도래하게 한다고 헤겔은 정교하게 기술합니다. 이렇게 해서 죽음이 결국 순수 자유의 가능한 단 하나의 이름이 되고, "잘 죽기"가 진정으로 의심할 수 없는 유일한 것이 됩니다. 금언金言, 다시 말해 극히 단순한 결론은, 정확하게 말해서, 연극이 반대로

---

1 프랑스혁명에 관한 물음 전체를 반-변증법적으로 조망해보기 위해서는 실뱅 라자뤼스의 연구 「프랑스혁명 속 혁명의 범주 La Catégorie de révolution dans la révolution française」를 참조해야 한다.

진행됨에도 불구하고, 죽기를 가장으로 만드는 일은 불가능하다는 것입니다.

이로부터 실재에 대한 열정에 의해 떠받쳐진 우리의 세기는 모든 수단을 동원해서, 또 정치에서만 그런 것이 아니라 다른 영역에서도 파괴의 세기였다는 결론이 나옵니다.

하지만 우리는 곧바로 두 개의 방향을 분간해야 합니다. 그중 한 방향은 파괴를 있는 그대로 받아들이면서 정화의 불확정 속으로 들어가는 것을 말합니다. 그리고 다른 한 방향은 불가피한 부정성을 측정코자 시도하는 것, 즉 내가 "벗어나는" 방향이라고 부르는 것을 말합니다. 파괴destruction냐 아니면 벗어나기 soustraction냐, 이것은 세기 속에서 중심이 되는 논쟁입니다. 실재에 대한 열정이 지니는 부정적 측면의 적극적 형상이란 과연 무엇일까요? 나는 이 점에 관해서 개인적인 궤적을 가지고 있을 정도로 이 두 방향 사이의 분쟁에 민감합니다. 먼저 『주체의 이론Théorie du sujet』(1982)에서는 한 부 전체의 제목이 "결핍과 파괴"입니다. 당시에 나는 완전히 예언적인 말라르메의 말, "파괴는 나의 베아트리체였다오."에 의존했습니다. 하지만 『존재와 사건L'Être et l'événement』(1988)에서는 이 점에 대하여 명백한 자기비판을 하였습니다. 그리고 나는 부정성을 벗어나는 사유가 파괴와 정화의 맹목적 명령을 극복할 수 있음을 보여주었습니다.

파괴/벗어나기라는 짝을 사유하기 위한 최초의 단서는 예술입니다. 다수의 선행적 시도(예를 들어 말라르메의 텍스트 「시의 위기Crise de vers」 또는 좀 더 거슬러 올라가자면 헤겔의 『미학』)를 통해 알 수 있는 것처럼 19세기의 여러 모티브 가운데 하나는 예술의 종말, 재현, 회화 그리고 결국에는 작품의 종말이라는 모티브였습니다. 이런 의미에서 세기는 세기 자신을 예술적 부정성으로 인식했습니다. 그런데 종말이라는 이 모티브의 배후에서 문제가 되는 것은 분명히, 다시 한번 더, 예술은 실재와 어떤 관계를 유지하는지 또는 예술의 실재는 무엇인지 아는 것입니다.

내가 말레비치Malevitch를 상기하고자 하는 것은 바로 이 점과 관련해서입니다. 말레비치는 1878년에 키예프에서 태어나 1911년에 파리에 왔습니다. 그는 이미 기하학적으로 조직된 그림을 그리고 있었습니다. 그러다가 1912년에서 1913년 사이 그는 마야콥스키Maïakovski와 공동 작업을 하면서 또 다른 독트린인 절대주의로 옮겨갑니다.

말레비치는 볼셰비키 혁명을 받아들였습니다. 그는 1917년에 모스크바로 들어가 1919년에 모스크바대학교 교수로 임명되었습니다. 1918년에 그는 지금은 뉴욕현대미술관에 있는 그 유명한 〈흰 바탕 위의 흰 정사각형Carré blanc sur fond blanc〉을 그렸습니다. 1920년대에 상황이 예술가들과 지식인들에게 긴박해지기 시작하자 그는 레닌그라드로 갔고, 그곳에서 얼마간 전시를 금지당했습니다. 1926년에 그는 *Die gegenstandlose Welt*("비-재현의 세계")라는 결정적 제목의 시론을 독일어로 출간했습니다. 그는 1935년에 죽었습니다.

〈흰 바탕 위의 흰 정사각형〉은 회화의 질서 속에서 정화의 극치에 해당합니다. 색이 제거되고, 형태가 제거되고, 단지 기하학적 암시만 남습니다. 이 기하학적 암시는 최소의 차이, 바탕과 형태의 추상적 차이, 특히 흰색으로부터 흰색으로의 실재하지 않는 차이, 동일자의 차이, 말하자면 사라지는 차이라고 부를 수 있는 것을 지탱합니다.

사람들은 여기에서 파괴의 전범과 다른 벗어나는 사유의 전범이라는 기원을 발견합니다. 〈흰 바탕 위의 흰 정사각형〉을 회화 파괴의 상징처럼 해석하지 않도록 조심해야 합니다. 오히려 문제는 벗어나는 수임受任:assomption입니다. 이 그림은 시에 있어서 말라르메의 몸짓에 매우 가까운 몸짓에 해당합니다. 왜냐하면 이 그림은 최소의 차이지만 절대적인 차이의 연출, 장소와 그 장소에서 일어나는 것 사이의 차이의 연출, 장소와 발생 사이의 차이의 연출이기 때문입니다. 그림에서는 이 같은 차이가 흰 빛 속에 담겨서 모든 내용의 지움, 모든 용기의 지움을 통해 구성되고 있습니다.

왜 이것이 파괴와 다른 걸까요? 그것은 이 그림에서는 실재를 동일성으로서 다루질 않고 단번에 간격으로서 다루기 때문입니다. 여기에서 사람들은 실재/가장의 관계에 대한 물음을 실제를 고립시키게 될 정화를 통해서가 아니라, 간격은 그 자체가 실재적이라는 사실을 이해함으로써 해결하게 될 것입니다. 여기에서 흰 정사각형은 최소의 간격을 허구화한 순간입니다.

동일성에 대한 열정인 실재에 대한 열정이 있습니다. 즉 실재적 동일성을 취하기, 그것을 복제한 것들의 정체를 폭로하기, 허위-가장의 권위를 떨어뜨리기라는 열정이 존재하는 것입니다. 이 열정은 진실된 것에 대한 열정이며, 실제로 진실성은 사르트르의 범주인 것과 마찬가지로 하이데거의 범주입니다. 이 열정은 오로지 파괴로서만 성취될 수 있습니다. 파괴가 곧 이 열정의 힘입니다. 왜냐하면 결국 많은 것이 [진실성의 기준 아래] 파괴될 만하기 때문입니다. 하지만 파괴는 또한 이 열정의 한계이기도 합니다. 왜냐하면 정화는 성취가 불가능한 과정, 나쁜 무한의 형상이기 때문입니다.

또 다른 실재에 대한 열정, 즉 차이에 대한 열정, 차이를 구별하는 열정이 있습니다. 이 열정은 최소의 차이를 만드는 일에, 최소 차이의 공리를 제공하는 일에 매달립니다. 〈흰 바탕 위의 흰 정사각형〉은 최소의 차이를 최대의 파괴에 대립시키자는, 사유에서의 제안입니다.

예술에서의 이 같은 대립은 시작에 대한 확신을 가리킵니다. 실재에 대한 열정은 언제나 새로운 것에 대한 열정입니다. 하지만 새로운 것이란 무엇일까요? 그리고 브레히트가 물었던 것처럼 새로운 것은 언제, 어떤 대가를 치른 후 도래하게 될까요?

새로운 것에 대한 이 물음을 끝내기 위해서 나는 말레비치가 〈흰 바탕 위의 흰 정사각형〉을 제작하기 바로 직전에 쓴 시 하나를 인용하고자 합니다. 여기 앙드레 마르코비치 André Markowicz 가 번역한 그의 시가 있습니다.

결코 되풀이가 없도록 하라―도상圖像에서도, 그림에서도, 말에서도 결코 되풀이가 없도록 하라,
　행위 속 무언가가 너에게 옛 행위를 떠오르게 하거든, 새로운 탄생의 목소리를 내게 말하라.

지워라, 입을 다물어라, 그것이 불이거든 불을 꺼라,
너의 사유의 자락이 더 가벼워지도록, 너의 사유의 자락이 녹슬지 않도록,
사막 속 새 날의 숨결을 들을 수 있도록.
옛날이 지혜 속에서 너의 옷 위에 거무스름한 얼룩으로 있나니, 따라서 네 귀를 씻어라, 옛날을 지워라, 이렇게 해서만 네가 더욱 민감해지고 더욱 순결해지리라, 파도의 숨결 속에서 너를 위하여 새 것이 그려지리라.
너의 사유가 윤곽을 발견하리라, 너의 첫걸음을 각인하리라.

이 시 속에서 복잡하게 뒤얽혀 있는 두 가지를 여러분이 즉각 이해할 수 있을 만큼 우리는 앞에서 이미 충분하게 검토했습니다.
그중 첫 번째는 세기가 실재에 대하여 행한 일종의 예언주의의 유형으로서, 그것은 곧 사유는 반복을 멈추어야 한다는 것을 말합니다. 세기가 발명해야 할 새로운 행위, "새로운 탄생"이 있어야만 하고 또 있게 될 것입니다. 그것은 결정적으로 다음과 같은 명령을 내립니다. "옛날을 지워라."
두 번째는 윤곽을 발견하기 위하여 씻겨야 하는 귀를 말합니다. 주의력注意力은 윤곽의 발명으로, 첫걸음의 각인으로 성취되는 것이지 결코 선재하는 관념성의 이해를 통해 성취되는 것이 아닙니다.
결국 말레비치는 우리에게 벗어나는 행위가 무엇인지 말하고 있습니다. 그것은 최소의 차이의 자리 그 자체에서, 말하자면 거

의 아무것도 없는 바로 그곳에서 내용을 발명하는 것입니다. 행위, 그것은 "사막 속 새 날"인 것입니다.

1999년 4월 7일

6. 하나가 둘로 나뉜다

　따라서 세기는 어떻게 보더라도 상상적인 것과 유토피아의 의미에서 "이데올로기"의 세기가 아닙니다. 세기의 주요 주체적 결정 인자는 실재에 대한 열정입니다. 즉 지금 여기에서 즉각적으로 실천할 수 있는 것에 대한 열정인 것입니다. 가장의 중요성이란 바로 이 실재에 대한 열정의 결과에 불과하다는 것을 우리는 앞에서 지적했습니다.
　세기는 세기 자신에 대해서 무엇을 말할까요? 어쨌든 세기는 약속의 세기가 아니라 성취의 세기라고 말합니다. 세기는 행위의 세기, 실질의 세기, 절대적 현재의 세기이지 결코 알림의 세기, 미래의 세기가 아닙니다. 시도의 수천 년, 실패의 수천 년 이후 세기는 세기 사신을 승리의 세기로 인식했습니다. 20세기의 당사자들은 숭고하지만 헛된 시도에 대한 숭배, 다시 말해 이데올로기적 복종을 이전 세기에 속하는 것으로, 즉 19세기의 불행한 낭만주의에 속하는 것으로 치부했습니다. 20세기는 다음과 같이 말합니다. 실패는 끝이 났으며 여기 이제 승리의 시대가 도래했노라! 승리감에 젖은 주체성은 겉으로 드러난 모든 패배에서 살아남습니다. 왜냐하면 이 주체성은 경험적 주체성이 아니라 구성적 주체성이기 때문입니다. 승리는 패배 그 자체까지도 조직해내는 선험적 모티브이며, "혁명"은 바로 이 선험적 모티브의 이름 가운데 하나인 것입니다. 1917년 10월 혁명, 중국과 쿠바의 혁명, 그다음에는 민족 해방의 투쟁 속에서 쟁취해낸 알제리인의 승리 또는 베트남인의 승리에 이르기까지, 이 모든 것은 이 선험적 모티브의 경험적 증거입니다. 이 모든 것은 패배를 물리칩니다. 이 모든 것은 1848년 6월의 대학살이나 파리코뮌의 대학살을 보상합니다.

승리의 방식은 결정적 대결, 즉 궁극적이며 전면적인 전쟁에서의 이론적이면서 실천적인 명료함입니다. 전쟁이 전면적이라는 사실은 승리 역시 실질적 승리라는 것을 뜻합니다. 이런 점에서 세기는 우리가 앞에서 이미 언급했듯이 전쟁의 세기입니다. 그러나 전쟁에 대한 이 같은 언급은 둘Deux의 물음 또는 적대적 분열이라는 물음 주위를 배회하는 여러 관념을 뒤섞고 있습니다. 세기는 자신의 법이 둘이라고, 적대라고 표명했습니다. 이런 의미에서 둘의 궁극적이며 전면적 형상인 냉전(미 제국주의 대 사회주의 진영)의 끝은 또한 세기의 끝이기도 합니다. 하지만 둘은 다음의 세 의미 작용을 따라서 거부됩니다.

1. 중심적 적대가 존재합니다. 즉 치명적 전쟁 속에서 전 지구적 차원으로 조직된 두 개의 [적대적] 주체성이 존재합니다. 세기는 바로 이 적대의 무대입니다.

2. 적대를 고려하고 사유하는 서로 다른 두 수단 사이에도 [중

심적 적대에서 보게 될 폭력성에] 결코 뒤지지 않을 정도로 폭력적인 적대가 존재합니다. 공산주의와 파시즘 사이의 대립의 본질이 바로 이것입니다. 공산주의자들에게 있어서 전 지구적 대립은 그 뿌리를 볼 때 계급 간의 대립입니다. 급진적 파시스트들에게 있어서 전 지구적 대립은 국가와 인종 간의 대립입니다. 여기에서 둘이 둘로 나뉩니다. 하나의 적대적 논제와 적대에 관한 여러 적대적 논제 사이의 뒤얽힘이 존재합니다. 이때 두 번째의 나뉨[파시스트들의 국가와 인종 간의 대립]은 아마도 첫 번째의 나뉨[공산주의자들의 계급 간의 대립]보다 훨씬 더 본질적일 것입니다. 궁극적으로 볼 때, 공산주의자들보다는 반파시스트들이 훨씬 더 많았습니다. 그리고 제2차 세계대전은 이 두 번째의 나뉨으로부터 파생된 분열에 근거한 전쟁이었지, 결코 하나로 합의된 적대 개념에 근거한 전쟁이 아니었다는 점을 주목해야 합니다. 실제로 합의된 적대 개념[미 제국주의 대 사회주의 진영의 대립]은 주변적인 경우(한국전과 베트남전)를 제외하면 단지 "냉"전만을 제공했습니다.

3. 세기는 전쟁을 통해서 궁극적 합일을 생산하는 세기로 소환됩니다. 적대는 한쪽 진영의 다른 쪽 진영에 대한 승리를 통해서 극복될 것입니다. 또한 이런 의미에서 둘의 세기는 하나에 대한 근원적 욕망에 의해 활기를 띤다고 말할 수 있습니다. 이때 하나의 폭력과 적대 사이의 연결을 명명하는 것은 실재에 대한 증명인 승리입니다.

그런데 이 같은 궁극적 합일 이야기가 변증법적 도식과는 무관하다는 사실을 다시 한번 더 주목합시다. 종합을 예견하게 하는 것, 모순에 대한 내적 극복을 예견하게 하는 것은 아무것도 없습니다. 종합과 반대로 모든 것은 두 항 가운데 한 항의 제거를 향해서 나아갑니다. 세기는 둘과 하나가 비변증법적 방식으로 병렬해 있는 그 어떤 형상입니다. [그렇다면] 문제는 이제 세기가 변증법적 사유에 대해서 어떤 결산을 내놓는지를 아는 것입니다. 승리라는 결과 속에서 볼 때, 추진력을 이루는 요소는 적대 그 자체일까요, 아니면 하나에 대한 욕망일까요?

이와 관련해서 나는 당시에는 유명했지만 오늘날에는 많이 잊혀진 중국 혁명에 관한 이야기를 하고자 합니다. 1965년경 중국에서의 일입니다. 그 당시 갈등을 지적하는 일에 있어서는 언제나 독창적이었던 지역 언론이 "철학의 장에서 벌어진 거대한 계급투쟁"이라고 명명한 사건이 일어났습니다. 이 투쟁은 변증법의 본질은 적대의 발생이기 때문에 변증법은 "하나가 둘로 나뉜다."라는 공식 속에서 주어진다고 사유하는 사람들과, 변증법의 본질은 모순이 되는 항들의 종합이기 때문에 결과적으로 변증법의 올바른 공식은 "둘이 하나로 융합된다."라고 사유하는 사람들을 서로 대립시켰습니다. 겉으로는 학구적인 것처럼 보이지만 사실 이 투쟁은 본질적인 진리를 함축하고 있습니다. 실제로 혁명적 주체성을 확인하고 이 혁명적 주체성의 구성적 욕망을 확인하는 일이 중요합니다. 과연 그 구성적 욕망은 나눔, 전쟁의 욕망일까요, 아니면 융합의, 합일의, 평화의 욕망일까요? 어쨌든 당시 중국에서 "하나가 둘로 나뉜다."는 준칙을 지지하는 사람들은 "좌파"로, "둘이 하나로 융합된다."는 입장을 지지하는 사람들은 우파로 선언되었습니다. 왜 그랬을까요?

하나에 대한 욕망이라는 주관적 공식처럼 취해진 종합의 준칙(둘이 하나로 융합된다)이 우파적이라면, 그것은 중국의 혁명가들이 이 준칙을 완전히 미숙한 생각으로 보았기 때문입니다. 이 준칙의 주체는 둘을 그 끝에 이를 때까지 꿰뚫어보지 못했고, 따라서 그는 완전히 승리한 계급 전쟁이 무엇인지 여전히 알지 못합니다. 이러한 사실로부터 이 준칙의 주체가 욕망하는 하나는 여전히 사유할 수조차 없는 무엇이 되고 말며, 이것은 결국 이 준칙에서는 그 주체가 종합을 빌미로 고전적 일자에 호소하고 있다는 것을 뜻하게 됩니다. 변증법에 대한 이 같은 해석은 따라서 복고주의적입니다. 오늘날 보수주의자가 되지 않고 혁명적 행동주의자가 된다는 것, 그것은 의무적으로 나눔을 욕망하는 일을 가리킵니다. 새로움에 관한 물음이 곧 상황의 특이함 속에서 이루어지는 창조적 분열에 관한 물음이 되는 것입니다.

특히 1966년에서 1967년에 이르는 동안 중국에서의 문화혁명은 상상조차 할 수 없는 분노와 혼란 속에서 변증법적 도식을 서로 다르게 해석하는 양쪽을 대립시켰습니다. 실제로 사회주의 국가는 문명화되고 치안 질서가 잡힌 마지막 대중 정치가 되어서는 안 되며, 반대로 실재적 공산주의를 향해 나아가는 진보의 기호 아래 대중 정치의 해방을 고무시켜야 한다고 사유하는 사람들이 있었습니다. 당시 덩의 지도부에서는 사실 소수파였던 마오와 그의 동지들이 이런 사람들이었습니다. 반면에 경제를 관리하는 일이 핵심적이기 때문에 대중이 모이는 일은 필요에 비해 해로운 점이 더 많다고 사유하는 사람들이 있었습니다. 류사오치Liu Shaoqi[劉少奇], 특히 덩샤오핑과 그의 동지들이 이런 사람들이었습니다. 젊은 학생들은 마오주의 노선의 첨병이 되었지만, 당 간부들과 많은 수의 지식인 간부들은 다소간 공개적으로 마오주의 노선에 반대하였습니다. 농부들은 신중한 태도를 취했습니다. 마지막으로 결정적 힘을 가진 노동자들은 경쟁 관계에 있는 [두] 조직으로 찢어집니다. 결국 1967년과 1968년 이후 정치적 격랑에 빠질 위험에 처한 국가가 마침내 군대를 개입시키게 됩니다.[1] 그후 오랜 시간 동안 극도로 복잡하고 폭력적인 관료적 대립이 이어졌으며, 따라서 대중의 몇몇 소요 사태 또한 막을 수가 없었습니다. 이런 상황은 마오의 사망(1976년) 때까지 계속됩니다. 그리고 마오의 사망 이후 덩샤오핑을 권좌에 올려놓는 테르미도르 반동 coup termidorien* 같은 일격이 곧바로 이어집니다.

이와 같은 정치적 혼란은 그 쟁점이 너무나 새로우면서도 또한 너무나 애매하기 때문에 그것이 해방의 정치의 미래를 위하여 틀림없이 간직하고 있을 많은 교훈을 아직도 우리는 도출해내지 못하고 있습니다. 이 정치적 혼란이 68년 5월 이후 혁신적이면서 일관적인 유일한 정치적 흐름인, 1967년과 1975년 사이의 프랑스 마오주의에 결정적 영감을 주었음에도 불구하고 말

---

[1] 문화혁명과 관련해서는 모든 것이 잊혀졌거나 또는 중상모략을 일삼는 저널리즘에 의해 모든 것이 은폐되었기 때문에 이 사건에 대한 당대의 공정하고 균형 잡힌 근거들로 되돌아와야 한다. 중국인들이 위대한 프롤레타리아 문화혁명(요약해서 GRCP)이라고 부르는 것의 초기(보편적인 교훈을 지닌 유일한 시기)에 대하여 종합적인 인식을 가능케 하는 책으로 Jean Esmein, *La Révolution culturelle*[문화혁명](Seuil, 1970)이 있다.

★ 프랑스혁명을 실질적으로 끝낸 반동적 쿠데타(1794. 7. 29).

입니다. 어쨌든 중심 "대상"으로 당을 취하고 주된 정치적 개념으로 프롤레타리아 개념을 취하는 일련의 정치적 흐름 전체에 대하여 문화혁명이 폐막을 고한다는 것은 확실합니다.

이왕 말이 나온 김에 좀 더 이야기를 하자면, 오늘날 제국주의와 자본주의적 비굴함을 복구하려는 사람들에게는 이런 전례가 없는 이야기를 야만적이고 잔인한 "권력투쟁"이라고 규정짓는 일이 유행처럼 되어버렸습니다. 당시 정치국의 소수자였던 마오가 모든 방법을 동원해 궁지로부터 빠져나오려고 시도한 일을 두고서 이렇게 말을 하는 것입니다. 우리는 우선 정치 이야기를 이런 유형의 "권력투쟁"으로 규정짓는 것은 충분히 열려 있는 문을 우스꽝스럽게도 부수는 [쓸데없는] 일이라고 대답할 것입니다. 실제로 문화혁명의 투사들은 결국 "문제는 권력의 문제"라고 선언했던 레닌을 끊임없이 인용하였습니다(아마도 이것이 레닌이 한 말 중 최고의 말은 아닐 것입니다. 하지만 이 문제는 또 다른 문제입니다). 당시 마오의 위태로운 위치는 분명한 쟁점이었고, 이것은 마오 자신에 의해서도 공식적으로 언급된 바 있습니다. 우리의 중국 전문가들이[1] 해석이랍시고 내놓는

---

1 반-마오적 중국학을 조직한 핵심 인물은, 다른 관점에서 유능한 인재인 시몬 레이Simon Leys다. 지식인들 사이에서 문화혁명의 인기가 절정에 달한 1971년에 그의 시론 『마오 주석의 새로운 복장Les Habits neufs du président Mao』(Champ libre)은 우상을 파괴하는 폭탄의 형상이었다. 시몬 레이가 변절과 반-혁명적 정신을 지닌 용기 있는 아방가르드로서 존경받는다는 사실은 그의 용기, 즉 견해를 피력한 그의 용기에 확실히 정당성을 부여한다. 모두가 회개한 마오주의자인 그의 신봉자들은—"모든 사람"이 마오주의자였고 그들 역시 마오주의자였던 그 당시에도 그렇고, 이 동일한 "모든 사람"이 회개한 자들로만 구성되

"기묘한 발상들"은 오로지 1965년에서 1976년 사이 중국에서 일어났던 유사-시민전쟁에 대한 내재적인 논제, 공적인 논제뿐입니다. 이 전쟁에 고유한 (새로운 정치적 사유의 존재라는 의미에서) 혁명적인 국면은 단지 초기 부분(1965~1968년)에 국한될 뿐입니다. 그뿐만 아니라 우리의 정치철학자들은 도대체 언제부터 위기에 몰린 지도자가 자신의 영향력을 회복하기 위해 하는 노력을 공포스러운 일로 간주한 걸까요? 정치철학자들이 긴 시간을 들여서 의회정치의 흥미로운 민주주의적 본질이라고 논평한 것이 바로 이와 같은 일 아니었던가요? 우리는 권력투쟁의 의미와 중요성은 투쟁의 쟁점이 무엇이냐에 따라 판단된다는 사실 또한 지적할 수 있을 것입니다. 특히 마오가 혁명은 "경축 연회가 아니다."라고 말한 의미를 따라서 투쟁 방식이 고전적으로 혁명적일 경우가 그렇습니다. 예를 들어 수백만 젊은이와 노동자의 전례 없는 동원, 표현과 조직에 있어서 말 그대로 상상을 초월하는 자유, 엄청난 규모의 시위, 학교와 작업장 등 모든 곳에서 열리는 정치 모임, 간략하고 단도직입적인 토론, 공적인 고발, 무장 폭력까지 포함한 폭력의 무정부적이고 반복적인 사용 같은 혁명적인 투쟁 방식 등이 있습니다. 하지만 문화혁명의 행동주의자들이 "당에 속해 있지만 자본주의 노선을 따르는 고위 관리 가운데 두 번째 서열의 인물"이라고 불렀던 덩샤오핑이 실

며 또 그들 역시 서둘러 회개하고자 하는 오늘날에도 마찬가지로—결코 이런 용기의 증거가 되지 못했다. 하지만 그가 존경받는다는 사실이 곧 그의 책들이 뛰어남을 보장하는 것은 아니다. 독자가 그의 책들을 참고하여 판단할 일이다.

제로는 이와 같은 집단주의적이고 개혁주의적인 마오의 노선과 완전히 정반대되는 개발의 노선, 사회 건설의 노선을 추구하지 않았다고 주장할 수 있는 사람이 과연 오늘날 있을까요? 마오가 죽은 후 관료주의 쿠데타를 통해 권력을 잡은 다음 덩샤오핑이 1980년대부터 자신이 사망하기 전까지 완전히 야만적이고 완전히 부패한, 게다가 당의 폭압 정치를 유지했다는 점에서 그만큼 더 비합법적인 일종의 신-자본주의를 중국에서 펼쳤다는 사실을 우리 모두가 보지 않았습니까? 따라서 모든 물음에 대해서, 특별히 모든 물음 가운데 (도시와 농촌의 관계, 지적 노동과 수공업의 관계, 당과 대중의 관계 같은) 가장 중요한 물음들에 대해서 중국인들이 자신들의 흥미로운 언어로 "두 계급 간의 투쟁, 두 길 간의 투쟁, 두 노선 간의 투쟁"이라고 불렀던 것은 정말로 존재했던 것입니다.

하지만 종종 극단적으로까지 나간 폭력은 어떻게 보아야 할까요? 수만 명의 죽음은 어떻게 보아야 할까요? 박해, 특히 지식인들에게 가해졌던 박해는 어떻게 보아야 할까요? 우리는 오늘날에 이르기까지 자유로운 정치를 어느 정도 펼치려는 시도들, 즉 부와 부자들, 권력과 권력자들, 학문과 학자들, 자본과 그 하수인들에게 사회를 예속시키면서 사람들이 생각하는 것을 쓸모없다고, 노동자들의 집단 지성을 쓸모없다고, 이익이라는 추잡스런 규칙을 영속하려는 질서에 어울리지 않는 모든 사유를 실제로 쓸모없다고 보는 영원한 질서를 근본적으로 뒤집으려는 시도들을 역사 속에 남긴 모든 폭력에 대해서도 이와 동일한 물음을 던질 것입니다. 사실 전면적 해방이라는 논제는 절대적 현재에 대한 열광 속에서 지금 현재 실천되면서 언제나 선과 악 너머에 위치합니다. 그 이유는, 만약 행위의 상황 속에서 우리에게 알려진 유일한 선이 있다고 한다면, 그것은 기존 질서가 질서 자신의 존속이라는 소중한 이름으로 만들어버린 선, 바로 그것일 뿐이기 때문입니다. 이때[전면적 해방의 논제가 선과 악 너머에 위치하는 때]부터 극단적 폭력은 극단적 열광과 상관관계를 맺게 됩니다. 왜냐하면 실제로 문제는 모든 가치의 가치를 전환하는 것이기 때문입니다. 실재에 대한 열정에는 이처럼 도덕이 배제되어 있습니다. 니체가 보았던 것처럼 도덕은 오로지 하나의 계보만을 자신의 위상으로 가집니다. 그 계보란 곧 옛 세계의 잔재물입니다. 따라서 오늘날 사람들이 속한 진영이 무엇이 되었든 평화롭고 오래된 우리의 오늘이 보기에, 최악의 것에 대한 인내의 문턱은 [옛 세계의 잔재물이 누적됨에 따라서] 끝없이 올라가게 되어 있습니다. 오늘날 몇몇 사람이 세기의 "야만"에 대하여 말하는 것은 확실하게 이 때문입니다. 하지만 실재에 대한 열정의 차원을 이처럼 고립시키는 일은 전적으로 부당합니다. 지식인들의 박해가 문제가 되고 그 박해가 낳은 광경이나 결과가 너무나 비참할 때마저도 실재에 대한 정치적 접근을 명령하는 것은 지식의 특권이 아니라는 사실, 그리고 정확하게 이 때문에 실재에 대한 열정이 가능해진다는 사실을 상기하는 것이 중요합니다. 이미 프랑스혁명에서 푸키에탱빌Fouquier-Tinville이 근대 화학의 창시자인 라부아지에에게 사형을 선고하면서 "공화국은 학자를 필요로 하지 않는다."고 말했던 것처럼 말입니다. 물론 야만스러운 말이며 완전히 극단적이고 비합리적인 말임이 분명합니다. 하지만 우리는 "공화국은 필요로 하지 않는다."라는 말을, 말 자체를 넘어서, 압축된 공리의 형태 아래 이해할 줄 알아야 합니다. 실재의 파편을 정치적으로 포착하는 일은 필요로부터, 관심으로부터, 또는 관심의 상관물로부터, 즉 특권적 지식으로부터 나오지 않습니다. 그것은 집단화할 수 있는 어떤 사유의 발생으로부터, 오직 이것으로부터만 나올 수 있습니다. 우리는 이 점을 또한 만약 정치라는 것이 있다면 정치는 실재와 관련해서 정치 자신의 고유한 원칙을 세우며, 따라서 정치는 정치 자신을 제외한 다른 어떤 것도 필요로 하지 않는다고 말할 수 있습니다.

하지만 사실이 이러함에도 불구하고 사유를 실재라는 시험에 종속시키고자 하는 모든 시도가, 그것이 정치적이든 그렇지 않든 간에, 오늘날 야만스러운 일로 여겨지고 있지 않습니까? 싸늘하게 식어버린 실재에 대한 열정은 때로는 즐거울 수도 있고 때로는 슬플 수도 있는 현실을 받아들이는 일에 자리를 (잠정적으로?) 양보하고 맙니다.

내가 앞에서 이미 그 이유를 분명히 밝혔다고 생각합니다만, 실재에 대한 열정이 가장의 증식을 동반하는 것은 사실입니다. 따라서 언제나 정화 작업을, 즉 실재를 폭로하여 벗겨놓는 일을 다시 시작해야만 합니다.

오늘 내가 강조하고 싶은 것은 실재를 정화하는 것은 실재를 감싸고 희미하게 만드는 현실로부터 실재를 추출하는 것을 의미한다는 사실입니다. 표면과 투명함을 향한 폭력적 취향은 바로 이 사실로부터 비롯되는 것입니다. 세기는 심층에 맞서서 대항할 것을 시도합니다. 세기는 근본 그리고 그 너머의 것에 대해 강력한 비판을 가하면서 즉각적인 것과 감각적인 표면을 장려합니다. 세기는 니체의 계보를 따라서 "세계의 이면"을 포기할 것을 제안하며, 실재는 드러나기와 동일하다고 인정할 것을 제안합니다. 사유에 활기를 부여하는 것은 [심층적] 이상이 아니라 실재입니다. 바로 이런 이유로 사유는 드러나기를 드러나는 것으로서 파악하거나, 또는 실재를 실재가 드러나는 순수 사건으로서 파악해야 합니다. 그리고 이를 위해서는 현실의 모든 두께, 모든 실체적 요구, 모든 주장을 파괴해야 합니다. 순수 표면으로서의 실재를 발견하는 일에 걸림돌이 되는 것, 그것은 현실입니다. 가장에 맞선 투쟁이 발생하는 것 또한 현실에서입니다. 하지만 현실-의-가장이 실재에 밀착해 있기 때문에 가장의 파괴는 순수하고 단순한 파괴와 동일시되게 됩니다. 정화 작업이 그 끝에 도달했을 때, 현실의 총체적 부재인 실재가 곧 무가 되고 마는 것입니다. 따라서 세기 속의 수많은 정치적, 예술적, 학문적 시도로부터 빌려온 이 길을 결국 사람들은 테러리스트적 허무주의라고 부르게 될 것입니다. 그러나 이 길에 주체적으로 활기를 부여하는 것이 실재에 대한 열정이라는 점에서 결코 이 길은 무에 대한 동의가 아닙니다. 이 길은 창조입니다. 그래서 이 길에서 능동적 허무주의를 인식하는 것은 자연스런 일입니다.

오늘날 우리는 어디에 있는 걸까요? 능동적 허무주의의 형상은 완벽하게 진부한 것으로 취급되고 있습니다. 이성적인 모든 활동은 현실에 발목이 잡혀서 한계가 있으며 제한적이고 경계가 그어져 있습니다. 우리가 할 수 있는 최선의 것, 그것은 악을 피하는 것이며, 이를 위한 가장 짧은 지름길은 실재와의 모든 접촉을 피하는 것입니다. 궁극적으로 사람들은 무, 즉 실재-의-무를 다시 발견하게 되고, 이런 의미에서 사람들은 언제나 허무주의 속에 있게 되는 것입니다. 하지만 이 경우에는 사람들이 테러리스트적 요소—실재를 정화하려는 욕망—를 제거해버렸기 때문에 허무주의는 활기를 잃어버리고 맙니다. 허무주의는 이제 수동적 허무주의, 또는 모든 사유에 적대적인 것처럼 모든 행위에 적대적인 허무주의, 즉 반동적 허무주의가 됩니다.

세기가 소묘해온 또 다른 길, 즉 테러가 지닌 절정의 매력에 양보하지 않으면서 실재에 대한 열정을 유지하고자 하는 길을 여러분이 이미 알고 있는 것처럼 나는 벗어나기의 길이라고 명명한 바 있습니다. 이 길은 현실의 파괴가 아니라 최소의 차이를 실재적인 점으로서 제시합니다. 이 길에서 현실의 정화는 결코 현실을 그 표면 속에서 소멸시키기 위한 것이 아닙니다. 현실의 정화는 미세한 차이, 즉 현실을 구성하되 사라지는 항을 현실 속에서 탐지해내기 위하여 현실을 현실 자신의 외양상의 일치로부터 벗어나게 함으로써 이루어집니다. 이때 발생한 일은 그 일이 발생한 장소와 거의 차이가 없습니다. 이 "거의"의 속에, 바로 이 내재적인 예외 속에 모든 촉발이 있는 것입니다.

이 두 개의 길에서 핵심이 되는 물음은 새로운 것에 대한 물음입니다. 새로운 것이란 무엇일까? 이 물음이 세기를 끊임없이 괴롭혀왔습니다. 왜냐하면 처음부터 세기는 시작의 형상으로서, 무엇보다도 먼저 인간의 (재)시작으로서, 즉 새로운 인간으로서 소환되었기 때문입니다.

이때 새로운 인간이라는 구절은 대립되는 두 의미를 가집니다.

우선 특별히 파시스트적인 사유의 영역 속에서 하이데거까지 포함해 한 계열을 이루는 모든 사상가에게 "새로운 인간"이란 곧 사라져 희미해진 고대인, 타락해버린 고대인을 복원하는 일을 말합니다. 이 경우 실제로 정화 작업은 사라진 어떤 기원의 회귀라는, 다소간 폭력적인 과정을 가리킵니다. 이리하여 새로운 것이란 진정한 것의 생산입니다. 궁극적으로 세기의 과제는 (진정하지 않은 것의) 파괴를 통한 (기원의) 복원인 것입니다.

한편 특별히 맑스주의적인 공산주의의 영역 속에서 또 다른 한 계열을 이루는 사상가들에게 새로운 인간이란 실재적인 창조를, 따라서 이전에는 결코 존재한 적이 없는 어떤 것을 말합니다. 왜냐하면 이 경우 새로운 인간은 역사적 적대로 인한 파괴로부터 불쑥 나타나기 때문입니다. 새로운 인간은 계급과 국가 너머에 존재하는 것입니다.

새로운 인간은 이처럼 복원되든지 아니면 생산되는 것입니다.

첫 번째 경우에서 새로운 인간에 대한 정의는 인종, 국가, 대지, 혈연, 토양 같은 신화적 전체성에 뿌리를 두고 있습니다. 새로운 인간은 (북유럽의, 아리아족의, 호전적인 등의) 술어의 집합인 것입니다.

이와 반대로 두 번째 경우에서 새로운 인간은 모든 포장과 모든 술어에 맞서 저항합니다. 그중에서도 특히 가족, 사적 소유, 민족-국가에 맞서 저항합니다. 엥겔스의 책 『가족, 사적 소유, 국가의 기원』의 프로그램이 바로 이것입니다. 맑스 또한 이미 프롤레타리아의 보편적 특이성은 그 어떤 술어도 지니지 않고 그 어떤 것도 소유하지 않으며, 특히 아주 강력한 의미로 그 어떤 "조국"도 가지지 않는다는 점을 강조한 바 있습니다. 새로운 인간에 대한 이 같은 반-술어적, 부정적, 보편적 개념화가 세기를 가로질러왔습니다. 여기에서 특히 중요한 것은 이기주의, 특별한 곳에 뿌리내리기, 전통, 기원의 가장 중요한 핵심인 가족에 대한 적대심입니다. "가족, 나는 너를 증오하노라."고 외치면서 지드는 이런 식으로 구상된 새로운 인간에 대한 옹호론에 참여합니다.

　오늘날 세기의 끝자락에서 가족이라는 것이 합의된 어떤 가치, 실제로 비판해서는 안 될 어떤 가치로 다시 등장하는 것을 보면 무척 놀랍습니다. 젊은이들은 가족을 좋아하며 가족 속에 머무르면서 점점 늙어갑니다. 야당으로 추정되는 독일의 녹색당(모든 것은 상대적입니다. 왜냐하면 [현재는] 녹색당이 정부에 참여하고 있기 때문입니다……)은 언젠가 "가족당"이라는 명칭을 검토한 적이 있습니다. 심지어는 우리가 방금 지드에게서 저항을 본 것과 같이 세기 속에서 저항을 해왔던 동성애자들까지도 오늘날 가족이라는 틀 속으로, 유산 속으로, "시민권" 속으로 편입되기를 요구합니다. 이것은 오늘날 우리가 어디에 있는지를 말해주는 것입니다. 세기의 실재적 현재 속에서, 사람들이 진보주의적이었을 때, 새로운 인간은 우선 가족으로부터, 사적 소유로부터, 국가의 독재로부터 벗어나는 것을 말했습니다. 오늘날의 "근대화"란 우리의 지배자들이 기꺼이 말하는 것과 같이 착하고 다정한 아버지, 착하고 다정한 어머니, 착하고 다정한 아들이 되는 일처럼 보이며, 또 유능한 경영자가 되는 일, 가능한

한 최대로 부자가 되는 일, 책임감 있는 시민의 역할을 수행하는 일처럼 보입니다. 표어는 이제 다음과 같이 됩니다. "돈, 가족, 투표."

이와 같이 세기는 불가능한 주체적 새로움이라는 논제와 반복의 안락함이라는 논제 위에서 저물어가고 있습니다. 이러한 세기는 강박관념이라는 범주의 이름을 갖습니다. 세기는 이제 안전을 위한 강박관념 속에서, 최악의 것이 다른 곳에 있고 또 있었으므로 당신이 지금 있는 그 자리에 있는 것은 그리 나쁘지 않다, 라는 다소 비열한 준칙 아래 저물어가고 있습니다. 하지만 이 같은 안전을 위한 강박관념에도 불구하고, 백 년의 핵심은, 프로이트 이후로, 파멸로 이끄는 히스테리의 기호 아래 놓여 있었습니다. 사람들은 다음과 같이 물었습니다. 당신이 우리에게 새롭게 보여줄 것은 무엇입니까? 당신은 무엇의 창조자입니까?

정신분석학을 거쳐서 세기에 들어가는 일이 나쁘지 않은 이유가 바로 이것입니다.

1999년 5월 5일

7. 성의 위기

정신분석학에 대해 말하다니? 아직도? 정신분석학에 대해서는 이미 모든 것이 이야기되었습니다. 정신분석학자들이 존재한 이래로, 또 그들이 말을 한 이래로 정신분석학에 대해서 말한다는 것은 한참을 지나 뒷북을 치는 일입니다. 게다가 내가 제기할 물음은 철학이 정신분석학에 대해 줄곧 짜증스레 던져온 물음보다 훨씬 더 불분명하기까지 합니다. 말라르메는 19세기에 대하여 결산을 시도하면서 다음과 같은 경구를 제안합니다. 그가 건넨 시적 결산을 한번 들어봅시다. "사람들이 운문에 손을 대었다." 그렇다면 나 역시 이 경구와 마찬가지로 사람들이 20세기에 성性sexe에 손을 대었는지 알아보고자 합니다. 그리고 이 점과 관련해서 나는 정신분식학을 불러들여서 묻습니다. 우리의 세기에 사람들이 인간적 성성性性sexualité을 사유하며 변형시켰다는 것, 그리고 이로 인해 우리에게 실존에 대한 새로운 약속이 열리게 되었다는 것을 과연 정신분석학이 증언할 수 있느냐고 말입니다. 성과 관련해서 우리에게 일어난 일에 대해서 말해

줄 것을 정신분석학에 명령하는 것입니다.

이 점에 있어서 나는 프로이트로부터 출발해야 한다고 믿습니다. 사유와 성의 관계에 대한, 즉 사유 욕망의 불가피한 성화性化 sexuation라고 불러야 하는 것에 대한 프로이트적인 진정한 시작, 프로이트의 개별적이고 개척자적인 용기가 있습니다. 우리는 프로이트에게 우리의 내재적인 방법을 적용할 것입니다. 성성과 관련해서 프로이트는 그 자신이 무엇에 대하여 책임이 있다고 느낄까요? 프로이트는 자기 자신을 도덕적 또는 종교적 금기의 위반을 뛰어넘은 행위자, 따라서 성이라는 실재 속에서의 단절의 행위자라고 생각할까요? 위고 이후에 사람들이 운문에 손을 대게 되었다는 바로 그 의미로, 프로이트는 자기 자신이 성에 손을 대었다는 떨리는 확신을 과연 가지고 있을까요?

물음을 분명히 하기 위해 나는 1905년에서 1918년 사이의 텍스트들을 모은 『다섯 가지 정신분석학』에서 네 개의 텍스트를 뽑아 그것에 대해 논평을 하고자 합니다.

내가 보기에 『다섯 가지 정신분석학』이라는 제목이 붙은 이 모음집은 세기의 주요 저서 가운데 하나입니다. 그것은 창의력, 대담함, 문학적 기교, 어리둥절하게 하는 지성 등 모든 면에 있어서 걸작입니다. 우리는 정신분석학적 추론에 대해 우리가 갖는 관심과 전혀 무관하게 이 텍스트들을 인간 정신의 훌륭한 생산물로, 명증성이 매우 뛰어난 창조물로 읽을 수 있습니다. 게다가 훌륭한 재능을 가진 사람들이 행한 그 수많은 시도에도 불구하고, 사례에 대한 그 어떤 이야기도, 특이한 분석 과정의 그 어떤 전달도 프로이트의 다섯 가지 연구 가운데 어느 하나의 발끝에도 미치지 못했다는 사실은 특별히 주목할 만합니다. 이 모음집에서 우리는, 이렇게 말할 수 있다면, 결정적인 사례들을 만납니다. 즉 도라의 히스테리, 쥐인간의 강박증, 꼬마 한스의 공포증, 슈레버 박사의 편집증, 늑대인간의 신경증과 정신병의 한계가 그것입니다. 이 다섯 가지 연구는 무의식의 형성이라는 일반적으로 난감한 재료에서 추출되었다는 점에서, 설명이 불가능한 "영원한 습득"에 해당합니다. 인간 성격에 있어서의 불행한 조작들을 이처럼 영원에 이르게 하는 일은 남다른 인내와 천재성을 요구했습니다.

따라서 『다섯 가지 정신분석학』에서 프로이트가 어떻게 성의 실재에 대하여, 또는 성성의 정신적 계보에 대하여, 또는 사유와 성의 대면에 대하여 그만의 참신한 물음을 던지게 되었는지를 묻는 것은 참으로 정당한 일입니다. 프로이트가 최초로 시도한 사유와 성의 대면은 도덕적 연구의 형식을 취하지 않을 뿐만 아니라, 성적 충동을 지배하는 사유의 다소 뛰어난 능력을 검토하기보다 오히려 사유의 구성 위에서 성의 실재적 변신變身avatar을 결정짓는 힘을 검토합니다.

우선 도라의 사례를 다룬 글의 서문에서 뽑은 텍스트로부터 출발해봅시다. 이 텍스트는 나중에 러시아의 과격주의자들이 (1917년 10월 혁명의) "리허설"이라고 부르게 될 러시아 최초의 혁명이 1905년에 일어난 것처럼 1905년에 쓰였습니다. 오늘날 보면 충분치 못한 번역이겠지만, 마리 보나파르트Marie Bonaparte와 루돌프 뢰벤슈타인Rudolph Lœwenstein의 널리 통용되는 번역본에서 이 텍스트를 인용해봅니다. 여러분은 여기에서 프로이트의 방어적인 고백과 신중함을 볼 수 있을 것입니다.

> 직업상의 비밀과 불리한 상황에 의해 가해진 제한 아래에서 내가 유일하게 할 수 있었던 일인 이 관찰 속에서 성관계는 솔직하게 토론된다. 실제로 이 관찰 속에서는 성기와 성 기능의 명칭이 거론되며, 또 나의 관찰 내용을 다 읽은 신중한 독자는 내가 젊은 여자와 성에 관한 주제에 대하여 이런저런 언어로 토론할 때마저도 결코 뒤로 물러서지 않았다는 점을 확인할 수 있을 것이다. 그렇다면 나는 지금 이 고백을 정당화해야 하는 걸까? 나는 단지 산부인과 의사의 권리를, 또는 차라리 산부인과 의사의 권리보다 훨씬 더 완화된 권리를 요구한다. 이런 종류의 대화를 [관찰로 보지 않고] 자극과 성적 만족을 위한 좋은 방법이라고 가정하는 것은 이상야릇하고 비뚤어진 음란함의 방증일 것이다.

우리가 지금 관심을 갖고 있는 물음과 관련해서 볼 때, 이 텍스트는 참으로 압축적입니다. 이 텍스트에서 프로이트는 성과 성적인 것에 관한 물음에 그가 도입하는 변형에 대하여 예리한 인식을 보여주고 있습니다. 또한 이 텍스트에서는 의심의 여지 없이 무의식적 저항과 결합된, "사회적" 유형에 대한 방어적인 고려가 프로이트를 어떤 분석되지 않은 거부로, 설령 그가 아닌 다른 사람에 관한 일이라 할지라도 틀림없이 그 자신 또한 연관되어 있을 거부로 이끌어가고 있습니다. 우리가 온갖 신호를 통해 알고 있는 것처럼, 사실 프로이트의 위대함 가운데 하나는 (아마도 레닌 그리고 지금 거론하고 있는 프로이트와 더불어 20세기의 세 번째 지적 원천이라고 할 수 있는 칸토어 역시 그랬던 것과 마찬가지로) 그가 그 스스로에 맞서서 작업을 했고, 또 그가 성적인 것을 성적인 것의 사유 효과라는 방향으로 확장했음에 틀림없다는 점입니다. 그는 이러한 확장에 대해 준비된 것이 전혀 없었으며 심지어는 그것에 대해 무의식적인 반감마저 가지고 있었음에도 그렇게 했습니다. 마치 무한을 건드림으로써, 그리하여 무한으로부터 일자와의 숭고한 연결을 박탈함으로써 칸토어가 자기 고유의 신학적 확신을 뒤흔들었던 것과 마찬가지로 말입니다.

만약 우리가 명료한 것으로부터 불명료한 것을 향해서, 또는 의식적 논제로부터 무의식적 논제를 향해서 나아간다면, 프로이트의 이 텍스트는 우리에게 다음과 같은 네 가지를 말해줍니다.

1. "나는 성적인 것을 단지 있는 그대로 명명하는 일만을 하며, 성과 관련된 것들에 이름을 부여한다. 나는 솔직하게 말한다." 이 선언은 매우 단순한 것 또는 자명한 것으로 보입니다. 그 당시의 시대 조건에서 볼 때, 실제로 이 선언은 근본적입니다. 확실히 정신분석학적 발명은 사유를 있는 그대로의 성적인 것과 대면시키는 데 있습니다. 하지만 중요한 것은 단순히 앎이 문제가 아니라는 것입니다. 푸코가 끊임없이 주장하는 것처럼 "성에 대해 알고자" 하는 의지는 언제나 신체들, 특히 신체들의 관계를 통제하는 권력의 효과에 몰두해왔다는 점에서 결코 부족한 적이 없었습니다. 프로이트의 특이함은 성적인 것과의 대면이 앎

의 질서를 따르는 것이 아니라, 일종의 명명의, 개입의, 프로이트 자신이 "솔직한 토론"이라고 부른 바 있는 것의 질서를 따른다는 점입니다. 이 질서는 정확하게 말해서 성적인 것의 효과를 순수하게 인식적인 모든 파악으로부터, 따라서 규범 권력에 대한 모든 종속으로부터 떼어놓으려 합니다. 이런 관점에서 볼 때, 성적인 것(있는 그대로의 성적인 것, "기관과 기능")의 "존재론"에 대한 증명은 판단으로부터의 해방을 주장합니다. 점진적으로, 또 원했든 원하지 않았든, 정신분석학은 성성에 대한 앎을 조직해왔던 명료한 규범들의 쇠퇴를 동반하게 됩니다. 정신분석학은 성성을 정면으로, 마치 그 어떤 사유에도 알려지지 않은 것처럼 사유함으로써, 조금 격조 있게 말하자면, 이전의 그 어떤 규범도 받아들일 수 없었던 지위를 성성에 부여했던 것입니다.

이런 점에서 프로이트는 자신의 독창성과 용기에 대해서 알고 있었습니다. 그는 사유/성성이라는 대면을 진정한 단절로서 받아들였던 것입니다.

2. "나는 젊은 여자와 그것에 대해 토론하기를 주저하지 않는다." 여성성에 관한 물음, 여자의 성성의 자율성에 관한 물음 그리고 그 결과에 관한 물음은 정신분석학이 유발하고 동반하며 끈질기게 뒤따르는 중요한 뒤집기 가운데 하나입니다. 도라의 사례에서 그것은 한 젊은 여자와 성에 대해서 "토론"하기보다는 그 여자가 성에 대해서 말해야 했던 것을 듣는 일(문자 그대로 취하는 일)로 나타났습니다. 실제로 초창기의 정신분석학은 히스테릭한 말을 가지고서 곧장 기담奇談을 지어내거나 화형대를 세우는 주술을 부리는 것이 아니라, 무엇보다도 히스테릭한 말을

듣고자 하는 결심을 가리킵니다. 사유의 새로운 영역을 이렇게 창조하면서 프로이트가 몰두한 것은 바로 이 히스테릭한 말의 고통스런 미로를 기반 역할을 하는 성적인 것의 비밀에 이르기까지 따라가는 것이었습니다. 이 같은 새로운 사유와 관련해서 여자를 보호해서는 안 된다는 사실, 오히려 그 반대여야 한다는 사실을 많은 여성 정신분석학자가 증명한 바 있습니다. 이것은 정신분석학의 시작부터 그랬습니다. 그리고 세기 속에서 길고 긴 성성의 변신의 역사가 시작됩니다. 이 역사는 우선 여자의 차원을, 조금 후에는 동성애적 요소가 고유하게 창조적인 것을 통해 전개한 것을 사유 속에 명료하게 함축함으로써 주로 추동됩니다. 따라서 정신분석학이 이 방향 속에서 작용한 유일한 것이 아님은 분명합니다. 하지만 1905년에 프로이트가 분명히 뒤쳐진 자가 아니었음을[다시 말해 선구자였음을] 확인하기 위해서는 도라의 사례를 읽는 것으로 충분합니다.

3. 산부인과 의사의 역할보다 훨씬 더 완화된 역할을 요구하기 위하여 프로이트가 선언한 경구는 우리를 방어적인 전략으로 이끕니다. 오늘날 국가가 산부인과 의사가 사라지기를 원하는 데는 다 그럴만한 이유가 있습니다. 산부인과 의사는 성의 문제에 대해서 순수하게 객관적 관계라는 모티브를 유지하는 사람입니다. 수많은 여자가 자신들의 주체화에서 신체의 이런저런 영역을 은밀하게 방어할 수단을 발견한 것이 이 객관성이라는 피난처 속에서였습니다. 근대 경제가 다음과 같은 피할 수 없는 논법을 따라서 받아들인 것도 바로 이 객관성이었습니다. 만약 그것이 객관적이라면, 척도는 그것의 가격이에요. 전문 분야

는 너무 비싸거든요. 그러니 일반의에게 가보세요. 만약 그것이 주관적이라면, 그런 것은 존재하지 않아요. 주관적인 것은 특히 값도 없고 말이죠. 그러니 포기하세요. 아니면, 그것은 호사스러움이에요. 만약 그걸 원하신다면, 비행기를 타고 로스앤젤레스로 가서 상담을 받으세요.

이것이 우리 세계의 법칙입니다. 즉 객관적인 것은 시장에서 가격을 정렬시켜야 하며, 주관적인 것은 접근할 수 없는 호사스러움 말고 다른 식으로는 존재할 수 없습니다.

어쨌든 프로이트가 자신에게 산부인과 의사의 역할을 요구할 때, 그는 히스테릭한 젊은 여자의 성적인 말과 자신의 사유의 뒤얽힘을 강력하게 탈-주체화시킵니다. 그렇다면 프로이트가 "훨씬 더 완화된" 권리라는 표현을 통해서 말하려는 것은 무엇일까요? 도라는 과연 무엇을 벗지 않은 걸까요? 프로이트는 다음의 사실을, 즉 주체의 구성 속에서 성성을 그 유효함의 측면에서 취하는 일은 의학적인 벗기기가 다가설 수 없는 (일시적인) 벌거벗음에 속한다는 것을 완전히 알고 있었습니다.

우리는 변형의 초창기에 프로이트가 자신이 전하려 했던 변형의 공적인 버전과 관련해서 망설였다는 사실을 잘 알고 있습니다. 언제나 신체와 성을 기록하는 의학적 객관성 위에서 모델을 취하는 것이 문제일까요? 아니면 성적인 이야기와 그 이야기의 효과를 건드리는, 따라서 있는 모습 그대로의 여성성도, 형언할 수 없는 쾌락도, 특히 사유 욕망에 대한 해명도 무사히 빠져나올 수 없을 그런 전복적인 주체화가 문제일까요? 결국 이와 같은 망설임의 흐름 속에서 [객관성이라는] 과학의 이상과 프로이트의 산부인과 의사 역할 대신하기가 새로운 것에 대한 불안을 메우는 데 소용된다는 것은 너무나도 명백합니다.

    4. 프로이트가 궁극적으로 보증하는 바에 따르면 이 일에서는 그 어떤 욕망도 순환하지 않습니다. 그 반대[욕망의 순환]를 생각하는 것은 "변태적 음란함"이라고 해야 할 것입니다. 이렇게 전형의 역할을 할 수 있을 부정을 통해서 한 단락이 완성됩니다. 실제로 우리는 프로이트가 말 그대로 도망갈 만큼, 욕망이 정확하게 말해 히스테릭한 젊은 여자와 그녀의 분석자 사이에서 강도 높게 순환했다는 것을 알고 있습니다(사례를 읽는 것만으로도 우리는 그 확실한 출처를 압니다). "도라의 사례"가 이러한 사실을 보여주고 있으며, 이것은 "도라의 사례"가 지닌, 충분히 결정되지 않은 문학적 매력 중의 하나입니다. 그래서 프로이트는 나중에 역-전이contre-transfert라고 불리게 될 것의 패러다임을, 즉 매혹적인 피분석자가 그를 분석하는 사람을 좌우하기에 이른다는 패러다임을 마치 자기 자신에게 남기듯이 그의 제자들에게 남겨주었던 것입니다.

    전이 작용과 역-전이 작용은 모호한 숭배 대상 주위로 인간 집단이 모일 때뿐만 아니라 이처럼 앎을 전달할 때에도 엄청난 중요성을 가진다는 사실을 마침내 생각해냈다는 것, 그것도 플라톤의 『향연』에서나 볼 수 있는 것과 같은 페이스로 생각해냈다는 것은 세기의 가장 큰 공헌 가운데 하나입니다. [정신분석학의] 창시자로서 대체로 프로이트는 성에 쳐진 빗장에 의존해 진리가 지탱되는 영역 속에서 이와 같은 사유의 통로를 내는 일을 실천하였습니다. 하지만 프로이트는 이런 실천을 명료하게 명명하는 일에 있어서는 약간 뒤로 물러서기도 했습니다. 그럼에도 프로이트는 한 주체의 특이함 위에서 진리를 취하는 일을 분명히 밝히고자 하는 사람이 만나게 되는 문제, 즉 욕망과 관련된 동요를 꾸준히 다루게 됩니다.

한편 1909년의 텍스트인 꼬마 한스의 사례는 성적인 것에 대하여 우리에게 무엇을 새롭게 말해주는 걸까요? 이 텍스트에서 나는 다음과 같은 의미 있는 부분을 추출해봅니다.

심지어 정신분석학자는 이와 같은 근본적인 명제들에 대하여 보다 짧은 길을 통해서 보다 직접적으로 증명코자 하는 욕망을 고백할 수 있다. 그러니까 아이들에게서, 그들의 생기 넘치는 풋풋함 속에서 이 성적 충동들과 욕망으로 형성된 것들을 직접 관찰할 수는 없는 걸까? 우리는 그것들을 어른들에게서, 그것들의 잔해로부터 힘들게 파헤친다. 게다가 우리는 그것들이 모든 인간의 공통된 유산이지만, 단지 신경병증 환자에게서 강화되어 나타나거나 왜곡되어 나타날 뿐이라고 생각한다.
내가 몇 년 전부터 나의 제자들이나 친구들에게 아이들의 성생활에 대한 관찰을 수집하라고 부추긴 것은 이런 목적에서다. 사람들은 아이들의 성생활에 대하여 보통은 교묘하게 눈을 감아버리거나 일부러 부정한다.

이번에는 실제로 가장 격렬한 저항을 불러일으켰고, 여전히 불러일으키는 것(소아성애小兒性愛 행동이 야기하는, 가끔은 정말로 몰상식한 진술들을 보기 바랍니다), 즉 어떤 한 주체의 미래가 구성되는 무대가 존재하며 유아의 강한 성성이 존재한다는 주장이 문제가 됩니다. 게다가 프로이트에게 있어서 아이의 성성은 다양한 형태의 도착증倒錯症으로 표출되기 때문에 성이 어떤 본성에 의해 규격화된다는 관념은 곧바로 근거 없는 것으로 드러나고 맙니다. 프로이트는 이 독트린이 지닌 단절의 능력에 대해서 완벽하게 의식하고 있었고, 바로 그렇기 때문에 자신의 제자들에게 논쟁에서 거대한 경험적 장치로 무장할 수 있도록 직접적인 관찰을 배가하라고 권고하였던 것입니다.

다시 말하지만 오늘날 프로이트의 용기가 쓸모없는 것이 되었다는 말은 맞는 말이 아닙니다.

확실히 세기는 유년기에 대한 고전적 논제 가운데 하나에 치명상을 입혔습니다. 예를 들어 데카르트의 논제, 즉 아이는 개와 어른 사이의 일종의 중간물, 인간의 반열에 오르기 위해서는 마땅히 훈육되고 억제되어야 하는 중간물에 불과하다는 논제가 그렇습니다. 오늘날 우리는 세계 아동 권리 선언을, 특히 스칸디나비아에서 제기된 소송을, 그리고 아직도 자식들을 때릴 수 있다고 믿는 몇몇 부모에 대한 이웃들의 고발을 접합니다. 오늘날 사람들이 이 같은 **변화를 개별적으로** 받아들인다고 할 때, 이것을 기뻐하지 않을 사람이 누가 있을까요? 확실히 영국의 오래된 중학교와 그 중학교의 신체적 체벌에 대한 변호는 철이 지난 것입니다. 그렇다면 문제는 언제나 인간에 대한 정의의 영역에서 인간의 권리를 모든 면에서 확장하려고 할 때 사람들이 지불하게 되는 비용을 아는 것입니다. 실제로 동등함이란 뒤집어서 생각할 수 있는 것입니다. 만약 아이가 인간의 권리를 가진다면, 이 말은 우선 아이가 인간이라는 것을 뜻할 수 있습니다. 하지만 이것은 또한 인간은 이제 아이에 불과한 존재라는 사실을 받아들이는 것을 조건으로 하는 말이기도 합니다. 또 마찬가지로 만약 마카크 원숭이와 암퇘지가 침해할 수 없는 권리를 가진다면, 이 말은 우선 그들에 대해 우리가 갖는 고상한 연민의 방증이 될 수 있을 것입니다. 하지만 이것은 또한 우리로 하여금 인간이 원숭이나 돼지와 비교해서 그렇게 많이 다른 존재라고 믿을 수 없게끔 하는 말이기도 합니다.

이와 같은 사실은 특히 루소가 제기한 물음, 즉 "유년기란 무엇인가?"라는 물음이 갖는 중요성을 일깨워줍니다. 프로이트의 답변에 따르면 유년기는 욕망 속에서 욕망을 통해, 대상의 재현과 관련된 쾌락의 실천 속에서 그 쾌락의 실천을 통해 주체를 구성하는 무대입니다. 유년기는 이제부터 우리의 모든 사유가 매달려야 하는 내부, 그 작용들이 너무나도 승화된 그런 내부에 성적인 틀을 고정시키게 되는 것입니다.

오늘날 이 논제가 여전히 전복적인 차원을 이룬다면, 그것은 사람들이 아이의 동물적 측면과 훈육의 필요성을 내세우면서 이 논제에 반대하기 때문이 아닙니다. 장애물은 정반대로 아이는 순수하고, 작은 천사이고, 우리의 모든 오래된 공상의 저장소이고, 세계의 모든 달콤함이 담긴 작은 수조라는 관념입니다. 이것이 바로 아이와의 성관계가 문제가 될 때, 사람들이 고소, 사형, 즉각적인 린치에 대한 반복적인 호소 속에서 보는 것입니다.

공권력이 결코 의연하게 대처할 수 없는 이런 과격한 호소 속에서는 프로이트가 담대하게 내놓은 다음과 같은 논제, 즉 "순수"와 거리가 아주 먼 유년기는 온갖 형태의 성적 실험의 황금기라는 논제는 결코 쟁점이 될 수 없으며, 또 쟁점으로 불리지도 않습니다.

　물론 법은 누가 아이이고 누가 아이가 아닌지, 사람들은 몇 살에 자신의 신체를 마음대로 할 수 있는지, 그리고 아이의 신체를 불법적으로 범하는 이들을 어떻게 처벌할 수 있는지 말해야 합니다. 살인에 대해 말하자면 언제나 그렇듯이 살인은 가장 정의롭고 가장 엄격한 수단으로 처벌되어야 합니다. 이것이 의미하는 것은, 어떠한 유년기든 강력한 충동과 언제나 깨어 있는 성적 호기심으로 구성된다는 사실을 망각한 채, 살인을 처벌할 목적으로 유년기에 대한 케케묵은 재현과 프로이트 이전의 기만적 도덕주의에 호소하는 일은 쓸모없는 일일 뿐만 아니라 극도로 반응적인 일이면서 또한 해로운 일이기도 하다는 것입니다. 따라서 아이를 성적으로 유혹하려고 하는 사람들과 아이의 공모의 정도를 측정하는 것은, 이러한 공모의 존재가 그것을 이용한 어른에게 사면의 이유가 될 수 없다고 사람들이 주장하고, 또 이 주장이 옳다고 할지라도, 엄청나게 민감한 일입니다.

　소아성애 도착자들에 대한 탄원, 고소, 인터넷 사이트, 통제 불능의 린치를 조직하는 사람들이 성적인 경우까지 포함해서 가정에서 병이 발생하는 구조를 검토하는 경우를 추가로 살펴봅시다. 아동 살해의 절대다수는 수상쩍은 독신의 소아성애 도착자들에 의해서가 아니라 부모에 의해서, 특히 어머니에 의해서 저질러집니다. 그리고 성적 애무의 절대다수는 아버지 또는 의붓 아버지의 주도 아래 이루어지는 근친상간 행위입니다. 하지만 이 모든 일에 대해서 사람들은 입을 꿰맨 채 쉿 하면서 조용히 하라고 합니다. 사람들이 건전한 시민인 부모와 그들의 천사 같은 아이들의 달콤한 관계를 그려 넣고 싶어 하는 이상적인 가족 화畵 속에는 소아성애 살인자보다 훨씬 많이 퍼져 있는 살인자 어머니와 근친상간하는 아버지가 불편하게 나타날 뿐입니다.

프로이트는 그 자신의 부르주아적 망설임이 그를 구속할 수 있었음에도 그 어떤 구속도 받아들이지 않았습니다. 프로이트는 아이의 성성으로부터 인간의 사유를 설명했으며, 가족 세계 속에서 부자연스럽고, 신경증적이고, 절망케 하는 것을 이해하는 모든 수단을 우리에게 제공했습니다. 프로이트는 또한 오늘날에는 명확해진 것, 즉 모든 인간 주체의 잠재적이거나 명시적인 동성애가 구성하는 창조적인 원천을 예견했습니다. 그 예로 1911년의 텍스트인 슈레버 박사에 대한 분석 중 다음 구절을 살펴봅시다.

생각하건대 우리는 여성성을 욕망하는 환상(수동적 동성애)이 의사[슈레버 박사]의 인격을 대상으로 작용하기 때문에 이 환상이 질병[피해망상]의 기회원인이 되었을 것이라는 가정에 더 이상 반대할 필요가 없을 것이다. 실제로 이 환상에 맞선 격렬한 저항이 슈레버 박사에게서 일어나 그의 인격 전체로부터 발산되어 나왔으며, 또 이 저항에 뒤이은 자기방어적 싸움—아마도 다른 형태를 띨 수도 있었을

싸움—이 우리가 알 수 없는 이유로 인해 피해망상의 형태를 취했다.

프로이트는 동성애가 종에 특유한 성성의 구성 요소들 중 하나일 뿐이라고 과감하게 주장합니다. 한 주체에게 욕망의 대상이 다른 성이어야 한다는 주장은 당연하지도, 자명하지도 않습니다. 이런 주장은 오래되고 불확실한 건설의 결과입니다. 슈레버의 사례를 통해서 사람들은 그가 망상으로 이끌려 간 것은 결코 동성애적 충동 때문이 아니라, 이 동성애적 충동에 대한 억압으로 인해 주체가 끌려들어가는 갈등 상황 때문이라는 사실을 알게 될 것입니다. 슈레버의 환상이 "여성적" 욕망인 이유는 그의 환상의 수동적 순수 형태 때문이 아니라, 그의 환상의 궁극적 변환이 보여주는 것처럼, 그것이 아버지의 여자 자리를 쟁취하는 일(신의 성적 대상이 되는 일)과 관련되어 있기 때문입니다. 그 자체로 슈레버의 환상은 단지 충동이 지니는 보편적인 양면성과 충동이 쏠리는 대상에 대한 충동의 변덕스러움을 증언할 뿐입니다. 슈레버의 무의식적 억압은 그 자체가 사회적 규칙의, 가정적 도식의, 아버지의 법칙의 효과 등에 불과합니다. 이 억압은 결코 당연한 것이 아닙니다. 정신병의 해결책과 관련해서 만약 프로이트가 점묘하게 논리를 펼친다면, 프로이트는 정신병의 원인이 전적으로 알려지지 않았다는 것을 말하는 데 매우 유의할 것입니다. 달리 말해서 동성애적 환상과 망상 간의 관계는 설령 그것이 인지 가능하다고 하더라도 완벽하게 우연적입니다. 실제로 문제가 되는 리비도적 힘들은 "다른 형태"로 배치될 수가 있었을 것입니다. 따라서 프로이트는 동성애를 여러 가능성 가운데 하나로, 충동의 이런저런 진전을 위한 수단으로 받아들입니다. 동성애의 보편성은 욕망의 순수 형상을 고립시켜 다루는 일이 불가능하다는 사실로부터 비롯됩니다. 대상의 모든 고정은 반대편에 의해서 오염되어 있으며, 모든 욕망은 다른 성의 "자리에" 있고자 하는 욕망을 포함하고 있습니다.

보편성과 성적 욕망의 원천 사이에는, 세기 속에서, 아마도 프로이트가 예상했던 것을 넘어서게 될 관계의 전복이 있습니다. 프로이트는 충동을 논리적으로 추론하는 사람이 지니는 불굴의 활력으로 이와 같은 전복을 선언할 줄 알았습니다.

따라서 사유의 강요에 흔들림이 없었던 프로이트가 자신의 시도가 "정상"의 저항에 부딪히면서 맞닥뜨리게 되는 위험을 곧바로 깨달았다는 것은 놀랄 일이 아닙니다. 『늑대인간』(1918)의 다음 구절이 증언하는 것이 바로 이것입니다.

정신분석학을 둘러싸고 전투가 휘몰아치는 현실의 국면에서 정신분석학의 발견에 맞선 저항은 우리가 알고 있는 것처럼 새로운 형태를 받아들였다. 사람들은 한때 정신분석학이 제시한 사실들의 실체를 부정하는 일에 만족하였다. 그리고 이런 부정을 위한 가장 좋은 방법은 사실들에 대한 검토 자체를 피하는 것으로 보였다. 그런데 이 방식은 조금씩 포기되는 것처럼 보인다. 실제로 사람들은 이제 사실들을 인정한다. 하지만 사람들은 사실들로부터 유래하는 결과를 재해석함으로써 교묘하게 회피한다. 이 회피는 유쾌

하지 않은 새로움에 효율적으로 저항하는 일을 가능케 해준다. 그러나 아이의 신경증에 대한 연구는 이러한 피상적이거나 자의적인 재해석 시도가 전적으로 불충분하다는 것을 우리에게 보여준다. 아이의 신경증에 대한 연구는 사람들이 그토록 나서서 부인하는 리비도적 힘들에 의한 신경증의 형성 속에서 작용하는 지배적 역할이 무엇인지를 보게 해주며, 또 아이가 여전히 알지 못하는, 따라서 아이에게 아무런 의미도 없는 막연한 문화적 목적을 향한 모든 열망의 부재를 폭로한다.

프로이트는 이 텍스트에서 정신분석학에 대한 두 번째 저항의 물결을 분석합니다. 처음에 스캔들을 일으켰던 것이 성적인 명령에 사유를 마주 세운 일이었다면, 이제 사람들은 이 성적인 명령에 "정신성을 부여"하고자, 그리하여 그 성적인 명령을 문화적 현상으로 만들고자 노력합니다. 분명히 사람들은 여기에서 융의 원형archétypes*을, 즉 성적인 요소를 단숨에 문화 속에서 형식화시키는 원형을 생각합니다. 프로이트는 이런 문화적 승화가 보다 더 미묘한 저항이라고 고발합니다. 프로이트에 따르면 성적인 것과의 대면 속에 절대적으로 머물러야 하며, "리비도적" 힘들이 노는 부대를 두려움 없이, 평계 없이 재구성해야 합니다.

따라서 프로이트는 1918년 이후로 끊임없이 계속되는 조작,

---

* 집단적 무의식에 내재되어 있는 보편적인 원초적 상징.

즉 욕망과 욕망의 대상의 연결을 문화, 신화, 종교 속에서 선先구성된 의미로 되돌려 보내는 조작을 아주 강력하게 목격합니다. 이 조작은 언제나 진리 대신에 의미를 회귀토록 하는 일, "문화적"인 것을 리비도 속에 주입시키는 일을 합니다. 바로 이것이 해석학적 조작입니다. 프로이트는 곧바로 이 해석학적 조작 속에 자신이 발견한 것에 대한 은밀한 부정이 있음을 알아차렸으며, 결국에는 벌거벗은 성으로, 즉 성과 관련해서 의미의 근원적인 부재로 되돌아와야만 한다는 것을 알아차렸습니다.

사실 이것은 종교에 맞선 투쟁에, 우리의 세기가 요구하는, 투쟁의 근대적 형태에 관한 문제이기도 합니다. 뛰어난 유물론자인 프로이트는 이 점 또한 잘 알고 있었습니다. 종교를 두렵게 하는 것은 성의 중요성이 아닙니다, 정반대입니다. 교회의 사제들은 성에 대하여, 성의 타락과 효과에 대하여 정통하며, 따라서 그들은 누구보다도 성의 중요성을 과소평가할 수 없는 사람들입니다. 교회의 사제들을 두렵게 하는 것은 성이 의미와 분리된 진리 개념을 지배할 수 있다는 사실입니다. 그들을 골치 아프게 하는 것은, 의미가 성의 존재와 관련해서 종교를 위해 일을 하기 때문에 종교가 성관계에 정신성을 부여할 수 있게 되고 그에 따라서 성관계가 의미를 가질 수 있게 되는데 반해서, 오히려 성은 모든 의미 부여에 대해서 반항적이라는 사실입니다.

프로이트는 성, 의미, 진리와 관련해서 큰 전투를 치르면서 세기를 시작했습니다. 라캉은 이것을 종교와 정신분석학 사이의 큰 전투라고 표현한 바 있습니다. 이 충돌의 쟁점은 성이 과연 의미를 가지는지, 또는 라캉식으로 말하자면 성 속에 과연 합리적으로 연결된 무엇이 있는지, 성"관계"로서의 무엇이 있는지를 아는 것입니다. 또는 반대로 성화의 주체적 운명이 주체를, 다시 한번 더 라캉식으로 말하자면 성관계란 존재치 않는다는 기상천외한 진리에 종속시키는지를 아는 것입니다.

  이 점을 단순하게 말하자면 진리의 기호 아래에서 사유/성의 대면이 지니는 반종교적 기능이란 이 대면이 성에 관한 이야기를 도덕의 주장으로부터 떼어놓는다는 것입니다.

  이 떼어놓기는 세기가 과연 그 일을 성공적으로 수행했는지를 사람들이 의심할 정도로 중대한 혁명을 의미합니다. 확실히 이 떼어놓기는 도덕성의 가장 명백한 형상들로부터 성을 근절시켜 버렸습니다. 그렇다면 이로 인해 성이 탈-도덕화했을까요? 도덕은 쾌락주의 아래 숨을 수 있습니다. 오늘날 모든 청소년 잡지에 내걸린 "즐겨라!"라는 명령은 "즐기지 말라!"라는 명령이 총괄했던 구조를 유지하며 강화합니다. 세기 속에서 의미의 종교적 구조화에 대항해 내밀한 분쟁을 수행해온 프로이트의 혁명은 오늘날 정지 상태에 있으며, 성화된 주체화의 새로운 양상들에 직면해 있습니다. 이 새로운 양상들에서는 모든 쾌락, 특히 모든 필수적인 쾌락 속에 포함된 그 어떤 명명할 수 없는 것이 야기하는 불안이 (이성애 또는 동성애의 형태, 여성 또는 남성의 형태, 능동적 또는 수동적 형태, 신경증 또는 우울증의 형태 같은) 겉으로 드러난 형태보다 훨씬 더 중요한 것으로 등장합니다.

  우리가 알고 있는 것처럼, 적어도 후기 로마제국 이후로 쾌락이 삶 전체가 손에 넣기를 원하는 것이 될 때, 그리하여 쾌락이 명령의 자리에 오르게 될 때, 결국 우리가 필연적으로 즐기게 되는 것은 잔혹함입니다. 총체적 음란의, 검투사의, 실시간 체형體 刑의 시대, 즉 죽어버린 세기의 정치적 대량 학살을 후회하는 정도만큼 우리를 후회하게 만들 [잔혹한] 시대가 도래한 것입니다.

명명할 수 없는 것을 통해서만 지탱되는, 우리의 진리의 필연적인 요소에 직면해서 모범적으로 사유를 세우며 논리를 격분시킬 줄 알았던 프로이트의 용기가 우리에게 영감을 주는 것은 바로 이 점에서일 것입니다.

성의 의미가 아닌 성의 실재로 돌아올 줄 알았다는 것, 이것이 프로이트를 이 세기의 매우 위대한 영웅들 가운데 하나로 만듭니다. 프로이트는, 세기의 시간이 배타주의의 그 끔찍하고도 헛된 무관심에 그토록 자주 바쳐졌지만, 그럼에도 그 시간이 사유 속의 보편적인 것에 쓸모없는 것은 아니었다고 말할 수 있게 해 주는 사람들 중의 한 사람입니다.

1999년 11월 10일

8. 아나바시스

　세기는 자기 고유의 운동, 자신의 궤적을 어떻게 이해했을까요? 발원지로 거슬러 올라가기로, 새로움의 고된 건설로, 시작에 대한 추방된 경험으로 이해했습니다. 그리스어의 한 단어가 이 의미들과 그 외의 다른 의미들을 결집시킵니다. 그 단어는 "아나바시스anabase"입니다. 『아나바시스[원정기遠征記]』는 특히 페르시아의 왕조 분쟁에서 한 진영에 고용된 약 1만 명의 그리스 용병대의 이야기를 기술한, 크세노폰의 작품 제목을 말합니다.

　우선 그리스인들이 "이방인들"에게 높이 평가되었던 것은 그들의 세련된 문명 때문이 아니라 오히려 그들 군대의 질 때문이었다는 점을 주목합시다. 페르시아인들이나 이집트인들이 동원한 막대한 전사 집단보다 그리스 군대를 뛰어나게 만든, 그리스(그다음에는 마케도니아, 그다음에는 로마) 군대의 힘의 그 단단한 핵은 과연 무엇이었을까요? 그것은 훈련입니다. 군대의 규칙이 첫 번째 조항에서 "훈련이 군대의 주된 힘을 만든다."고 명시하는 것은 의미심장합니다. 우리가 서양이라고 부르기로 한

곳의 그 자신만만한 주도권은 근본적으로 훈련에 의존합니다. 이 훈련은 사유의 훈련이며, 확실함에서 오는 치밀한 힘이자, 결국 군대의 단결력으로 집중된 정치적 애국심을 말합니다. 이와 마찬가지로 프롤레타리아 진영에서 "철의 훈련"이 지배하기를 원한 레닌은, 모든 것을 빼앗긴 프롤레타리아가 자신들의 정치적 확고함의 실제적인 결론이자 태도로서 어디에도 비할 데 없는 조직 훈련을 스스로 해나가지 않는다면 승리할 가능성이 전혀 없다는 것을 알고 있었습니다.

이와 같이 모든 아나바시스는 사유가 훈련을 받아들일 것을 요구합니다. 이러한 훈련 없이는 "궁지에서 빠져나올" 수 없습니다. "궁지에서 빠져나오기"는 "아나바시스"라는 단어의 가능한 의미 가운데 하나입니다. 크세노폰과 그의 1만 명의 동료들은 이 아나바시스를 경험하게 됩니다. 실제로 쿠낙사Counaxa 전투에서 그들을 고용한 페르시아인은 죽었고, 그리스의 용병들은 낯선 나라의 한복판에서 의지할 곳도, 미리 정해진 목적지도 없이 홀로 남게 되었습니다. "아나바시스"는 "그들의 집"을 향한 운동, 장소 바깥에서, 법 바깥에서 길을 잃어버린 사람들의 운동을 명명하게 되는 것입니다.

이 "아나바시스"라고 명명된 운동을 단숨에 특징짓는 것과 관련해서 다음의 세 가지 사항을 지적해봅시다.

a) 크세노폰은 페르시아 한복판에서 그리스인들의 집합적 현존에 의미를 부여했던 질서가 붕괴되는 것을 묘사합니다. 쿠낙사 전투 이후에 그리스인들은 그들이 지금 있는 그곳에 그들이 있어야 할 모든 이유가 한꺼번에 갑작스레 사라졌음을 알게 됩

니다. 그들은 이제 적대 국가에 있는 이방인들에 불과합니다. 아나바시스의 근원에는 이처럼 일종의 방황의 원칙이 있습니다.

b) 그리스인들은 오로지 그들 자신만을, 그들의 의지와 그들의 훈련만을 믿을 수 있습니다. 다른 이를 위하여, 복종하는 입장에서, 용병의 신분으로 그곳에 있었던 그들이 갑자기 그들 홀로 내리는 결정에 맡겨지게 되었고, 그들의 운명을 스스로 개척하게 된 것입니다.

c) 그리스인들은 이제 절대적으로 새로운 것을 발견해야 합니다. 페르시아를 가로질러서 바다를 향해 가는 그들의 행군은 이미 나 있는 어떤 길도 이용하지 않고, 이전의 어떤 진로와도 일치하지 않습니다. 그들의 행군은 심지어 단순한 회귀일 수도 없을 것입니다. 왜냐하면 그들의 행군은 이 길이 정말로 돌아가는 길인지 전혀 알 수 없는 상태에서 길을 창조해야 하기 때문입니다. 따라서 아나바시스는 방랑 이전에는 회귀-의-길로서 존재하지 않았던 회귀, 바로 이러한 회귀가 될지도 모를 방랑을 자유롭게 창조하는 것입니다.

아나바시스의 가장 잘 알려진 장면 가운데 하나는 그리스인들이 어떤 언덕에 올라가서 마침내 바다를 발견하고는 알라싸, 알라싸 $\vartheta\alpha\lambda\alpha\sigma\sigma\alpha, \vartheta\alpha\lambda\alpha\sigma\sigma\alpha$!라고 외치는 장면입니다. "바다다! 바다!" 실제로 그리스인에게 있어서 바다는 그 자체가 이미 조국의 뚜렷한 한 단편인 것입니다. 바다를 본다는 것은 곧 창조된 방랑이 아마도 회귀의 곡선을 그린 것 같다는 사실을 가리킵니다. 전대미문의 회귀인 것입니다.

우리는 "아나바시스"라는 단어를 우리의 세기를 숙고하기 위한 가능한 받침대로 만드는 것이 나타나기 시작하는 것을 보고 있습니다. 그것은 아나바시스라는 단어가 규율 잡힌 창조와 불확실한 방랑의 각 부분을 단어 자신이 궤적이라 명명하는 것 속에서 결정되지 않은 상태로 두며, 이 의지와 방황을 분리의 방식으로 종합한다는 것입니다. 요컨대 이 그리스어 단어는 이미 결정 불가능성을 증언하고 있습니다. 왜냐하면 동사 아나바네인 αναβανειν(즉 "anabaser") 자체가 "승선하다"와 "되돌아오다"를 한꺼번에 의미하기 때문입니다. 이러한 의미론적 짝짓기는 지금이 끝인지 시작인지 스스로에게 끊임없이 묻는 세기에 확실히 부합합니다.

실제로 40년 간격으로 세기의 단단한 핵인 30~40년대를 양끝에서 에워싸면서 두 시인이 "아나바시스"라는 동일한 기표 아래 작품을 썼습니다. 먼저 흔히 생존 페르스Saint-John Perse라고 불리는 20년대의 알렉시스 레제Alexis Leger가 있습니다. 다음으로 흔히 파울 첼란Paul Celan이라고 불리는 60년대 초반의 파울 안셀Paul Ancell 또는 안첼Antschel이 있습니다. 우리는 이 두 아나바시스를 대조함으로써 자신의 운동에 대한 세기의 의식을 추출해보고자 합니다. 즉 세기의 운동은 정말로 인간적인 자신의 집을 향해 거슬러 올라가기였다는, 따라서 강한 의미의 아나바시스였다는 믿음을 잠정적으로 추출해보고자 하는 것입니다.

이 두 시인은 서로 최대한으로 다릅니다. 나는 먼저 이 차이를 강조하고자 합니다. 왜냐하면 이토록 강하게 대조를 이루는 이 두 실존 유형을 동일한 "아나바시스" 아래 시적으로 받아들였다는 것이 세기에게 의미 있기 때문입니다.

1887년에 태어나 1975년에 죽은 알렉시스 생-레제, 일명 생존 페르스는 과들루프Guadeloupe에서 태어났습니다. 그는 서인도제도 출신의 백인이었습니다. 그는 200년 전부터 과들루프에 자리 잡은 대농장주 집안에서 태어난, 식민지 거주민 가계의 남자였습니다. 그 자신이 보기에 그는 천국에서, 즉 본국인들의 진보주의적 선의가 무엇이 되었든 상관없이, 식민지는 언제나 본국인들을 위해 존재한다는 의미의 천국에서 태어났습니다. 베일을 쓴 풍만한 보모들 사이에서 보냈던 모로코에서의 내 유년기를 상기할 때, 나는 생존 페르스에게 어원적 의미에서 공감합니다. 나는 사람들이 "파트마Fatma"라고 불렀던 파티마를 기억합니다— (이와 같은 천국에서 또 하나의 중요 범주인) "원주민들"이 각 개인들이 잘 식별되지 않는 하나의 종을 구성하므로 본국인들에게 모든 아랍 여자는 차츰차츰 "하나의 파트마"가 되곤 했습니다. 그리고 우리가 살던 하얀 빌라에서 내려다보았던 자줏빛 부겐빌레아 아래 내 아버지의 이미지는, 그가 그저 수학 교수였음에도 불구하고 개들, 하인들과 함께 사냥에서 돌아오는, 잡은 사냥감 아래의 노인 이미지였습니다. 따라서 나는 시인에게 있어서 이러한 유년기가 눈부신 유년기였다는 사실에 놀라지 않습니다. 그는 자신의 첫 시집인 『찬사』(1907~1911)에서 유년기에 대해 기록하게 됩니다. 이 시집의 한 장에는 "유년기를 기리기 위하여"라는 제목이 붙어 있습니다. 여기에서 그는 기억에 관한 참된 물음, 프루스트에게 걸맞은 물음을 다음과 같이 제기합니다. "유년기를 제외하고 나면, 그곳에는 과연 무엇이 있었으며, 또 무엇이 더 이상 없는 걸까?" 우리는 오늘날 사람들이 혐오스런 것이 있었으며 더 이상 풍요로운 식민지의 열반은 없다고 답변할 수 있으리라는 것을 압니다.

알렉시스 레제는 1899년에 섬을 떠납니다. 그는 외무 고시에 응시하고 곧 외교관이 됩니다. 외무부에서 제1차 세계대전을 치른 다음 그는 1924년에 출간된 『아나바시스』를 읽으면서 사람들이 상상할 수 있는 것처럼 대사관원의 자격으로 중국으로 떠나 중앙아시아를 여행합니다. 1920년대 중반부터 그는 고위 공무원의 전형 그 자체가 됩니다. 그는 거의 20년 동안 더 이상 시를 발표하지 않습니다. 그는 1933년부터 1939년까지 프랑스 외무성의 (최고위직인) 사무총장으로 있게 됩니다. 1940년 미국으로 망명한 그는 페탱에 의해 프랑스 국적을 잃게 됩니다. 그는 미국인들과의 우정 덕분에 의회 도서관의 책임자가 됩니다. 그는 귀화 미국인이었으며, 또한 드골에 대한 그의 솔직한 반감 때문에 프랑스로부터 멀리 떨어진 사람이기도 했습니다. 그의 가장 사적인 시라 할 수 있는 「망명Exil」에서 그는 자신의 이런 상황을 남깁니다. 그다음 그는 「바람Vents」에서 서구의 거대한 평원에 담긴 서사적인 일련의 역사적 사건들을 찬양합니다. 그는 여행을 하고, 이번에는 새롭게 사랑에 대한 찬가인 「아메르Amers」를 씁니다. 그는 노벨상을 받습니다.

50년대부터 생존 페르스는 발레리가 남긴 공석 직위, 즉 프랑스공화국의 공식 시인의 직위를 사실상 차지합니다. 그는 공을 이루어 이름을 크게 떨친 사람, 천국 같은 유년기, 화려한 공직 경력, 고상한 망명, 차분한 사랑, 크나큰 영예입니다. 세기의 그 어떤 폭력도 그를 건드릴 수 없었던 것처럼 보입니다. 이런 의미에서 생존 페르스는 중국의 고급 관리 같은 면모를 지닌, 외교관-시인이라는 클로델적인 인물을 계승하고 강화함으로써(나는 망명과 인간적인 것의 비영속성에 대해서 스탕스*를 쓰지만, 또한 내가 황제의 차관이라는 사실을 사람들에게 주지시키려고 애쓴다), 20세기의 한복판에서 19세기의 소여를 끊임없이 반복하는 한 인물을 정립하고 있습니다. 그는 진정으로 제3공화국의 인간, 평온한 제국주의 시대 선량한 국가의 인간이었으며, 문명화되고 살이 오른, 그 자신의 힘 위에서 잠이 든 그리고 시상식의 연설이 지배적 문학 장르가 된 계급사회의 인간이었습니다. 생존 페르스가 이러한 실행에 얼마나 친숙한지를 느끼기 위해서는 그의 노벨상 수상 연설을 읽는 것으로 충분합니다. 실제로 그는 고상한 관리의 측면에서, 결국, 이것이 쉽지는 않겠지만, 듣기 좋게 말하자면 엄숙한 일반성의 측면에서 (고등학교와 대학교의 의식儀式들로 잘 알려진 대가) 발레리와 경쟁할 수 있었던 사람이었습니다.

 이런 종류의 인간이 세기에 관해서, 실재에 대한 세기의 열정에 관해서 무엇을 파악할 수 있다는 걸까요? 무엇 때문에 우리가 그에게 호소하는 걸까요? 그 이유는 바로 저물어가는 공화국의 금빛 안락의자 깊은 곳에서 생존 페르스가 세기가 서사적 차원을 지니고 있다는 것을, 마치 우리가 잘 모르거나 그 원인을 대수롭지 않게 여기는 멀리서 온 소문을 통해 뭔가를 알아차리는 것처럼, 완벽하게 인지했기 때문입니다. 그리고 어쩌면 그

---

* 동형의 시절로 이루어진 종교적, 윤리적, 비극적 서사시.

가 국가의 요직을 차지하고 있었기 때문에 그만큼 더 근원적이라 할 수 있는 그의 고결한 거리 두기, 그의 비밀스런 이탈조차도 그로 하여금 다른 이들보다 이러한 서사가 본질에 있어서 헛된 서사라는 것을 보다 잘 파악할 수 있도록 했을 것입니다. 생존 페르스의 시가 보여주는 분리적인 종합은 정신적 휴가와 서사적 확언 간의 분리적인 종합입니다. 세기에 대한 직접적인 언급을 배제한 채 그가 촉진한 세기의 이미지는 바로 이 시기로부터 비롯되어 다음과 같이 말해질 수 있는 명령과 일치합니다. 너의 힘은 허무주의적으로, 하지만 너의 형태는 서사적으로. 생존 페르스는 세기를 어떠한 의미와도 연결하려 하지 않은 채, 정확히 세기가 존재하는 한에 있어서 있는 것을 찬양하려 합니다. 그의 아나바시스는 서사의 순수 운동이지만 무관심을 바탕으로 한 운동입니다. 시는 세기 속에서 폭력과 부재 사이에 존재했던 매우 깊이 있는 연결을 사유합니다. 이 연결을 예시하는 『아나바시스』의 8장을 읽어봅시다.

  암말들의 경매법. 방랑하는 법. 그리고 우리 자신. (인간들의 색깔.)
  우리의 동료들인 이리저리 여행하는 높고 높은 소용돌이, 땅 위에서 돌아가는 물시계,
  그리고 장엄하게 쏟아지는 소나기, 경이로운 실체를 가진 소나기, 먼지와 곤충으로 꾸며진 소나기, 사막에서 우리 민족을 인두세의 의무마냥 쫓아다니는 소나기.
  (우리 마음에 맞추어 수많은 부재가 소비되었구나!)

숙영지가 불모의 땅은 아니리: (당나귀 눈을 가진 우리의 순수한 말들처럼) 동맹이 없는 짐승들의 발자국에는, 정신의 미지의 영역에서 시도된 수많은 것이 남아 있구나—잎사귀들이 내는 휘파람 소리에 거대한 이야기와 극락새가 날고 대지는 설명되리라…….

또 다른 것: 이 그늘—이것은 대지에 맞서는 하늘의 직무 유기…….

수많은 인간 가정을 가로지르는 기마병, 그 가정에는 때때로 증오가 깨새처럼 노래를 부르고 있었네, 우리는 행복이 거세된 단어들 위에서 채찍을 드는 걸까?—인간이여, 곡식으로 계산된 너의 체중을 재거라. 이 나라는 결코 내 나라가 아니리라. 이 풀들의 움직임 …… 세계는 나에게 무엇을 주었는가?

마른 나무라고 불리는 곳에 이르기까지:
그리고 굶주린 번개가 나에게 서양의 이 지방들을 떼어주네.
하지만 저 너머에는 보다 큰 여유로움이 있구나, 그리고 거대한,
기억이 없는 목초 나라에는 유대도 없고 기념일도 없는 한 해, 여명과 불로 돋우어진 한 해가 있네. (아침을 위해 희생된 검은 양의 심장.)

세계의 길, 그중 한 길이 당신을 뒤따르네. 대지의 모든 기호 위에서 호령하는 권위.

오, 황색 바람 속의 여행자, 영혼의 의욕이여! …… 그리고 인도의 선옹초 씨앗은 우릴 도취시키는 힘을 가지고 있네. 사람들이 그 씨앗을 찧는다! 고 너는 말하지만.

폭력의 거대 원칙이 우리의 풍속을 억누르고 있었네.

파울 첼란—파울 안첼, 1920~1970—의 경우는 정반대로 난입해 들어오는 세기의 가장 날 것 그대로의 실재입니다. 그 어떤 왕조도, 그 어떤 공식적 여유도 세기의 주체를 보호하기 위해 오지 않습니다. 첼란은 부코비나 지방의 루마니아의 체르노프치*에서 태어났습니다. 33살의 외교관 생존 페르스가 『아나바시스』의 집필에 몰두했던 바로 그 시기에 그가 태어났음을 주목합시다. 그는 유태인 집안 출신입니다. 첼란의 유년기는 그를 독일어, 이디시어,** 루마니아어라는 언어적 다양성 속에 빠뜨립니다. 그는 1938부터 1940년까지 프랑스에서 의학을 공부합니다. 1940년 부코비나는 소비에트연방에 병합되었다가, 곧이어 독일-소비에트연방 협정에 종속됩니다. 따라서 첼란은 러시아어를 공부하게 됩니다. 그후 일생 동안 그는 번역가로 살게 되며, 바로 이런 맥락에서 나중에 그의 시집 가운데 하나가 만델스탐에게 헌정됩니다. 1941년 나치의 공격에 이어서 러시아인들

---

* 키예프대공국 때부터 있던 도시로, 파울 첼란이 태어날 당시에는 루마니아령이었으나 그후 여러 정치적 격변을 거쳐 지금은 우크라이나령이다.
** 동유럽의 유태인들이 쓰는 독일어와 히브리어가 섞인 언어.

이 물러갑니다. 게토가 만들어지고, 부모가 강제 수용됩니다. 그의 아버지는 티푸스로 죽고 어머니는 처형됩니다. 1942년 첼란은 청년 강제 노동 수용소에 수용됩니다. 1944년에 그 지역은 소련인들에 의해 해방이 됩니다. 첼란은 영어 공부를 다시 시작합니다. 1945년부터 1947년 사이에는 특히 체호프의 소설을 러시아어에서 루마니아어로 번역합니다. 이 시기에 그는 최초의 시들을 쓰면서 첼란이라는 필명을 씁니다. 1948년 그는 파리로 가서 독일어 공부를 합니다. 이렇게 해서 첼란의 유목민적 이미지가 구성되는 것입니다. 첼란은 독일에서 여러 차례 시 낭송을 했는데, 이후에도 그는 시 낭송에 항상 많은 관심을 가졌습니다. 1958년 그는 고등사범학교의 독일어 외국인 강사로 임명됩니다 (전쟁 전에는 사무엘 베케트가 그곳에 영어 외국인 강사로 있었습니다). 그의 작품의 핵심은 60년대 초의 시들로 구성됩니다. 유명한 에피소드인 그와 하이데거의 만남이 1967년에 있었습니다. 이 만남은 다양한 해석을 낳았으며, 또 첼란 자신의 극히 난해한 시 한 편의 원인이 되기도 했습니다.[1] 3년 후 파울 첼란은 자살합니다. 그의 작품의 상당 부분이 유고집으로 만들어집니다.

내가 "작은 세기"라고 불렀던 시기, 즉 지난 20년의 복고 시대 이전의 시기를 생각한다면, 첼란을 이 [작은] 세기를 닫은 시인으로 간주하는 것은 정당합니다.

---

[1] 하이데거와 첼란의 만남에 관해서는, 보다 일반적으로는 오늘날 철학의 물음 속에서 첼란에게 할당하기에 적합한 자리에 관해서는 필수적인 책, Philippe Lacoue-Labarthe, *La Poésie comme expérience*[경험으로서의 시](Christian Bourgois, 1986)를 참조할 것이다.

나는 이제껏 세기의 범죄들과 겨루는 데 있어서 철학은 근원적으로 무력하다는, 수없이 반복된 모티브 속에서 단지 선정적인 언론만을 보아왔습니다. 철학은 다른 모든 사유 과정과 마찬가지로 좋게, 그리고 마찬가지로 나쁘게 이런 물음을 가져왔습니다. 어찌되었든 이런 식으로 철학에 반대하는 다른 모든 사유 과정보다는 철학이 훨씬 더 훌륭하게 물음을 가져옵니다. 또한 나는 아도르노가 본심을 숨기고 가정하는 것처럼, 아우슈비츠 이후로 시를 쓰는 일은 불가능해졌다고 말할 이유가 조금이라도 있다고 생각한 적이 한 번도 없습니다. 따라서 첼란이 30년대와 40년대의 사람들에게 일어났던 일을 정확하게 평가할 수 있는 시의 창조를―아울러 최고의 도발로서, 이러한 시의 창조에 살인자의 언어인 독일어를 강요하는 일을―결코 멈추지 않았다는 사실에 나는 그 어떤 부조리도 없다고 생각합니다. 첼란에게 아우슈비츠는 특히 강렬한 물음이었고, 일종의 검은 전쟁 feu noir*이었으며, 보편적인 동시에 침울하게 내적인 지시체였습니다. 이 시기에 대한 시인-증인이었던 첼란은 트라클, 페소아, 만델스탐이 열었던 시대, 즉 시가 세기를 명명하는 일을 떠맡았던 시대를 닫습니다. 첼란 이후로 여전히 많은 시¹가 있습니다만, 세

---

* 19세기 초반의 약 30년 동안 영국인들이 오스트레일리아의 태즈메이니아 섬 원주민인 애버리진족을 절멸시킨 대량학살 사건(검은 전쟁 Black War).
1 하지만 이 닫음을 방해하는 자, 러시아어(그리고 추바시어語)를 쓰는 추바시의 시인, 아이기 Aïgui의 경우를 언급해야 한다. 우리는 [시의] 형태 측면에서는 첼란하고만 유사하지만 [첼란과] 완전히 다른 경험을 한 아이기가 세기 속에서 언어의 능력에 대해 사유의 차원에서 결산하는 사람에 포함된다고 주장할 수 있다. 대지의 모든 위대한 시인을 그 누구보다도 먼저 알았던 앙투안 비

기의 시는 더 이상 존재하지 않습니다. 자기 자신에 대한 숙고로서 사유된 세기가 시적으로 성취되었기 때문입니다.

첼란의 시 「아나바시스」는 시집 *Die Niemandsrose*, 즉 『아무도 아닌 자의 장미』에 실려 있습니다. 이 시집은 첼란이 모든 시인 가운데 가장 사랑했던 시인 만델스탐의 시 「세기」가 나온 지 40년, 아울러 생존 페르스의 『아나바시스』가 나온 지 역시 40년 뒤인 1963년에 출간되었습니다.

첼란이 과연 자신의 아나바시스를 어떻게 노래했는지 봅시다. 마르틴 브로다Martine Broda의 번역에서 인용해봅니다.

벽들 사이에 좁게 적힌
진실된-실행 불가능한,
이
가슴-밝히는 미래 속으로
오르기와 되돌아오기.

그곳으로.
음절의 방파제,
바다 색,
멀리

테즈는 아이기를 "볼가의 말라르메"라고 부르기를 좋아했다. 입문서로 우리는 ≪오늘날의 시인들Poètes d'aujourd'hui≫(Seghers, 1993)이라는 유명한 총서에 들어 있는, 레옹 로벨Léon Robel이 쓴 『아이기Aïgui』를 읽을 것이다.

아무도 항해하지 않은 곳에.

그다음:
슬픈-부표浮漂,
부표의 조절 조수調節漕手,
순간처럼 아름답고, 튀어 오르는,
숨결의 반사와—: 빛나는
종소리와
더불어(둠-,
둔-, 운-
우리 마음이
한숨지을 때),
반복되는, 구원받은,
우리의 것들.

볼 수 있는 것으로부터, 들을 수 있는 것으로부터,
스스로를 해방하는
천막이라는-단어:

함께.

두 시인 사이에, 즉 두 아나바시스 사이에는 문체의 차이만 있는 것이 아닙니다. 시적인 것에 대한 개념화 또한 같지가 않습니다. 이 시에서 표현력의 어떤 수사가 취소되었다고 해봅시다. 나는 언어가 활용해야 할 잠재력과 리듬을 마음대로 사용한다는 확신을 "표현력"이라고 부릅니다. 만약 첼란의 시가 표현력이 떨어진다면, 그 이유는 그의 시가 언어를 오로지 그것의 휴지(休止)로만, 그것의 이음새로만, 그것의 대담한 어형 변화로만 제시할 뿐, 실제로 그것의 잠재력에 대한 영광과 공유로는 결코 제시하지 않을 정도로 언어에 대하여 어떤 불확실성을 드러내기 때문입니다. 첼란에게 있어서 40년대는 결코 시를 불가능하게 한 것이 아니라 표현력을 혐오스럽게 한 것이 사실입니다. 따라서 표현력이 없는 시를 제안해야 합니다. 만약 누군가가 생존 페르스가 여전히 폭넓게 사용하는 수사들과 장식법들을 통해서 세기의 진리를 말할 것을 주장한다면, 그것은 언어적으로 실현 불가능하기 때문입니다.

첼란에 따르면 아나바시스는 "진실된-실행 불가능"함을 지닙니다. 이렇게 해서 여기에서 우리는 다시 한번 강력한 분리적인 종합을 보게 됩니다. 시는 계승된 언어의 실행 불가능함 속에 시간의 진리를 배치해야 합니다. 이 말은 생존 페르스가 리드미컬한 방주, 다시 말해 이미지들로 채색된 명료함이 상징하는 진실된-넉넉함 속에서 자신의 시를 배치하는 데 반해서, 우리가 어떤 상황에 몰려 있는지를 보여줍니다. 시의 기회와 과업에 대해서 거의 반대되는 두 방향을 이처럼 "아나바시스"라는 동일한 단어가 떠맡고 있는 것입니다. 따라서 흥미로운 물음이 다음과 같이 제기됩니다. 도대체 왜 이 동일한 단어일까? 세기의 시적 기호로서 아나바시스는 무엇을 의미하는 걸까?

여기에서 간격은 20세기에 19세기를 지속하는 일, 제국의 꿈을 지속하는 일로부터 벌거벗은 잔혹한 20세기를 분리시키는 간격과 어느 정도 같은 것입니다. 제국의 꿈에 대한 공포는 멀리 있고 은밀합니다. 하지만 제국의 꿈이 지닌 천국 같고 방랑적인 힘은 도처에 존재합니다. 이러한 생존 페르스적 의미의 아나바시스를 향해서 출발했기 때문에 세기는 이런저런 실재적 극악함에 부딪쳐서 운동의 방향을 바꾸어야 했고, 그뿐만 아니라 '아나바시스'를 말하기 위한 단어들의 공명 또한 바꾸어야 했습니다.

따라서 우리가 세기의 궤적을 푸는 열쇠-기표인 아나바시스에 대하여 있음직한 일의성을 건설해야 한다면, 그것은 (어느 정도는 위고와 같은) 계승된 수사학의 극치와 (어느 정도는 네르발과 같은) 가장 권위 없는 시 사이의 본래적인 이질성 속에 서입니다.

이 일을 나는 주제 추출로부터 시작하고자 합니다. 나는 먼저 생존 페르스의 텍스트에서 주체에 대한, 부재에 대한 그리고 행복에 대한 묘사를 세기에 관한 우리 사유와의 공명 속에서 제안해봅니다.

1. 시적이거나 서술적인 모든 텍스트는 주체에 대한 물음을 제기합니다. 이 물음은 다음과 같습니다. 누가 말을 하는가? "누가 말을 하는가."에 관한 논리 전체를 우리는 나타샤 미셸에게 빚지고 있습니다. 그녀는 소설의 첫 구절에 대한 완전히 새로운 이론에 정열을 쏟아 부었습니다.[1] 페르스의 시에서 이 물음에 대

---

[1] 나타샤 미셸의 독트린은 『생각에 잠긴 작가 L'Écrivain pensif』(Verdier, 1998)라는

한 답변으로 우리는 "나"와 "우리" 사이의 준-등가성을 발견합니다. 실제로 이 등가성은 『아나바시스』의 첫 부분, 즉 "내가 나의 법을 세운 이 땅에 대해 나는 낙관적으로 예측한다."와 "아침에 우리 군대는 아름답다. 그리고 바다"와 같은 진술을 동일한 운동 속에서 발견하게 되는 바로 그 첫 부분부터 세워집니다(우리가 여기에서는 단지 8장만 읽었음을 상기합시다). 시의 호격에 자연스럽게 등록된 1인칭들의 이 같은 등가성이 첼란의 시에서는 명백함을 모두 상실했음을, 게다가 다시 형성될 수 있는 능력을 모두 상실했음을 우리는 보게 될 것입니다. "나"를 "우리"와 상호적이도록 만드는 박애가 페르스의 『아나바시스』에서는 모험의 조건, 모험의 주체적인 실체로서 존재합니다. 반면에 첼란의 「아나바시스」에서는 불확실한 동요 속에서 "함께"라는 단어를 도래토록 하는 것이 중요합니다. 따라서 이 단어는 결코 조건이 아닙니다. 그것은 언제나 어렵기만 한 결과입니다.

모든 집단적 기도企圖는 "우리"로서의 "나"의 확인을 가정한다는 확신, 또는 모든 집단적 기도는 "나"라는 열광적 실체인 "우리"를 행위 속에 내면화하는 일을 가정한다는 확신을 가리켜서 사람들은 "박애의 공리"라고 합리적으로 명명할 것입니다. 『아나바시스』에서 페르스는 일종의 방랑적 박애를 창조합니다. 그는 "우리 지신. (인간들의 색깔)"과 "굶주린 번개가 나에게 서양의 이 지방들을 떼어주네."의 시적 동일성을 돋보이게 할 수 있습니다. 그는 "우리 마음에 맞추어 수많은 부재가 소비되었구

제목의, 작지만 중요한 책 속에 요약되어 있다.

나!"라는 외침과 "이 풀들의 움직임 …… 세계는 나에게 무엇을 주었는가?"라는 질문 사이를 자유롭게 돌아다닐 수 있습니다. "박애"는 단수 주체와 복수 주체의 등가성을 가리킵니다. 그리고 경쟁적인 개인주의에 걸려서 좌초되기 이전에 세기가 무엇보다도 박애를 원했다는 것은 분명합니다.

생존 페르스가 시적인 허구 속에서 연출하는 것은 박애의 공리가 오로지 실재적 모험을 위해서만, 자신의 주체를 창조하는 역사적 출항을 위해서만 유효하다는 점입니다. 여기에서 주체는 정확하게 말해서 박애적 주체, "나"의 복수화와 "우리"의 단수화의 도래를 가리킵니다. 그래서 『아나바시스』는 전설의 고원에서의 정복의 기마 여행을 이야기합니다.

하지만 갑작스럽게 박애는 보다 복잡한 개념이 됩니다. "우리"의 경계를 설정하는 전범典範은 무엇일까요? 이 같은 가상의 몽고에서의 기마 여행은 분명히 역경을 가로지르며, 자신의 적을 만들어낼 것입니다. 그리고 "나"는 오로지 이런 전쟁의 무렵에만 "우리" 속에서 확장됩니다. 그래서 여행은 충분할 수 없는 것입니다. "황색 바람 속의 여행자"에 대한 찬사는 오로지 우리의 텍스트를 닫는 경우, 즉 "폭력의 거대 원칙이 우리의 풍속을 억누르고 있었네." 속에서만 의미를 갖습니다. 폭력은 방랑에 필요한 지평입니다. 방랑이 "거대한 이야기와 극락새"에 등가적인 것을 구성하기 위해서는 "잎사귀들이 내는 휘파람 소리"에 이르러야 합니다. 또는 인식과 논쟁의 원칙("대지는 설명되리라.")은 적개심에 대한 찬사("때때로 증오가 깨새처럼 노래를 부르고 있었네.")를 동반할 경우에만 유효하다는 말이 이 점을 보다 확실하게 합니다. 하지만 가장 완전한 자유의 징후라 할 수 있는 "세계의 길"과 "기억이 없는 목초 나라"는 일종의 웅대한 전제군주제("대지의 모든 기호 위에서 호령하는 권위")와 더불어서만 전진합니다. 잔인함 그 자체는 여행의 원천들 가운데 하나일 뿐이고, 아나바시스에게 강요된 한 에피소드일 뿐이며, 시의 수많은 이미지일 뿐이라는 사실을, 다른 곳에서, 예를 들어 다음과 같이 주장합니다. "그리고 숙청이 시작되리라, 마치 살해된 사제처럼."

"나"와 "우리"의 등가성으로서의 박애, 여행에 내재한 폭력, 명령에 상호적인 방랑, 이것들이 바로 아나바시스가 배치한 세기의 모티브들입니다.

2. 이 모든 것은 궁극성에 관한 물음이기도 하고, 의미에 관한 의심이기도 하며, 한마디로 말하자면 평정을 유지하고자 하는 일종의 허무주의이기도 합니다. 명백한 것은 이러한 모험 속에는 공허한 의식이 있다는 사실입니다. "우리 마음에 맞추어 수많은 부재가 소비되었구나!" 아나바시스의 목적지는 이처럼 일종의 부정적 허구일 뿐입니다. 사람들은 공간의 기호와 시간의 기호가 폐지된 곳, 즉 한편으로는 "기억이 없는 목초 나라"를, 또 다른 한편으로는 "유대도 없고 기념일도 없는" 한 해를 겨냥하는 것입니다.

이것이 바로 세기가 세기 자신에 대하여 가지는, 출구가 불확실한 순수 폭력 운동이라는 의식과 페르스의 장중한 시를 서로 소통하게 해주는 허무주의입니다. 주체는 방랑으로서 재현되며, 그리고 이 방랑을 방랑 자신을 위해 유효한 것으로서 재현합니다. 페르스는 유목적 방랑이 인간 자신의 부재 자체 속에 있는 인간 마음의 원칙이라고 말합니다. 이것은 불안정하게 존재하는 것을 자랑으로 삼는 시대를 표현하는 지리적이고 방랑적인 좋은 은유입니다.

그렇다면 우리는 세기의 한복판에서 왜 절망의 반복이 운동의 동원 능력을 전혀 사용하지 않았는지 이해해야 합니다. 우리는 이 점을 이해함에 있어서 어려움이 많습니다. 왜냐하면 오늘날에는 모든 사람이 온갖 절망에 대비해서, 심지어는 여름휴가 동안 몇 방울의 비가 내리는 일 같은 것까지 대비해서 값비싼 보험에 들고 있기 때문입니다. 세기의 투사들은, 그들이 정치에 종사하든 예술에 종사하든 학문에 종사하든 또는 그 어떤 열정을 지녔든 상관없이, 인간은 충만함이나 결과로서 성취되는 것이 아니라, 인간 그 자신인 것으로부터의 뽑힘 속에서 자기 자신에 대한 부재로서 성취된다고 생각했으며, 그리고 바로 이 뽑힘이야말로 모든 모험적 위대함의 근원에 있는 것이라고 생각했습니다. 만약 페르스가 세기에 속한다면, 그것은 그가 위대함의 의무와 방랑의 공허함 사이의 관계를 시화했기 때문입니다.

20세기는 프로그램이 짜여 있던 19세기 같은 세기가 아닙니다. 20세기는 약속의 세기가 아닌 것입니다. 20세기에 사람들은 우선 약속은 지켜지지 않는다는 것, 프로그램은 전혀 실행되지 않는다는 것을 받아들였습니다. 왜냐하면 유일하게 운동만이 위대함의 원천이기 때문입니다. 생존 페르스는 인간의 마음을 존재하는 것에 대한 거부라는 결정적인 가치 쪽으로 되돌리는 일의 고귀한 형상을 발견했으며, 자기 자신에 대한 부재의 시적 가치를 모든 목적지와 관계없이 세웠습니다. 이 일은 틈바구

니를, 연결의 종말을, 풀려진 것이 지닌 자기 자신에 대한 부재를 쟁취하는 것을 가리킵니다.

세기가, 『공산당 선언』에서 오래된 모든 관습의 종말, 곧 충성과 안정 사이의 오래된 관계의 종말을 알린 맑스와 함께, 따라서 니체와 가까운 맑스와 함께 상상했던 것보다 훨씬 더 깊게 맑스주의적이었던 것은 바로 이러한 방향에서입니다. 자본의 가공할 힘이란 곧 자본이 가장 성스러운 계약들, 가장 유구한 연합들을 "이기적 계산이라는 찬물" 속에서 녹여버린다는 사실입니다. 자본은 관계 위에서 성립된 문화의 종말을 선고합니다. 그리고 20세기가 자본의 오직 부정적이기만 한 힘을 넘어서, 인류를 그의 진정한 창조적 능력 위에서 복원하기 위하여 관계가 배제된 질서, 연결이 풀린 집단적 능력을 추구한다는 것은 사실입니다. 이러한 사실로부터 페르스의 단어이기도 한 핵심 단어들이 나옵니다. 그것은 폭력, 부재, 방랑입니다.

박식하고 배타적인 표현들을 통해서 시인은 순수하게 방랑적인 질서에 대한, 목적지가 없는 박애에 대한, 순수한 운동에 대한 허무주의적이지만 창조적이기도 한 이 소망을 포착해냅니다. "동맹이 없는 짐승들" 또는 "대지에 맞서는 하늘의 직무 유기"가 이런 표현들입니다. 위대한 인간의 유일한 동료는 "이리저리 여행하는 높고 높은 소용돌이"입니다. 이 모든 욕망이 "방랑하는 법"이라는 경탄할 만한 모순어법 속에 요약되어 있습니다.

3. 그리고 마침내 오늘날에는 행복의 가치 자체에 대한 의심에까지 이를 만큼, 행복보다 유목의 위대함이 더 우월하다는 주장이 특별히 어둡게 도래합니다. "행복이 거세된 단어들"이라

는 표현(이때 거세자는 말들을 거세하는 전문가라는 것을 상기합시다)은 아나바시스의 인간에게 있어서 행복에 대한 강박관념은 언어에서까지도 왜곡이라는 것을 가리키는 것처럼 보입니다. 그래서 시인은 사람들에게 행복에 관한 단어들에 대항해서 "채찍을 들 것"을 요구하는 것입니다. 모든 위대함이 떠나기를 원하는 이 세기말의 지친 쾌락주의자들인 우리에게 있어서 이것은 선동적인 이야기입니다.

세기의 능동적이고 폭력적인 게다가 테러리스트적인 허무주의, 우리의 대사大使[생존 페르스]의 격조 높은 시에서까지 들리는 이 허무주의는 만족과 자비라는 현대의 이중어가 칸트와 가까운 것보다 훨씬 더 칸트와 가깝습니다. 실제로 허무주의는 행복에 대한 욕망은 곧 위대함을 금지시키는 것이라고 주장합니다. 요컨대 "여명과 불로" 돋우어진 유목적 모험을 시도하기 위해서는, "정신의 미지의 영역"을 약간이라도 밝히기 위해서는 "풀들의 움직임"에 만족하고 부재에 대해 숙고할 줄 알아야만 합니다. [이럴 때] 아마도 사람들은 저녁이면 "인도의 선옹초 씨앗"이 일으키는 불법적인 도취에 빠지는 일에 동의하게 될 것입니다.

그렇다면 아나바시스로부터 40년이 지난 다음 우리는 과연 어디에 있는 걸까요? 나치즘과 전쟁 이후에 파울 첼란은 우리에게 무엇을 말하는 걸까요?

누가 말을 하는가? 이 물음에 [첼란의] 시는 아무도 말하지 않는다고 대답합니다. 시가 끌어들인 무명의 목소리만, 말만 있을 뿐입니다. 거의 같은 시기에 베케트는 『동행』을 "어둠 속 어떤 목소리"라는 말로 시작합니다. 페르스는 "나"와 "우리"를 서로 동등하게 만들었습니다. 하지만 베케트의 산문에서와 마찬가지로 첼란의 시에는 더 이상 "나"도 없고 "우리"도 없습니다. 거기에는 길을 내려고 시도하는 목소리가 있습니다. 시의 간결하며 거의 침묵하는 행들 속에서, 페르스의 긴 절節로부터는 가장 멀리 떨어져서, 어떤 길의 노선인 이 목소리는 아나바시스가 무엇인지, "오르기와 되돌아오기"가 무엇인지, 동사 아나바네인의 완벽하게 정확한 해석이 무엇인지 우리에게 속삭일 것입니다. 이 목소리는 시의 제일 첫 부분에서, 연약하며 거의 일어날 법하지 않은 다음의 세 연결을 통해서 이 속삭임을 전합니다. 그것은 "좁게 적힌", "진실된-실행 불가능한", "가슴-밝히는 미래 속으로"입니다.

이와 같이 속삭여진 것은 현저하게 구름이 걷힌("가슴-밝히는") 어떤 길의 가능성입니다. 생존 페르스에게 길은 곧 공간의 개방입니다. 그것은 『아나바시스』의 첫 부분에서 그가 말한 것처럼 "우리에게 인도된 말들이 보기에 씨 없는 대지"인 것입니다. 여기에는 길의 문제가 없습니다. 이와 반대로 첼란은 스스로에게 묻습니다. 길이 있는가? 그리고 첼란은 아마 그럴 것이라고, "벽들 사이에 좁"은 길이 있다고, 하지만 만약 그것이 진실이라면, 그리고 그것이 진실인 한, 그 길은 실행이 불가능하다고 대답합니다.

우리는 세기의 [페르스의 비탈과는] 다른 비탈 위에 서 있습니다. [페르스식의] 서사적 허무주의는 나치의 얼굴을 하고서 단지 도살장만을 창조했습니다. 이제부터는 서사적 요소 속에서 마치 아무 일도 없었던 것처럼 그렇게 자연스럽게 있는 일은 불가능합니다. 그렇지만 만약 아나바시스에 대한 이런 직접적이고 서사적인 해석이 없다면, 아나바시스는 무엇일까요? "오르기와 되돌아오기"를 어떻게 실천할까요?

첼란은 이 점에 관해서 바다의 차원, 즉 그리스인들의 "바다다! 바다!"를 작동시킵니다. 아나바시스는 바다의 호출 신호로 시작합니다. 어떤 항구에 바닷물이 빠져나갈 때마다 소리를 내는 표지등들이 있습니다. 이 표지등들의 소리, "빛나는 종소리", "슬픈-부표"의 서글픈 소리는 호출 신호라는, 기호라는 항만의 한 순간을 구성합니다. 아나바시스에게 있어서 이 순간은 위험의 순간이자 아름다움의 순간입니다.

이 이미지가 갖는 의미는 아나바시스는 다른 것을, 다른 것의 목소리를 요구한다는 것입니다. 호출 신호와 그 수수께끼를 받아들이면서 첼란은 공허하고 자기 충족적인 [페르스식의] 방랑의 논제와 결별합니다. 무엇인가가 만나져야만 합니다. 바다 이미지들은 이타성의 징후처럼 기능합니다. 따라서 우리는 여기에서 [페르스의] 박애의 논제가 [첼란] 이타성의 논제로 대체되었다고 말해봅시다. 박애적 폭력이 가치를 발하던 바로 그곳에 다른 것의 숨결이 지닌 최소한의 차이가 도래하고, 부표의 호출 신호가 도래합니다. 마치 호출 신호의 가장 낮은 궁핍이 가장 높은 의미를 지닌다는 사실을 증명하기 위하여 그러는 것처럼, 모차르트의 교회 성가("우리 마음이 한숨지을 때")를 연상시키는 "둠-, 둔-, 운-"이 도래하는 것입니다.

더 이상 서사의 "우리"가 아닌 바로 이 "우리의 것들"에게 도래하기 위하여 모든 것이 호출 신호의 "반복되는, 구원받은" 소리를 통해서, 또 그 소리 속에서 건설됩니다. 우리의 이타성을 어떻게 행할 것인가, 바로 이것이 첼란의 물음입니다. 어떤 차이가 들립니다. 그리고 문제는 이 차이를 우리의 것으로 만드는 것입니다. 아나바시스가 있다면, 그것은 사람들이 아나바시스에 도달하는 한에 있어서 그런 것입니다. 거기에는 내면화도, 소유도 없습니다. "우리"를 "나"로 실체화하는 일도 없습니다. 우리가 그것을 만났다는 그 단순한 이유 때문에 우리의 것으로 만들어야 하는 그런 순수한 호출 신호, 가장 낮은 차이가 있을 뿐입니다.

어려움—사실 모든 아나바시스에 나타나는 어려움—은 이러한 시도 이전에는 아무것도 선先존재하지 않는다는 것, 그 어떤 것도 이 시도를 준비하지 않는다는 것입니다. 우리는 우리 자신 가까이에 있지도 않으며, 이미 탐험된 길 위에 있지도 않습니다. 우리는 "멀리 아무도 항해하지 않은 곳에"—이 표현은 아나바시스에 대한, 그리고 세기 전체에 대한 경탄할 만한 명명입니다—있습니다. 이방인의 관점과 길 잃은 자의 관점에서 "오르기와 되돌아오기"를 시도해야 하는 곳, 우리가 언젠가 "가슴-밝히는 미래"를 향해서 나아갈 수 있게 되는 일이 이루어지는 곳, 그곳이 바로 이곳입니다. 아나바시스가 창조되는 곳이 바로 이곳인 것입니다.

따라서 자신의 운동을 통해서 창조되는 것은 결코 주체-우리가 아닙니다. 그것은 "스스로를 해방하는/ 천막이라는-단어:/ 함께"입니다. 천막이라는-단어는 피난처를 제공하는 단어입니다. 사람들은 함께하는 피난처 속에 있을 수 있습니다. 하지만 거기에 박애적 융합은 없습니다. 왜냐하면 첼란의 "우리"는 "나"가 아니기 때문입니다.

아나바시스는 가장 낮은 호출 신호의 우리의 것-되기를 통해서 "나"가 아닌 "우리"가 함께로서 도래하는 일을 말합니다.

세기는 이렇게 "우리"에 관한 물음의 본질적인 변화를 증언합니다. 먼저 『변증법적 이성비판Critique de la raison dialectique』에서 사르트르가 테러리스트적-박애라고 규정한 박애의 "우리"가 있었습니다. 이 책이 첼란이 「아나바시스」를 쓴 시기에 출판되었음을 주목합시다. 이 박애의 "우리"는 "나"를 이상으로 취하는 "우리"입니다. 여기에는 적의 이타성 외에 다른 이타성이란 없습니다. 세계는 이제 이 방랑하며 승리를 구가하는 "우리"에게 넘겨지게 됩니다. 이러한 ["우리"의] 형상은 생존 페르스의 유목적 모험 속에서 활동하며, 수사학적으로 화려합니다. 이 "나-우리"는 그 자신에게 유효하며, 운명이 주어질 필요가 없습니다. 그러나 첼란에게서 "우리"는 "나"라는 이상 아래에 있지 않습니다. 왜냐하면 첼란의 "우리"에는 아주 작은 호출 신호로서의 차이가 포함되어 있기 때문입니다. 즉 여전히 이타성을 유지하는 이 "함께"를 향해, 선존재하는 모든 길을 넘어 거슬러 올라가는 아나바시스에서 "우리"가 예측 불가능한 방식으로 정지된 것입니다.

70년대 후반부터 세기가 우리에게 남겨준 것은 다음과 같은 물음입니다. "나"라는 이상 아래에 있지 않은 "우리", 어떤 한 주체이기를 주장하지 않는 "우리"란 무엇인가? 문제는 활동적인 모든 집단의 종말에서, "우리"의 전면적인 소멸에서 결론이 나지 않는다는 점입니다. 우리는 ["우리"의 단순한 소멸을 주장하는] 복고 시대의 활동가들과 더불어, 오로지 행복을 위해 경쟁하는 개인들만 존재하며, 그래서 모든 능동적 박애는 의심스러운 것이다, 라고 말하기를 거부합니다.

첼란 자신은 함께라는 개념을 유지합니다. "함께"는 1995년 12월에 있었던 시위*에서 핵심적이면서도 낯선 슬로건이었다는 것을 주목합시다. ["함께"라는 말 말고] 다른 것은 아무것도, 하여튼 발견이랄 것도, 시위 참가자들의 아나바시스를 명명할 수 있는 능력을 가진 것도 없었습니다. 예를 들어 로안Roanne 같은 조용하고 작은 마을에서 전체 주민의 반이 넘는 사람들이 단지 "그래, 우리 모두 함께, 우리 모두 함께"를 외치기 위하여 여러 차례 나와 시위했던 것을 볼 때, "함께"는 결코 헛된 단어가 아니었습니다. 오늘날 아직 타락하지 않은 모든 이는 세기의 모험을 지배했던 융합적이고 준군사적인 "나"라는 이상 아래에 있지 않을 "우리", 결코 스스로 해체되는 일 없이 자기 고유의 내재적인 부조화를 자유롭게 전달하는 "우리"가 과연 어디에서 등장할 수 있을지를 자문합니다. 전쟁의 시기가 아닌 평화의 시기에 "우리"는 무엇을 말하는 걸까요? "우리"가 있어야 한다는 강요에 결코 굴복하지 않고, 서사의 박애적 "우리"로부터 함께의 부조

---

* 철도 노동자의 파업으로 시작된 프랑스 공공 부문 노동자의 대규모 파업 (1995년 11~12월). 이 파업으로 인해 당시 자크 시라크 프랑스 대통령은 그의 신자유주의 정책을 포기해야만 했다.

화스러운 "우리"로 어떻게 나아갈 수 있을까요? 나 또한 바로 이 물음 속에 존재합니다.

2000년 1월 12일

9. 일곱 가지 변화

    오늘날 우리는 인위적 개인주의의 지배를 견디며 삽니다. 파울 첼란처럼 천막-단어 "함께!"를 표방했던 1995년 12월의 수백만의 시위 참여자들에게 프로파간다는 성공과 행복의 경쟁적 추구에 개인의 "명증성"을 내세웁니다. 심지어 문학의 영역에서는 전기와 자서전이 결합된 생산물이 시장을 가득 채우기까지 합니다. 또 목록 만들기를 좋아하는 중국인들이 "세 가지 관계", 즉 돈과의 관계, 경제적·사회적 성공과의 관계, 성과의 관계라고 부르는 것들만 관심을 끌 만한 것들로 고려됩니다. 그 외의 나머지는 케케묵은, 아마도 포괄적인 추상에 불과할 것입니다. "근대적"인 것이란 문제가 된 이 세 가지 관계를 자아Moi의 이상처럼 일반화하는 것을 말합니다. 실제로 있는 것이 아니라 사람들이 복수심으로 가득 찬 악착스러움으로 우리에게 있어야 한다고 강요하는 것이 바로 이것입니다.

    적어도 우리는 이 같은 프로파간다가 그것이 주장하는 것처럼 대중매체에 민주적으로 등록된 사물의 본성과 주체의 본성으로 되돌아가는 일과는 거리가 멀다는 사실, 그보다는 오히려 세기가 욕망하고 창조한 모든 것을 거스르도록 사람들을 매우 난폭하게 몰아간다는 사실을 알 수 있습니다. 끝나가는 시대를 실제로 확인하는 사유의 움직임은, 그리고 종종 서로 첨예하게 대립하는 사유의 이런저런 변형들까지도, 모든 진실된 주체화는 집단적이라는 사실, 살아 있는 모든 지성이란 "우리"의 건설이라는 사실을 지지해왔습니다. 이와 같은 사유의 움직임에 따르면 주체란 필연적으로 어떤 한 역사성에서 측정 가능한 주체이거나 또는 주체 자신의 구성 속에서 사건의 능력을 울려 퍼지게 하는 주체입니다. 내가 실재에 대한 열정이라고 부른 것이 지니는 형식들 가운데 하나가 바로 이런 주체입니다. 확실히 어떤 사건으로부터 비롯된 주체적 의지는 세계 속에서 놀라운 가능성을 실현할 수 있습니다. 무능력한 허구가 결코 아닌 의지는 실재를 내면 깊숙이 건드립니다.

 이와 반대로 오늘날 사람들은 경제를 핵심으로 하는 혹독한 실재의 원칙에 의해 지배되는 의지는, 경우에 따라 세계를 심각한 파탄에 처하게 할지도 모르지만, 자신이 매우 조심성이 있다는 것을 보여주어야 한다는 확신을 우리에게 강요하기를 원합니다. 즉 "사물의 본성"이 존재하며, 이 본성은 곡해되어서는 안 된다는 것입니다. 그 근본을 따져볼 때, "근대화하는" 프로파간다로부터 자연적으로 발생한 철학은 아리스토텔레스적입니다. 이런 철학은 사물의 본성이 자기의 고유 목적을 전개한다고 주장합니다. 해야 할 일은 없습니다. 그저 내버려두기만 하면 됩니다. 여기에서 사람들은 붉은 깃발 아래에서 "세계는 그 근간을 바꾸게 되리라."고 노래 불렀던 모든 이의 의식과의 간격을 떠올리게 됩니다.

여러분이 만약 세계는 절대적으로 바뀔 수 있고 또 바뀌어야 한다고 생각한다면, 존중해야 할 그 어떤 사물의 본성도, 유지해야 할 그 어떤 선先형식화된 주체도 없다고 생각한다면, 여러분은 지금 개인이 희생될 수 있음을 인정하는 것입니다. 그리고 이것은 우리에게 영속적으로 일할 자격을 부여하는 그 어떤 본성도 그 자체로 주어지지 않았다는 것을 의미합니다.

인간 주체의 비-자연성이라는, 요컨대 "인간"의 비실존이라는, 따라서 "인권"의 공허함이라는 이러한 모티브로부터 출발하면서 오늘 나는 [세기의] 몇 가지 변화를 제안하고자 합니다.

변화 1. 철학적 변화

30년대에서 60년대 사이에 철학자들은 개인의 실재, 즉 주체로서의 개인의 건설은 완전히 변경 가능하다는 생각을 매우 다양한 형태로 공들여 다듬어왔습니다. 분명히 이런 생각은 새로운 인간이라는 논제의 일종의 철학적 동반물이었습니다. 예를 들어 사르트르의 초기작 중 하나인 『에고의 초월성La Transcendance de l'Ego』은 개방된 구성적 의식에 대한 직관을 전개합니다. [이에 따르면] "자아"로, 또는 "에고"로, 따라서 확인 가능한 개인으로 나타나는 개방된 구성적 의식의 응고물은 일시적인 외재성에 불과합니다. 의식의 내재적 존재는 초월성 속에서도, 또는 확인 가능한 객관성 속에서도 파악되지 않습니다. 나중에 사르트르는 의식의 존재는 무無, 말하자면 절대적 자유라고 함으로써, 그리하여 주체적 "본성"에 대한 모든 관념을 불가능한 것으로 만듦으로써 이와 같은 직관으로부터 엄격한 존재론적 결과를 이끌어내게 됩니다. 정신분석학에서, 특히 라캉에 의한 정신분석학의 재주조 속에서 자아는 상상적인 심급이며, 그대로의 주체 또한 그 어떤 본성이나 존재일 수 없습니다. 왜냐하면 주체는 자기 고유의 결정과 관련해서 중심으로부터 벗어나(이것이 바로 "무의식적"이라는 말이 뜻하는 것입니다) 있기 때문입니다.[1] 중심에서 벗어나 있는 점, 이것을 라캉은 타자l'Autre라고 명명합니다. 따라서 모든 주체는 자아의 변질 같은 것입니다. 또는 랭보가 그에 앞서서 이야기했던 것처럼 "나는 타자입니다Je est un autre." 여기에서도 여전히 객관적 본성으로서의 개인을 사유하는 일은 불가능합니다.

  세기가 주체의 이론과 관련해서 혁신을 일으키는 한, 세기는 이처럼 주체를 주체 자신과의 간격으로서, 내적인 초월성으로서 사유합니다. 나 자신의 독트린에서 주체는 사건에 의존하며, 오로지 진리의 능력으로서만 구성됩니다. 결국 주체의 "질료"는 진리의 과정 또는 유적générique 과정이며, 따라서 주체는 어떤 방법으로도 [본성을 가진 것으로서] 길들여질 수 없습니다. 사르트르의 어휘를 빌리면, 주체는 본질을 가지지 않는다(이것이 그

---

[1] 주체의 개념에 관한 한, 주체는 중심이 아니라 오히려 측면 효과라는 논리를 따를 경우, 이 논리에 의한 결정됨으로부터 도출되는 것에 대해 기술한 자크 알랭 밀레의 두 논문은 여전히 정전正典이다. 첫 번째 논문은 「봉합La suture」이고 두 번째 논문은 「모태Matrice」다.

유명한 경구 "실존이 본질에 앞선다."의 의미입니다)고 말할 수 있을 것입니다. 라캉의 어휘를 빌리면, 주체는 오로지 결핍의 점에서만 공백으로서 또는 존재-의-결핍으로서 확인된다고 말할 수 있을 것입니다.

만약 주체가 존재-의-결핍으로서 구성된다면, 주체의 실재에 관한 물음은 열려 있게 됩니다. 왜냐하면 이 실재는 어떤 본질도, 본성도 아니기 때문입니다. 따라서 주체는 있는 것이 아니라, 어떤 조건 아래에서, 즉 라캉이 말하는 것처럼 "그것이 없는" 곳에서 도래한다고 주장하는 일이 가능해집니다. 니체의 명령, "너인 것이 되어라."는 여기에서 그에 맞는 메아리를 발견합니다. 만약 주체가 되어야 한다면, 그것은 우리가 주체가 아니기 때문입니다. 주체로서의 "너인 것"은 단지 주체가 되겠다는 결심에 불과한 것입니다.

따라서 여러분은 주체는 있는 것의 질서에 속한 것이 아니라 도래하는 것, 즉 사건의 질서에 속한 것이라는 논제와, 개인을 초월하는 역사적 이유로 개인을 희생시킬 수 있다는 관념 사이의 관계가 드러나는 것을 보게 됩니다. 이 관계는, 어쨌든 주체의 존재가 존재-의-결핍인 이상, 한 개인이 어떤 주체적 실재를 자기의 것으로 하기를 희망할 수 있는 것은 오로지 그 개인을 넘어서는 계획 속으로 그 스스로가 사라질 때뿐이라는 것을 말합니다. 이때부터 이러한 계획 속에서 건설된 "우리"가 이 "우리"를 지탱하는 개인에게는 유일하게 진정으로 실재적인 것, 주체적으로 실재적인 것이 됩니다. 사실을 말하자면 개인은 이제 아무것도 아닙니다. 주체인 것, 그것은 자신-의-결핍이라는 점에 도달한 새로운 인간입니다. 따라서 개인은, 그의 본질 자체에 있어서, 우리-주체 속으로 사라져야 하는 아무것도 아닌 것입니다.

개인에 대한 이러한 희생적 명증성의 긍정적 이면은, 진리가 건설하는 "우리", 새로운 인간이 버팀목이자 쟁점으로 있는 "우리"는 그 자체로 불멸한다는 사실입니다. 소멸할 수 있는 본성을 따라 존재하는 것이 아니라, 말라르메의 주사위 던지기처럼 영원한 우발적 상황을 따라 존재하는 것과 더불어서 "우리"는 불멸하는 것입니다.

변화 2. 이데올로기적 변화

세기는 프랑스혁명의 세 주요 기표인 자유, 평등, 박애를 어떻게 재구성했을까요? "민주주의"라는 강요된 이름 아래에서 오늘날 지배적인 논제는, 의미 있는 유일한 것은 자유뿐이라는 것입니다. 그런데 자유는 다른 두 단어에 대한 경멸(평등은 비현실적, 반-자연적이고, 박애는 "우리"라는 전횡으로 이끕니다)에 너무 영향을 받은 나머지 순전히 법률적인 자유 또는 조절하는 자유, 즉 모두가 동일한 규칙 아래에서 동일한 것을 행하는 그런 "자유"가 되었습니다.

이렇게 인식된 자유는 1917년부터 1980년에 이르는 (요약적 의미에서의) 작은 20세기 동안 지속적으로 비판을 받았습니다. 사람들은 이런 자유를 "형식적 자유"라 불렀으며, "실재적 자유"와 대립시켰습니다. 여기에서 형용사의 적합성에 주목합시다. "형식적 자유"는 전 지구 차원의 평등한 계획과 연결되지도, 박애로서 주체적으로 실천되지도 않은 자유를 의미합니다.

세기 동안 평등은 전략적인 목표였습니다. 공산주의의 이름 아래 정치적으로, 공리 체계의 이름 아래 과학적으로, 삶과 예술의 융합이라는 명령 아래 예술적으로, "불같은 사랑"처럼 성적으로. 부정의 무한한 능력인 자유는 전제는 되었지만 주제화되지는 않았습니다. 박애에 대해 말하자면, 박애는 단지 실재적인 것 그 자체요, 경험의 새로움에 대한 유일한 주체적 증언입니다. 왜냐하면 평등은 [그 자체가 전략적인 목표라는 점에서] 프로그램의 차원에 머물고, 자유는 [그 자체가 주제화되지 않은 능력이라는 점에서] 도구적인 것에 머물기 때문입니다.

여기에서 나는 박애는 새로운 세계의, 따라서 새로운 인간의 실재적 시위示威manifestation라고 주장합니다. 당에서, 행동에서, 체제 전복적인 예술 그룹에서, 평등한 부부에서 실험된 것, 그것은 박애라는 실재적 폭력입니다. 개인의 유한성보다 무한한 "우리"가 더 우월하다는 사실을 받아들이는 것이 아니라면, 박애의 내용이 과연 무엇이겠습니까? 이것이 이제는 거의 효력을 잃어버린 단어 "동무"가 명명하는 것입니다. 나와 마찬가지로 나의 동무 또한 "우리"를 말하도록 해주는 진리의 과정에 속하는 주체일 뿐입니다.

이런 이유로 나는 이 모든 것 속에서 이상향이나 환상은 결코 문제가 아니라고 주장합니다. 주체의 출현 장치는 그저 완벽합니다. 라캉의 용어로 말하자면, 평등은 상상적인 것이고(왜냐하면 평등은, 비록 그것이 모든 것의 궁극적 이유임에도 불구하고 객관적 형상으로서 도래할 줄을 모르기 때문입니다), 자유는 상징적인 것이며(왜냐하면 자유는 전제된 도구요 풍부한 부정이기 때문입니다), 박애는 실재적인 것(즉 지금 여기에서 때때로 만나지는 것)입니다.

변화 3. 비판적 변화

　주체의 구성을 언제나 집단적인, 따라서 보편화할 수 있는 초월성과 연결하는 일의 위험은 집단에게 "자연적인" 또는 적어도 객관적인 속성, 즉 자유주의자들이 인간 개인의 전유물이라고 가정한 속성을 이전하는 것입니다. 세기는 이러한 일탈에 대해 절제를 거의 하지 않았습니다. 파시즘은 그들이 증오하는 진리의 과정(정치적 발명, 예술적 창조 등)의 주체적 보편성을 국가, 인종, 서양 같은 거대 지시 집단의 결정으로 대체하는 일을 소홀히 하지 않았습니다. 우리는 "스탈린주의"를, 레닌이 사유했으며 나중에 마오가 확인코자 시도하게 될 실재적인 정치과정을 이런저런 개체들(노동자계급, 당, 사회주의 진영 등)로 대신한, 소비에트연방의 힘이 선고한 대체라고 부를 수 있습니다.
　나치즘과 소위 (실제로는 스탈린식 국가의) 공산주의를 "전체주의"라는 이름으로 거칠게 동일시하는 데 현혹되지 않기 위하여, 이 두 정치적 배치가 지시된 개체들의 발생에 이르기까지 완전히 대립적이었다는 사실을 먼저 유념해둡시다. 실제로 "프롤레타리아"라는 단어와 관련된 해방의 정치적 과정, 즉 풀려나고, 정해질 수 없고, 범세계적이고, 반국가적인 것으로 당연히 나타나는 과정에 맞서서 파시즘은 국가적으로 또는/그리고 인종적으로 지시된 총체에게, 그리고 이 총체의 가정된 대표자에게 복종할 것을 아주 명백하게 권장했습니다. 반면에 스탈린식 국가의 실체화는 실재적인 정치과정의 물화物化에 해당합니다. 이 물화의 기원은, 레닌주의가 국가에 대한 지배를 레닌주의의 정신적 장치 속에 통합시킬 수 없다고 본 데 있습니다. 거대한 폐쇄 집단이 실존한다는 가정 위에 지탱되는 국가가 언제나 파시스트적 정치 비전의 알파와 오메가였던 데 반해서, 레닌주의의 역사에서, 그다음에는 마오주의의 역사에서 국가는 단지 권력 작용의 난폭한 유한성이 정치의 무한한 운동성에 대립시킨 장애물에 불과했던 것입니다.

세기 속 이러한 정치들의 절대적 대립을 다음과 같이 보다 철학적으로 표현할 수 있습니다. 해방의 무한에 파시즘은 유한성이라는 피로 물든 축으로, 가정된 실체(아리아인, 유태인, 독일인 등)의 열거 가능한 속성들로 대항하려고 합니다. "공산주의"는 정치적 진리까지 포함한 모든 진리에 내재하는 무한과 국가적 유한성 사이의 이율배반(맑스가 천재성을 발휘하여 습관적으로 지적한 이율배반)을 실험합니다. 결국 파시즘의 승리에 동반되는 신화적인 지시 개체들은 필연적으로 "공산주의"의 패배에 서명할 수밖에 없는 것입니다.

하지만 거시적 개체를 관념화해시 치음부터 정복 정치의 주체적 받침대로 삼든, 또는 이 개체가 정치적 침체를 표현하는 엄숙한 이름에 불과한 것이든 상상적인 거시적 개체의 생산, 과장된 이름의 생산이 있는 것은 사실입니다. 이 거대한 개체는 우리가 앞에서 이야기했던 "우리-주체"가 아닙니다. 이것은 우발적 상황 또는 사건으로부터 조직되지도 않습니다. 이것은 무기력한 집단입니다. 이 거대한 개체에 몰두하는 사람들은 이것을 모든 주체화에 필요한 것처럼, 우리-주체가 반영되고 실천적 전개가 되는 어떤 객관적 질료처럼 여깁니다. 나는 이 거대한 개체를 주체화의 수동적 신체로 명명할 것을 기꺼이 제안합니다.

그렇다면 사람들은 그들이 국가의 통제라는 시련 속에 있으면서도 왜 실재적 "우리"에, 사유의 발명이라는 실제적 생성 속으로 "나"를 끌어들이는 "우리"에 만족하지 못하는 걸까요? 활동하는 특이성에 대한 결정이 왜 객관적 개체나 신화적 실체에 대한 의식 또는 경험으로서 그토록 자주 재현되어야 했던 걸까요? 왜 행위에 수동적 신체를 부여하는 걸까요? 우리는 어쨌든 이 가공할 만한 객관화가 과정에 대한 명명의 문제에, 이름의 이론에 개입하는 것을 보게 될 것입니다.[1] 거대한 거시적 총체가 "공산주의적" 총체일 경우, 사람들은 이 총체가 이름(프롤레타리아 정치, 부르주아 예술, 사회주의 진영, 제국주의 진영, 노동자와 농민의 국가……)으로 소집되지 않았는지 자문할 수 있습니다. 여기에서 이름이 갖는 가치는 어떤 과정을 그 과정의 불모不毛의 순간에, 또는 국가가 그 과정을 고정시키는 순간에 어렵지 않게 보편화한다는 것입니다. 이름은 특이성에 그 특이성 자체를 넘어서 가치를 부여합니다. 세기에 의한 이름들의 사용 또

---

1 세기의 사유 속에서의 이름과 그것의 변신에 관해서는 밀네의 시론이 필수적이다. 그 시론의 제목 『불분명한 이름들Les noms indistincts』(Seuil, 1983)이 이미 우리가 지금 매달리고 있는 물음과 정확하게 들어맞음을 알려준다.

한 신에게, 비변증법적 종합에 얽매여 있습니다. 한편으로는 활동하는 특이성들만을 사랑하는 것(이것은 박애입니다)이 중요합니다. 다른 한편으로는 심지어 발명이 없는 순간에도, 생쥐스트Saint-Just가 말한 것처럼 "혁명이 얼어버린 순간"에도 이 특이성들을 역사화해야 합니다. 포착 가능한 객관성들이 들여오는 이름들을 통해서 특이성들의 보편성을 명확하게 해야 하는 것입니다.

결국 문제는 다음과 같습니다. 왜 세기 속에서 사람들은 이름을 부여하기 위한 (객관적인) 거대 집단을 필요로 하는 걸까요? 왜 해방의 정치적 과정은 언제나 프롤레타리아, 국민, 나라 같은, 가정된 객관적이고 사회적인 개체의 이름을 취하는 걸까요?

나는 이것이 과학에 지불된 조공朝貢에 관련되어 있다는 것, 따라서 의지주의적인 20세기의 한복판에서 19세기의 과학주의로 존속하는 것에 관련되어 있다는 것을 증명할 수 있다고 생각합니다. 객관성은 실제로 핵심적인 과학 규범입니다. 우리-주체에 적합한 이름의 정당성이 "역사적 유물론"처럼 다소간 자신만 만해하는 과학 쪽에서 모색되었습니다. 심지어는 나치즘도 과학적인 것으로 제시된 인종 신화입니다. 나치즘은, 노예화와 말살이라는 자신의 목표 속에서, 18세기 이래로 유럽의 제국주의적 팽창과 더불어 나타나는 인종주의적이고 인류학적인 횡설수설에 자신이 근거할 수 있다고 확신했던 것입니다. 이것이 억지로 힘을 쓴 범죄적 허구라는 것은 너무나 명백합니다. 인종에 대한 "과학"은 순전히 상상적인 것입니다. 사람들은 또한 상상적인 맑스주의적 과학이 세기의 혁명적 주체성을 결정한 것은 아니었지만 그것이 존재했다는 것을 인정하게 될 것입니다. 실재적 상관물이 전혀 없는 이러한 맑스주의는 그저 단순하게 자신이 과학적으로 정당한 박애라고 주장했습니다. 이런 단순함이 이러한 맑스주의의 힘이었던 것입니다.

변화 4. 시간적 변화

세기는 역사적 시간이 무엇인지에 대하여 자신만의 비전을 제시했습니다. 세기가 정치적 대립들에 대해 큰 폭의 계보학적 비전을 가진 것입니다. 이 점에서 세기는 인간의 모든 역사는 계급투쟁의 역사였다고 쓴 맑스를 따랐습니다. 학구적인 역사학자들은 그들 나름대로 긴 기간을 연구하였으며, 의미의 흐름에 비추어볼 때 극히 적은 양만을 취하여 인간적 삶을 재는 눈금으로 사용하였습니다.[1] 결과적으로 이런 역사는 결코 "인간적"이지 않았습니다.

오늘날 사실상 우리가 시간에 대해 더 이상 어떠한 사유도 하지 않는다는 것은 매우 놀라운 일입니다. 거의 모든 사람에게 있어서 모레는 추상적이고 그제는 이해 불가능합니다. 우리가 비-

---

[1] 마르크 블로크가 초창기 영감을 불어넣은 아날Annales학파는 "긴 시간"의 이론을 장려했다. 이 이론은 페르낭 브로델의 위대한 책『필립2세 시대의 지중해와 지중해 세계La Méditerranée et le monde méditerranéen à l'époque de Philippe II』(Armand Colin, 1949)에 잘 드러나 있다. 우리가 퓌레의 시도를 아날학파의 연속으로 고려할 수 있었다는 것은, 적어도 하버마스의 작품을, 전적으로 법률만능주의의 기호 아래 프랑크푸르트학파의 연속으로, 따라서 아도르노의 부정적 변증법의 연속으로 고려하는 것과 마찬가지로 놀라운 일이다.

시간적이고 순간적인 시대로 들어온 것입니다. 이것은 어떤 의미에서 시간이 결코 공유된 개인적 경험이 아니라 건설인지, 더 나아가 이렇게 주장할 수 있다면, 정치적 건설인지 보여줍니다. 잠시 예를 들어 스탈린식 소비에트연방의 산업 발전을 구조화한 "5개년 계획"을 다시 생각해보도록 합시다. 만약 이 계획이 에이젠슈타인의 영화 〈일반 노선〉과 같은 예술 작품에서까지 찬양될 수 있다면, 그것은 이 계획경제가 (사람들이 알다시피 의심스럽기도 한) 그것의 경제적 의미를 넘어서 미래를 인간의 정치적 의지에 종속시키고자 하는 의지를 가지고 있기 때문입니다. 5개년 계획의 5년은 수와는 완전히 다릅니다. 그 5년은 매일매일 집단적 의지가 새겨지는 시간적 물질입니다. 그것은 바로, 시간 속에서의 그리고 시간을 통한, "우리"의 능력에 대한 비유입니다. 세기 전체가 자신이 건설적 세기이기를 다양한 방식으로 원했습니다. 그리고 이것은 시간의 자발적 건설에 대한 연출을 함축하는 것이었습니다.

아득한 옛날에 농민의 시간이 있었습니다. 그것은 축제의 리듬에 의해 가까스로 보상되는, 부동적이거나 순환적인 시간, 수고와 희생의 시간이었습니다. 오늘날 우리는 어쩔 수 없이 열중과 휴면이라는 [시간의] 짝을 따릅니다. 한편으로 프로파간다는 모든 것이 매순간 변한다고, 우리에게는 시간이 없다고, 전속력으로 근대화해야 한다고, 기차(인터넷과 새로운 경제의 기차, 모두를-위한-휴대전화의 기차, 수많은 주주의 기차, 스톡옵션의 기차, 은퇴 자금의 기차, 그리고 다른 것도 많이 있지만 이 정도만 얘기합니다)를 놓치게 될지도 모른다고 말합니다. 다른 한편으로 이 시끄러운 소리[프로파간다]는 존재하는 것의 일종의 수동적 부동성, 무차별성, 영속성을 잘 숨기지 못합니다. 따라서 이런 시간은 개인적이든 집단적이든 의지가 전혀 좌우할 수 없는 시간입니다. 그 시간은 동요와 불모의 이해할 수 없는 혼합물이요, 정체된 흥분이라는 역설인 것입니다.

세기에 대한 강력한 관념은, 비록 발명의 순간에 종종 그랬던 것처럼 그것이 서투르게 독단적으로 다루어질 때도 있었지만, 적어도 모든 주체화를 무효로 만드는 "근대화하는" 시간성에 맞서서 우리에게 계속해서 영감을 주어야 합니다. 이러한 관념은 우리가 시간의 실재에 도달하려면 그 실재를 건설해야 한다는 것을 말하며, 그리고 궁극적으로 그러한 건설은 오로지 우리 스스로가 진리 과정의 동인[주체]이 되는 데 기울이는 노력에 달려 있다는 것을 말합니다. 이처럼 시간의 통합적 건설에 대한 서사적 제안을 내놓았다는 점에서 우리는 세기를 찬양하게 될 것입니다.

변화 5. 형식적 변화

세기 속에서 집단적 물질성의 지배적 형식은 무엇이었을까요? 확신하건대 세기는 시위의 세기였다고 주장할 수 있습니다. "시위"란 무엇일까요? 그것은 자기의 고유 능력을 드러내는 광경을 연출하기 위하여 공적 공간(길거리, 광장)을 이용하는 집단적 신체를 가리키는 이름입니다. 시위는 신체를 갖춘 집단적 주체이자 우리-주체입니다. 하나의 시위는 곧 하나의 가시적인 박애인 것입니다. 움직이는 단 하나의 물질적 형태를 한 신체들의 모임은 "우리"가 여기에 있다고, 그리고 "그들"(힘 있는 자들, 다른 사람들, "우리"의 구성 속에 들어오지 않은 사람들)은 겁을 먹어야 하며, 우리의 실존을 고려해야 한다고 말하는 것을 기능으로 합니다.

세기 속에서 시위는 "우리가 모든 것을 바꿀 수 있으리라."는 주체적 전망에서만 이해됩니다. 시위는 가시적인 것 속에서 다음과 같은 인터내셔널의 진술을 정당화합니다. "우리는 아무것도 아니거나 또는 전부이다." 시위는 고립된 개인들인 이 "아무것도" 아닌 것들의 집단이 열망하는 전체성을 소묘하는 것입니다.

세기는 시위의 세기였으며, 이 시위는 정치의 반란적 형상에 지속적으로 사로잡혔습니다. 반란insurrection은 "우리"가 갖춘 신체의 궁극적인 축제이자, 박애의 마지막 행위입니다. 그렇습니다, 세기가 축제에 대해서 가졌던 개념적 이해는, 세기가 시위와 반란의 패러다임 아래에 있었기 때문에, 축제는 어쨌든 사물의 일상적 체제를 과격하게 중단시켜야 한다는 것이었습니다. 오늘날의 축제란 전형적으로 합의 아래에, 그리고 누구에게나 안전하게, 모든 정치적 근심으로부터 우리를 떼어놓는 것입니다. 정부의 전문가들은 걱정스런 얼굴로 국민이 "강력한 축제의 징후"를 요구한다고 보고합니다. 심각한 신문들은 프랑스의 월드컵 우승을 기념하는 축제를 1945년의 파리 해방 시위에 비교합니다. 그렇다면 바스티유 감옥의 점령이나 [중국 공산당의] 대장정과는 왜 비교가 안 되겠습니까? 오늘날 축제는 반-시위와 같은 것을 명명한다고 말해봅시다.

철학자는 여기에서 "시위"는 헤겔의 단어, 변증법의 단어, 즉 어떤 실재가 "자신으로부터 나오는 일"을 가리키는 단어라는 사실을 상기해야 합니다. 헤겔의 근본 논제는 자기 스스로를 나타내는 존재의 본질에 관한 것입니다.[1] 본질의 본질이란 드러나는 것입니다. 이 점에서 세기는, 비록 다른 측면에서 보면 극도로 반-변증법적이었음에도 불구하고, 변증법적이었습니다. 어떤 박애가 되었든 간에 박애에게 있어서, 따라서 구성 중인 우리-주체에게 있어서 시위한다는 것은 곧 자기 스스로를 나타낸다는 것입니다. "우리"의 존재는 시위 속에서 드러나며 또한 고갈됩니다. 이러한 논증에는 강한 변증법적 확신이 있습니다. 사실 궁극적으로 "우리"란 그들이 하는 시위들의 집합과 다른 것이 아닙니다. 이런 의미에서 너무나도 짧기만 한 실재인 "우리"의 실재는 각각 시위 속에서, 그리고 시위를 통해서 접근 가능합니다. 실재적인 것이 무엇이 있는가? 세기가 답합니다. 시위가 있다. 시위하지 않는 것은 없다.

변화 6. 다시 한번 더 비판적 변화

세기에 대한 사유가 지닌 큰 취약점 가운데 하나는, 어쨌든 불확실한 영역이기는 하지만, 세기가 정당성에 관하여 대의제적代議制的 견해를 가졌다는 점입니다. 예를 들어 정치의 경우를 보

---

[1] 우리는 미셸 앙리의 중요한 책 『시위의 본질 L'Essence de la manifestation』(PUF, 1963)에서 헤겔적 모티브에 대한 탁월한 해설을 발견한다.

면, 세기는 레닌의 만년의 진술들 가운데 하나인, 레닌이 "맑스주의의 기본"으로 제시했지만 그럼에도 불구하고 의심스러운 다음과 같은 진술, 즉 "대중은 계급으로 나뉘고, 계급은 당에 의해 대표되며, 당은 장長에 의해 지도된다."를 폭넓게 지지했고 실천했습니다. 당과 장이 그들의 정당성을 이처럼 대의제 활동으로부터 얻는 것입니다.

정당성에 관한 이 같은 개념적 이해를 실재에 대한 열정 속에서 시험하는 일은 실재는 대의되는 것이 아니라 스스로를 나타내는 것이라는 장애물을 만납니다. 세기는 자신의 다양한 발명(혁명적인 정당, 예술파의 선언, 과학의 통합 교육법 등) 속에서 실재와 대의 사이의 불일치에 계속해서 부딪혔습니다. 실재는 만나지고 나타나고 건설되지만 결코 대의되지는 않습니다. 바로 여기에 뜻하지 않은 장애물이 있습니다. 만약 모든 정당성이 대의적이라면, 이 정당성은 그것이 표방하는 실재에 비추어볼 때 단지 허구에 불과합니다.

시위, 반란, 보다 광범위하게 정치적 시퀀스는 자신의 행위의 격렬함에 사로잡힌 예술적 창조가 대의 가능하지 않은 것과 꼭 마찬가지로 결코 대의 가능한 것이 아닙니다. 박애는 대의 가능하지 않습니다. 내가 이미 암시한 것처럼, 거시적이고 무기력한 기대 집단들(즉자-적-계급, 인종, 국가……), 따라서 "객관적인 것"으로 가정된 거대 집단들의 부당한 소환은 대의제의 정당성이라는 관점에서 주체화에 간섭합니다. 실제로 유일하게 무기력만이 대의 가능합니다. 따라서 여기에서 우리는 사건과 시위의 실재적 모델로부터 과학의 이상적 모델로 옮겨가게 됩니다.

무기력한 총체로부터 시작된 대의와 인위적인 정당화는 실재적으로 나타나는 것의 구멍들, 언제나 불연속적인 것의 구멍들을 메우러 옵니다. 철학적으로 볼 때, 문제의 핵심은 실재는 불연속적이라는 사실입니다. 라캉이 풍부한 이미지를 사용해서 말하는 것처럼, 있는 것, 그것은 "실재의 씨앗들"입니다. 나의 어휘로 말하자면 오직 진리의 다수의 과정만이, 창조적인 다수의 시퀀스만이 존재할 뿐, 이들 사이에 연속성을 배치하는 것은 아무것도 없습니다. 박애는 그 자체가 불연속적인 열정입니다. 오직 박애의 "순간들"만이 진정으로 존재하는 것입니다. 하지만 대의적 정당화의 전범은 연속적이지 않은 것을 연속적이게 하는 일을 시도하며, 잡다한 시퀀스들에게 사실은 허구적 객관성으로부터 가져온 "위대한 프롤레타리아 지도자"나 "예술적 근대성의 위대한 설립자" 같은 유일한 이름을 부여하는 일을 시도합니다.

세기에게 이처럼 가짜 영웅들이 필요했다는 것은 아마도 세기가 만족스러워 했던 서사적 이야기의 어두운 측면일 것입니다.

변화 7. 반-변증법적 변화

나는 모든 분야에서 세기의 지성을 활기 있게 한 둘Deux의 이론의 특이성을 강조했습니다.[1] 그것은 종합이 배제된 반-변증

---

1 나는 특히 크리스티앙 장베Christian Jambet와 함께 세기의 반-변증법이 곧 둘의 이론인지, 또는 그것은 오히려 하나의 이론이 아니라, 몇몇 신-플라톤주의

법적 둘입니다. 그런데 우리는 박애의 모든 시위 속에서 본질적인 [반-변증법적] 둘, 즉 "우리"와 "우리가-아닌-것"이라는 둘을 가집니다. 세기는 "우리가-아닌-것"을 이해하는 두 방식을 대립시킵니다. 하나는 "우리가-아닌-것"에서 다형多形의 무정형無定型을, 조직화되지 않은 실재를 봅니다. 다른 하나는 "우리가-아닌-것"에서 다른 "우리"를, 즉 [우리에게] 외적인, 따라서 적대적인 주체를 봅니다. 이 두 이해의 충돌은 근본적인 것으로, 반-변증법의 변증법을 배치합니다. 만약 "우리"가 무형의 것과 외적으로 관계를 가진다면, 이 관계의 과업은 이 무형의 것의 형식화라는 과업이 됩니다. 따라서 모든 박애는 그것의 무형적 외재성을 "형식적이게" 하는 주체적 순간이 됩니다. 사람들은 예를 들어 무관심한 자들을 당에 가담시켜야 한다고, 좌파는 우파를 고립시키기 위해 중도파와 통합해야 한다고, 또는 아방가르드 예술은 모든 사람이 느낄 수 있는 기교의 형식을 창조해야 한다고 말할 것입니다. 하지만 모든 우리-주체가 형식의 생산이라는 점에서 세기는 결국 형식주의적 세기로 나타납니다. 궁극적으로 이것은 『무엇을 할 것인가』(당은 정치적 실재의 형식이다)의 레닌과 혁명 이후 러시아의 "형식주의자들"이 분명히 생각했던 것처럼, 바로 부르바키 학파의 수학자들처럼, 또는 우리가 이미 보았듯이 브레히트와 피란델로처럼 실재로의 접근은 형식을 통해

자가 주제로 삼았고, 그다음에는 시아파 이슬람의 이란 사상가들이 주제로 삼았던 역설적인 하나의 이론인지 알고자 하는 토론을 가진 바 있다. 이 점에 관해서는 장베의 책, 『알라무트의 거대한 부활La Grande Résurrection d'Alamût』(Verdier, 1990)을 참조할 것이다.

서 이루어진다는 것을 의미합니다. 이와 반대로 만약 "우리가-아닌-것"이 언제나 이미 적대적 주체성으로서 반드시 형식화되어 있다면, 모든 박애의 첫 번째 과업은 다른 것의 파괴를 목적으로 하는 전투가 됩니다. 따라서 당과 함께하지 않는 자는 당에 반대하는 자라고, 좌파는 우파를 붕괴시키기 위해 중도파를 공포에 떨게 해야 한다고, 또는 아방가르드 예술은 스펙터클의 사회에서 "자주성을 잃지" 않기 위해 일탈과 고립을 추구해야 한다고 말하게 됩니다.

이처럼 형식화와 파괴 사이의 말 그대로 변증법적인 모순이, 모든 원초적인 이원성의 반-변증법에 기인하는 이런저런 이유들로 인해, 세기의 한복판에서 놀이를 펼치는 것입니다. 마오가 완전히 혁신적인 텍스트에서[1] "적대적 모순", 즉 실제로 종합이 배제된 모순 또는 반-변증법적인 모순과, "인민 한가운데 있는 모순", 즉 첫 번째 모순[적대적 모순]을 다루는 방식에 대한 모순, 따라서 결국 형식화와 파괴 사이의 선택에 대한 모순을 구분하면서 형식을 부여한 것은 바로 이 파생된 [두 번째] 모순에 대해

---

[1] 변증법에 대한 마오의 두 위대한 시론은 『모순론』과 『인민 내부의 모순을 바로잡는 문제에 대하여』다. 이 두 텍스트 가운데 (1937년에 쓴) 첫 번째 것은 브레히트를 감탄케 했다. 브레히트는 50년대 초반부터 이 텍스트를 그의 『노동일기』(trad. Philippe Ivernel)에서 인용했다. 60년대 중반에 알튀세르가 이 텍스트를 자신의 중요한 논문 「모순과 다원결정 Contradiction et surdétermination」에서 섬세하게 활용한다. 나 역시 70년대 중반에 나의 소책자 『모순의 이론 Théorie de la contradiction』에서 이 두 텍스트를 해석한 바 있다. 우리가 교수 자격시험에서 흔히 이런 텍스트들을 만나게 됨에도 불구하고 이 텍스트들이 예외 없이 모든 서점에서 완전히 사라졌다는 것은 시대의 징후이다.

서입니다. 마오의 핵심 강령은 결코 "인민 한가운데 있는 모순"을 적대적 방식으로 다루지 않는 것입니다. 따라서 그것은 형식화를 통해서 형식화와 파괴 사이의 충돌을 해결하는 것입니다.

아마도 이것은 세기가 우리에게 남긴 가장 심오하면서도 가장 어려운 가르침들 가운데 하나일 것입니다.

2000년 1월 26일

10. 잔혹함

오늘은 곧바로 두 개의 인용문으로 시작하겠습니다. 첫 번째 인용문은 세기의 가장 위대한 시 가운데 하나임이 분명한, 아마 1915년에 쓰였을 장시長詩에서 발췌한 것입니다.

전혀 어울리지 않는 유사한 감각들의 교향곡이 있네,
바다의 피의 난장판이 야기한 경련하는 소음으로 이루어진,
범죄의 소란으로 이루어진 내 피 속의 관현악적 조화가 있네,
맹렬하게, 마치 마음속의 열풍처럼,
마치 나의 통찰력을 흐리며,
오로지 피부와 혈관을 통해서만 이 모든 것을 보고 꿈꾸게 하는 뜨거운 먼지 구름처럼!
해적, 해적질, 배, 시간,
먹잇감들이 습격을 당하는 이 해상의 시간,
포로들의 공포가 서서히 광기로 변해가는—바로 이 시간,
범죄, 공포, 배, 사람, 바다, 하늘, 구름,

미풍, 위도, 경도, 소음, 이 모두를 담은 시간 속에서,
시간 자신의 전체 속에서 나는 시간이 고통스러워 하는 나의 신체이기를 원하네,
시간이 나의 신체요 나의 피이기를 원하며, 시간이 나의 존재를 붉게 만들어주기를 원하네,
내 영혼의 비현실적인 살을 간지럽게 하는 상처처럼 시간이 활짝 피어나기를 원하네!

아! 범죄 속에 모든 것이 있네!
배들의 공격, 살육, 강간을 구성하는 모든 요소가 거기에 있네!
약탈의 장소에서 일어난 모든 일이 거기에 있네!
피의 비극이 일어난 자리에서 살았거나 사라졌던 모든 것이 거기에 있네!
전성기에 저질렀던 모든 해적질의 축소판-해적이 거기에 있으며,
살과 뼈를 가진, 이 세상 모든 해적의 총합-희생자가 거기에 있네!

그리고 다음은 15년 후에 쓰인 한 희곡 작품에서 발췌한 두 번째 인용문입니다.

세 명의 선동자:
이제 결정하세.

그는 사라져야만 해, 그것도 완전히 말일세.

왜냐하면 그를 데려올 수도, 그대로 내버려둘 수도 없기 때문이야.

아울러 그를 총으로 쏴서 석회 구덩이에 던져버려야 해.

그러면 석회가 그를 부식시켜버릴 거야.

감시의 합창:

다른 해결책은 찾지 못했어?

네 명의 선동자:

시간이 너무 없어서 다른 해결책을 찾지 못했네.

마치 동물이 동물을 돕는 것처럼,

우리도 그를 돕기 바라네,

우리의 신조를 위해서 우리와 함께 싸웠던 그를 말일세.

사실 5분을 생각한 끝에, 추격자들의 눈앞에서,

겨우 최선의 방식을

찾아낸 것이네.

당신들 또한 지금

최선의 방식을 찾고 있겠지.

(침묵)

따라서 우린 결정했네. 지금

실행에 옮기세.

죽이는 건 정말 무섭네.

하지만 우린 다른 편 사람뿐만 아니라, 필요할 때면 우리 편 사람도 죽이네.

왜냐하면 오로지 폭력만이

살인이 난무하는 이 세계를 바꿀 수 있기 때문이네,
살아 있는 모든 이가 알고 있듯이 말일세.
말하지 않았는가, 죽이지 않는 일이
우리에겐 아직 허락되지 않았다고 말일세.
세계를 바꾸고자 하는 결연한 의지, 오로지 이 의지만이 우리의 행위를 정당하게 해주네.
이것이 결정일세.
감시의 합창:
이야기를 계속하게,
우리 생각 또한 당신들과 같으니 말일세.
해야 할 일을 하는 것이 쉽지가 않았겠지.
실재가 그에게 형을 선고한 것이지,
결코 당신들이 그에게 형을 선고한 것이 아닐세.

이 두 텍스트 사이에 공통된 무엇이 있습니까? 분명히 저자도, 문체도, 심지어는 주체의 태도 또는 참여 인물도 같지 않습니다. 공통된 무엇이 있다면, 그것은 양쪽 텍스트 모두가 실재를 잔혹함과, 가장 가증스러운 범죄의 형태를 한 것에 대한 일종의 매혹과 분리할 수 없는 것으로 여긴다는 것입니다.

첫 번째 텍스트는 포르투갈의 시인 페르난두 페소아 또는 알바루 드 캄푸스 Alvaro de Campos가 "이명동인異名同人 hétéronyme"으로 서명한 시「해상의 시」에서 발췌한 구절입니다. 두 번째 텍스트는 베르톨트 브레히트의 소위 "계몽적"작품 가운데 하나인『결정』의 6막에서 발췌한 것입니다. 여기 페소아의 텍스트는 아르망 기베르Armand Guibert가 번역하고 주디스 발소Judith Balso가 교정한 번역본이고, 브레히트의 텍스트는 에두아르 프리메Edouard Pfrimmer의 번역본입니다.

비록 페소아가 나이가 더 많지만, 1914년의 전쟁 이전부터 시를 쓴 이 포르투갈인이 1935년에 너무 일찍 죽었기 때문에 그가 제2차 세계대전을 모른다는 점을 제외하면, 우리는 이 두 사람이 역사적으로 거의 떨어져 있지 않다고 말할 수 있습니다. 하지만 이 두 사람 모두 1920년대와 1930년대에 왕성한 창작 활동을 했습니다.

이 둘 사이의 간격은 시간이 아닌 다른 곳에서 비롯됩니다. 그것은 이 시기의 유럽에서 중심적인 것과 주변적인 것 사이의 관계에 기인합니다. "새로운 세계, 좋다. 하지만 언제?"[이 책의 4장]라는 제목의 강의에서 내가 거론했던 브레히트는 유럽에서 발생한 드라마의 모든 산물, 예를 들어 독일, 양차 대전, 나치즘, 공산주의, 망명, 미국과의 관계, "실재 사회주의" 등과 관련됩니다. [반면에] 페소아는 자유롭지 못한 공화국들 아래, 그다음에는 살라자르의 독재 아래 마비된 작은 국가 속에서 자부심을 가지고 오로지 포르투갈과만, 따라서 유럽의 가장자리와 자신을 동일시합니다. 상황의 보존과 쩨쩨한 경찰들의 축재蓄財를 빼고 나면 아무것도 없는 살라자르 독재의 회색 권위주의는 활활 타오르는 듯한 파시즘과 완전히 대비되었습니다. 페소아가 포르투갈에 없었던 위대함을 그 혼자의 힘으로 이루면서 아마도 세기의 가장 강렬하고 가장 변화무쌍한 시를 쓴 것이 바로 이곳 포르투갈에서입니다. 내가 알기로는 페소아와 브레히트는 서로를 전혀 몰랐습니다. 하지만 바로 여기에 무엇인가 시사하는 바가 있습니다.

역사의 장소에 의한 분리는 물론이고, 우리는 이 두 사람의 개별적인 운명 또한 서로 가까이 놓을 수 없습니다.

남아프리카 영어권에서 태어난 천재 페소아는 아주 어렸을 적에 리스본에 온 이후 더 이상 이 도시를 떠나지 않았습니다. 페소아의 삶은 점원이라는 상대적인 비가시성과 아방가르드 시인이라는 적극적인 행동주의의 종합입니다. 포르투갈이 자신의 잠재적 불행과 관련해서 역사로부터 안전하게 있는 법을 알았던 것처럼 페소아 또한 그랬습니다. 하지만 페소아는 역사를 비스듬하게 가로지릅니다(그의 위대한 시 「비스듬하게 내리는 비」가 지닌 의미 가운데 하나가 이것입니다). 그리고 이를 위해서 페소아는 상황에 대한 모든 일방적인 비전으로부터 빠져나와야 했으며, 극도로 복잡한 정신세계를 고독하게 건설해야 했습니다. 요컨대 페소아는 위대한 발견의 시대 이후로 자신의 나라에서 사라진 역사-정치적인 강력함을 사유의 건설이라는 복잡함으로 대체한 것입니다. 이러한 작업의 결정적 요소는 페소아가 "이명동인"이라고 이름 붙인 "다수-되기"입니다. 시 작품이 실제로 네 개의 이름으로 제시되고, 따라서 문체, 영향력, 세계관 등이 완전히 다른 네 작품의 전체화할 수 없는 집합이 진정으로 있게 됩니다. 이 이명동인들은 알베르투 카에이루Alberto Caeiro, 알바루 드 캄푸스, "페소아 본인", 리카르두 레이스Ricardo Reis입니다.[1] 이것은 마치 세기 속에서 포르투갈 시가 갖는 모든 잠재성을 어떤 한 사람이 쓸 책임을 진 것과 같습니다. 시는 역사 속의 포르투갈이 뒤로 물러나 피했던 전 세계의 역사적 상황을 담고 있다고 할 만합니다. 전대미문의 시적 복잡함을 발명함으로써 시간의 경직화에 맞서 투쟁한 사람, 그가 바로 페소아인 것입니다.

[반면에] 브레히트는 상황의 복잡함에 즉각적으로 부딪힙니다. 따라서 브레히트는 시적 공간을 창조할 필요가 없습니다. 그의 문제는 오히려 그 모습 그대로 드러난 복잡한 상황 속에서 강력하고 단순한 유기체적 지표를 발견하는 것입니다. 연극은 전형적인 단순화의 예술이요 양식화된 힘의 예술임을 고려할 때 브레히트가 매우 위대한 연극인이 되는 것은 바로 이런 맥락에서입니다. 브레히트는 시대의 혼란스런 생성과 관련해서 어떤 새 연극적 시학이 대중을 교육시킬 직접적인 권력을 가질 것인지를 자문하는 것입니다.

궁극적으로 우리는 페소아와 브레히트 사이의 핵심적인 간격에 대해서, 페소아가 복잡함의 시를 가지고서 단순화에 맞서 싸웠다면 브레히트는 복잡함 속에서 활동하는 시적 단순화의 길을 내려 했다고 말할 수 있습니다.

우리의 눈에는 거의 관대해 보이기까지 하는, 극단적인 폭력

---

1 페소아의 시에서 이명동인이 갖는 이론적 기능, 그리고 특히 이 "기법"이 시와 형이상학의 관계에 대해 허락하는 사유의 배치에 관해서는, 이 물음들에 대한 유일하면서도 진정한 "전문가" 주디스 발소를 참조해야만 한다. 그의 종합적인 책 『페소아, 형이상학적 전달자Pessòa, le passeur métaphysique』의 출간을 기다리면서, 예를 들어 우리는 세르시Cersy의 페소아 심포지엄의 책자(Christian Bourgois, 2000) 속에 있는 논문 「이명동인: 형이상학이 배제된 정치적 존재론hétéronymie: une ontologie politique sans métaphysique」을 읽을 수 있을 것이다.

에 대한, 가장 근원적인 잔혹함에 대한 재현 속에서 이 두 사람이 수렴하는 것을 보는 일은 몹시 충격적입니다. 이 두 사람이 모두 세기에 속한다는 것은 바로 이 점에서입니다. 실제로 잔혹함이라는 논제는 20세기 문학의 중요한 논제입니다. 확실히 우리는 예술 속의 이 같은 잔혹함에 관한 주장을 도처에 존재하는 국가의 잔혹함에 곧바로 연관시킬 수 있습니다. 이것은 다소 간단할 일일 것입니다. 지금 우리가 고려하는 것은 [국가의 잔혹함이 아니라] 질료로서의 잔혹함이면서 동시에 문학작품의 원천으로서의 잔혹함입니다. 세기 속에서 잔혹함은 미학적 문제(여기에서 우리는 니체에게 진 빚을 또다시 보게 됩니다)였지 도덕적 문제가 아니었습니다. 우리는 아르토와 "잔혹극"에 대한 그의 요구를 생각합니다. 우리는 희생에 대한 바타유의 숙고를 생각하며, 또한 우리가 이미 보았던 것처럼 로렌스나 말로 같은 작가들-탐험가들이 최악의 폭력을 접하면서 보여주었던 차라리 차분한 냉혹함을 생각합니다.

페소아에게 있어서 잔혹함은 해적의 은유 속에서 파악됩니다. 그 이면을 볼 때, 그것은 한때 포르투갈인들이 주도했던 식민지적 잔혹함과 관련됩니다. 브레히트에게 있어서는, "선동자들"의 이름 아래, 그것은 공산당과, 당이 강요하는 것과, 당이 잔혹함에 관해서 실제로 할 수 있는 일과, 잔혹함에 대한 합리적인 변명과 관련됩니다. 실제로 지금 선동자들이 결정하는 것은 동의하지 않는 "젊은 동무", 당과 결별하기를 원하는 "젊은 동무", 그러나 그를 적의 손에 남겨두기에는 당에 대해 너무 많이 아는 "젊은 동무"를 제거하는 일입니다.

이 두 경우에는 잔혹함의 장소에 대한 텍스트의 건설이 있습니다. 게걸스러운 해상의 장소를 상징하는 해적질처럼, 또는 역사의 형상으로서의 당처럼 우리는 한 개인이 그보다 훨씬 더 광대한 무언가에 의해서 어떤 방식으로 초월되는 [잔혹한] 순간 속에 있습니다. 개인적 주체성이 [그보다 훨씬 더 광대한 무엇에 의해서] 산산조각 나고 녹아버리거나 다르게 구성되는 순간이 존재하는 것입니다. 이처럼 잔혹함이란 근본적으로 "나"의 완전한 용해가 결정되어야 하는 순간입니다. 알바루 드 캄푸스와 브레히트는 "우리"와 관념이 오직 하나가 되기 위해서는, 그 무엇도 "우리"의 자동-긍정을 제한하지 못하게 하기 위해서는 잔혹함이 있어야 한다고 말합니다. 관념은 오직 "우리" 속에서만 실현될 수 있습니다. 그러나 "나"는 오직 형벌의 위험을 기꺼이 무릅써야만, 더 나아가 형벌의 위험을 원해야만 자신의 용해에 이를 수 있습니다.

　이 두 경우에서 잔혹함은 실재의 형상으로 받아들여집니다. 이 두 작가에게 있어서 실재와의 관계는 결코 조화로서 주어지지 않습니다. 실재와의 관계는 모순, 느닷없음, 단절입니다. 브레히트가 쓴 것처럼 "오로지 폭력만이 살인이 난무하는 이 세계를 바꿀 수 있습니다." 또 캄푸스가 쓴 것처럼 내화해야 하는 것은 "범죄, 공포, 배, 사람, 바다, 하늘, 구름, 미풍, 위도, 소음, 이 모두를 담은 시간 속에서"의 순수 다수입니다. 언제나 실재는 결국에는 신체의 시련으로서 제공됩니다. 오로지 실재적 신체만이 실재에 의해서 고통 받고 잘게 찢긴 신체라는 생각은 무섭지만 오래된 생각입니다. 그리고 바로 이것이 석회 가마 속에 던져진 "젊은 동무"의 신체라는 험악한 비전 속에서처럼, 해적의 이미지 속에서 맴도는 것입니다. 시와 연극의 소명이란 이야기되지 않는 것을 이야기하는 일, 실제 정치가 진정으로 인정하지 않는 것을 이야기하는 일 아닙니까? 신체가 실재에 노출되었음을 증명하는 것은 신체의 상처입니다. 그 근본을 볼 때, 진리의 투사들이 잔혹함을 받아들이는 것은, 우리-주체가 그 자체로 영원하다는 점에서 지각이 불가능한 신체처럼 재현되기 때문입니다. 폭력에 대한 감수성은 불사不死하는 "우리"를 구성하는 개별 요소일 뿐입니다.

따라서 진정한 변증법은 잔혹함과 냉정함 사이에, 보다 정확하게 말하자면 잔혹함과 진리의 냉정함 사이에 위치합니다. 20세기는 냉정하고 보편적이며 초월적인 관념이 냉정하지 않은 신체들, 즉 고통 받는 신체들로 구성된 역사적 신체 속에서 육화된다는 주장을 지지합니다. 과정으로서의 진리는 (자신을 구성하는 것으로 인해) 고통 받는 신체이기도 하지만, 또한 (관념이라는 자신의 존재로 인해) 냉정한 신체이기도 합니다. 그리하여 잔혹함은 문제가 아닙니다. 잔혹함은 순간입니다. 즉 고통 받는 신체와 냉정한 신체의 역설적인 결합의 순간인 것입니다.

만델스탐이 말했듯이 은유적으로 볼 때 세기에 그리스도적인 무엇이 있는 것은 사실입니다. 실제로 세기는 육화란 무엇인가, 라는 물음을 제기합니다. 세기는 이 물음을 역사에서 절대적인 것은 무엇인가, 라는 형태로 제기합니다. 육화된 신의 상징은 그리스도의 고통 받는 신체였습니다. 이와 마찬가지로 세기에는 긴 순교자 명부가 존재하며, 그런 명부는 관념으로 인해 고통 받는 신체를 드러냅니다.

철학적으로 이것은 뒤집어진 플라톤주의입니다. 플라톤에게 있어서 문제는 감각적인 것의 이데아를 부각시키는 것입니다. 세기 속에서 물음은 [역으로] 이데아에게 이데아 자신의 감각적인 능력을 부여하는 것입니다. 이것은 상승하는 변증법을 대신한 하강하는 반-변증법입니다.

결국 모든 것은 "나"와 "우리" 위에서 행해집니다. 필사必死하며 고통 받는 주체["나"]와 불사하며 냉정한 주체["우리"]의 결합이 있어야 하며, 이 둘이 서로 분리되지 않은 상태로 있어야 합니다. 따라서 문제는 관념의 절대적인 것이 본래 냉정하지 않은 신체를 어떤 시련에 처하게 하는지를 아는 것입니다.

이처럼 관념만의 진정한 잔혹함이 있습니다. 우리의 예술가들을 잔혹함 속에서 매료시켰던 것이 바로 이것입니다. 오늘날 우리는 관념이 죽으면 형리刑吏 또한 죽는다는 것을 압니다. 그렇다면 남는 문제는 형리의 죽음이라는 정당한 희망으로부터 "관념 없이 살아라."라는 명령이 반드시 추론되는지를 아는 것입니다.

나는 이 물음에 당분간 답하지 않을 것입니다. 그보다는 차라리 중심점으로, 즉 개별화된 신체로서의 주체와 관념의 무명적 생산으로서의 주체의 연결 문제로 되돌아옵시다. 이를 위하여 나는 페소아의 「해상의 시」와 브레히트의 『결정』에 대해 선행되어야 할 상세한 설명을 더하면서 다시 말하고자 합니다.

「해상의 시」는 매우 단단한, 하지만 매우 복잡한 구조를 가진 거대한 시입니다. 이 시는 고독에서 고독으로 나아가며, 따라서 이 시의 마지막 말은 "우리"가 아닙니다. 해적의 이미지 속에 배치된 집단적 잔혹함은 확실히 길고 거의 같은 말을 반복하는 구절이지만, 또한 그것은 일종의 환각에 사로잡힌 꿈과 같은 구절이기도 합니다.

우리는 이 시에서 일곱 개의 순간을 구분할 수 있습니다.

1. 큰 소리로 떠드는 고독의 순간이 있습니다. 결정되지 않은 "나", 하지만 시에 얽매인 "나"는 리스본의 태양 아래에서 타구스 강의 하구, 항구, 부두를 봅니다. 두루미 한 마리가 하늘을 선회하고 있습니다.

2. 플라톤적 순간이 있습니다. 고독이 상황에 대한 순수 관념을 발생시키면서 고독 그 자신으로부터 나옵니다. 이 고독은 자기 비전의 본질로서 "커다란 부두", 본질적 부두를 부각시킵니다.

3. 맹렬하기 그지없는 다수의 연출을 통해 이 순간이 해체됩니다. 이 다수는 "우리"를 향한 집단적 호소를 창조하면서 고독을 부숴버립니다. 이 중간 휴지休止에서 발췌합니다(인용문 A).

 A
 너희와 함께 가고 싶다네, 너희와 함께 가고 싶다네,
 또한 너희와 함께
 너희가 있었던 곳 그 어디든지 가고 싶다네!
 너희의 위험에 과감히 맞서고 싶다네,
 너희의 얼굴을 주름지게 한 바람을 내 얼굴 위에서도 느끼고 싶다네,

너희가 입을 맞춘 바다의 소금을 내 입술로 뱉어내고 싶다네,
너희의 일을 하고 싶고, 너희의 고통을 공유하고 싶다네,
너희처럼 마침내 멋진 항구에 도착하고 싶다네!
[*······]
너희와 함께 가서 나로부터 벗어나고 싶다네—오! 내 앞에서 꺼져버려!—
내가 입은 문명인의 옷도, 내 부드러운 행위도,
질곡에 대한 나의 타고난 두려움도,
나의 평온한 삶도,
확고하고 정적이며 규제되고 바로잡힌 내 삶도.

4. 앞선 호소의 결과로서, 해적-다수성 속에서 "나"의 전적인 폭발이 일어납니다. 즉 절대적으로 잔인한 "우리" 속에서 개별 주체가 황홀하게 팽창하는 것입니다. 두 번째 발췌입니다(인용문 B).

B
아! 해적이여, 해적이여!
맹렬함으로 하나가 된 불법에 대한 열정이여!
절대적으로 잔인하고 가증스러운 것에 대한 열정,
허약한 우리 신체와 여성적이고 섬세한 우리 신경을
마치 추상적인 발정發情마냥 물어뜯는 열정,
미쳐버린 엄청난 열기를 우리의 공허한 시선 속에 풀어놓는 열정이여!

[*······]
유혈이 낭자한 사건과 능지처참당한 육체적 쾌락에
언제나 영광스럽게 순종하라!

5. [그런데] 갑자기 중단합니다. 마치 문란함의 기세가 잔혹함과 순종에 관한 상상력의 한계치에 도달한 것처럼. 뒤이어서 "우리"가 해체되고, "나"를 향한 우울한 후퇴 같은 것이 있습니다.

6. 하지만 또 다른 유형의 다수성이 주체의 창조적 힘을 다시 한 번 팽창시킵니다. 이 다수성은 해적의 다수성이 그런 것처럼 그렇게 역동적이지도, 황홀하지도, 잔혹하지도 않습니다. 이 다수성은 상업적이고 합리적이며 바쁘고 부지런합니다. 알바루 드 캄푸스는 이 다수성을 "부르주아적" 다수성이라고 일컫게 됩니다. 이 다수성은 진정으로 시의 인본주의적 순간에 관계합니다. 인용문 C는 이 여섯 번째 계기에서 발췌한 것입니다.

C
여행, 여행객 — 여기에는 수많은 종류가 있다네!
세계 속 수많은 국가! 수많은 직업! 수많은 사람!
삶에 주어질 수 있는 수많은 다채로운 운명,
결국, 본질적으로는 언제나, 언제나 동일한 삶이여!
수많은 독특한 얼굴! 모든 얼굴은 독특하다네.
사람들을 많이 바라보는 것만큼 종교적 의미를 주는 것은 이 세상 어디에도 없다네.
결국 박애는 혁명적 관념이 아닐세.

박애는 외적 삶을 통해서 배우는 것이라네, 모든 것을 관용해야 하는 외적 삶,

관용해야 하는 것을 기분 좋은 것으로 생각하기에 이르는 외적 삶,

결국에는 관용할 것에 대한 애정으로 거의 눈물을 흘릴 지경이 되는 외적 삶을 통해서 말일세.

아, 이 모든 것이 아름답고, 이 모든 것이 인간적이라네,

인간적인 감정, 너무나도 사교적이고 부르주아적인 감정, 너무나도 복잡하게 단순한 감정,

너무나도 형이상학적으로 슬픈 감정과 함께 이 모든 것이 어깨를 나란히 한다네!

변화하는 다양한 삶이 결국 인간 속에서 우리를 교육시킨다네.

불쌍한 사람들! 이 모든 불쌍한 사람들!

7. 인본주의에 동화될 수 없어서, 선택과 애정처럼 다루어진 보편적 관용에 차마 자신의 말을 맞출 수 없어서 시인은 최초의 형상에 가장 가까운 곳으로, 항구의 아주 높은 곳에서 선회하는 두루미가 측정한 고독한 형상에 가장 가까운 곳으로 물러섭니다.

『결정』은 1930년에 쓴 소위 "계몽적" 작품입니다. 이 작품은 무엇에 관한 가르침이고 설명일까요? 그것은 혁명 과업을 책임진 정치적 주체성으로 인식된 당, 특히 "나"와 "우리"의 연결을 통해 조직된 패러다임으로 인식된 당, 즉 공산당에 대한 것입니

다. 만약 이 작품이 정치적인 동기로 시작된 것이라면, 여기에서 브레히트가 예술가로서 당에 대하여 무언가 말하고 있다는 것은 확실합니다. 브레히트의 흥미를 끈 것은 국면이나 전술이 아닙니다. 그는 포스트-레닌 시대의 당의 본질과 당의 유적인 기능을 무대 위에서 드러내고자 합니다.

작품의 제목은 매우 정확합니다. 그것은 결정하는 기계로 상정된 당이 중심 테마라는 사실을 가리키고 있습니다. 당이 결정한다는 것은 무엇을 의미하는 걸까요? 당의 이름으로 내려진 결정의 모티브와 과정은 무엇일까요? 결정이라는 초월적 능력의 이름으로 당은 자신의 투사들에게 무엇을 강요할 수 있는 걸까요? 브레히트는 고약한 결정을 연극화합니다. 물론 이것은 예술적 선택이요, 한계에 대한 경험의 선택입니다. 연극은 중국으로 보내진 러시아의 공산당 선동자들의 이야기를 합니다. 페소아에게서 해적이 우주적 폭력을 명명했다면, 공산주의 인터내셔널을 추상적으로 형상화한 무대는 대지 전체를 가리킵니다. 선동자들이 있는 그곳 상황은 사람들에게 가혹하고, 더 악화될 위험마저 있습니다. 하지만 정치적 논리는 곧바로 행동하지 말 것을 명령합니다. 한 젊은 동무가 이 정치적 논리에도 불구하고 사람들의 고통을 고려하여 즉각 행동해야 한다고 생각합니다. 정치적으로 책임 있는 사람이 아무 일도 하지 않은 채 이 고통이 계속되는 것을 그는 참지 못합니다. 그의 즉각적인 감수성에 맞서서 다른 투사들이 그를 정치적 합리성에 가담시키고자 시도하지만 소용이 없습니다. 그가 저항하기 때문에, 그리고 그가 모임 전체를 위험에 처하게 하기 때문에 우리-주체 또는 당으로서 행동하는 그의 동무들은 그를 처형하여 그의 신체를 석회 가마 속에 던져버리기로 결정하게 됩니다.

관객이 젊은 동무에게 공감할 수 있도록, 더 나아가 젊은 동무와 자신을 동일시할 수 있도록 모든 것이 브레히트에 의해서 연출됩니다. 브레히트는 일상적인 개별 주체에 대해 이야기합니다. 사람들은 이 개별 주체의 정당한 감수성에, 정치적 순수이성의 차가운 어조를 사용해서, "우리"에 관한 담론인 전략적 논리를 대립시키게 됩니다.

다음 인용문은 6막에서 발췌한, 당의 활동과 공산주의자들 사이의 논쟁을 담은 부분입니다.

젊은 동무:
하지만 당은 누군가?
전화기와 함께 사무실에 머무는 자인가?
당의 생각은 비밀이고, 당의 결단은 아무도 알 수 없는 건가?
당은 도대체 누구란 말인가?
세 명의 선동자:
당, 그것은 우리일세.
너, 나, 너희 ─ 우리 모두란 말일세.
동무, 당은 동무의 웃옷 속에서 따스함을 느끼고, 동무의 머릿속에서 생각한다네.
내가 사는 곳이 당의 집이고, 사람들이 자네를 공격하는 곳에서 당은 싸운다네.

그러니 우리가 가야 할 길을 한번 보여주게, 그러면 동무와 같이 그 길을 갈 테니까. 하지만

우리 없이 그 길을 가지는 말게나, 그 올바른 길을 말일세. 우리가 없으면 그 길은

모든 길 가운데 가장 나쁜 길이네.

우리로부터 떨어지지 말게나!

우리가 잘못 생각할 수 있고 동무가 옳을 수 있네, 그러니 우리로부터 떨어지지 말게나!

곧은길이 굽은 길보다 훨씬 더 좋지, 아무도 이에 대해 뭐라 하지 않네.

하지만 누군가 그 곧은길을 알면서도

그 길을 보여줄 줄을 모른다면, 그의 지식이 우리에게 무슨 소용인가?

그 지식을 우리와 공유하세!

우리로부터 떨어지지 말게나!

젊은 동무:

내가 옳기 때문에 난 양보할 수 없네. 이 두 눈으로 비극이 곧 닥치리라는 것을 봤단 말일세.

감시의 합창:

당을 찬양하세.

실제로 인간 혼자서는 두 눈만을 갖지만,

당은 천 개의 눈을 가진다네.

당은 일곱 국가를 알지만,

인간 혼자서는 하나의 도시만을 안다네.

인간 혼자서는 자신의 시간만을 갖지만,
당은 엄청나게 많은 시간을 가진다네.
인간 혼자서는 소멸될 수 있지만,
당은 결코 소멸될 수 없다네.
실제로 대중의 아방가르드인 당이
실재에 대한 인식으로부터 얻은
고전적인 방법들을 동원해서
대중의 전쟁을 이끌어간다네.

형식적으로 모든 장면이 대명사(너, 나, 우리……)로 구성됩니다. 이 점은 너무 두드러져서 야콥슨 같은 많은 언어학자와 평론가의 주의를 끌었으며, 또 야콥슨은 매우 뛰어난 논문을 『결정』의 대명사 놀이에 할애했습니다.[1] 여기에서 우리는 창조적 행위에 관한 한, 실재는 오로지 "우리"에 의한 "나"의 포섭 속에

---

[1] 로만 야콥슨의 논문 제목은 「베르톨트 브레히트의 시 *Wir sind sie*의 문법적 구조」(trad. J.-P. Colin)이다. 당의 정체성에 관한 연극 『결정』의 합창 구절은 실제로 독립적인 시처럼 유통되었다.
다음의 이야기를 더해본다.
30년 전쯤 언어적 형식주의가 주도하는 깃발 아래 야콥슨과 방브니스트의 작품들이 널리 읽힌 적이 있었다. 그런데 이 작품들이 또 다시 널리 읽혀질 때인 것 같다. 그들에게 거대한 이력을 열어주었던 것, 그리고 사람들이 "구조주의"라고 잘못 명명한 것을 넘어서, 실제로 이 작품들은 세기 속에서 사유에 대한 핵심 작품들이다. 이 작품들과 마찬가지로 모스와 뒤메질의 (인류학) 작품들, 코이레의 (과학 사상) 작품들, 마르크 블로크와 모지즈 핀리의 (역사학) 작품들 또한 거론할 수 있을 것이다. 고인이 된 몇몇 위대한 사람들만 예로 들어봤다.

서만 주어진다는 사실을 확인하게 됩니다. 브레히트의 특히 간결한 경구는 다음과 같습니다. "당, 그것은 우리일세."

하지만 인용된 구절의 되풀이되는 주제는 다음의 명령입니다. "우리로부터 떨어지지 말게나." "당"이 그 구체적 형태인 "우리"의 강요는 불가분不可分에 대한 강요로 나타납니다. 브레히트는 "나"를 "우리" 속에서 무조건적으로 용해해야 한다는 주장을 지지하지 않습니다. 정반대입니다. 왜냐하면 "우리가 잘못 생각할 수 있고 동무가 옳을 수 있기" 때문입니다. 결국 상당히 미묘한 규범, 즉 "나"가 불가분의 형식으로 우리 속에서 유지된다는 규범이 등장합니다. 이러한 불가분의 유지가 정확하게 논쟁의 쟁점입니다. 보다 구체적으로 이것은 "젊은 동무"가 자기의 확신을 위해 당의 한복판에서 싸울 수 있고 또 싸워야(즉 곧바로 행동해야) 하지만, 그가 자기의 견해를 다른 이들의 견해에 반하여 분리된 결정으로 유지해서는 안 된다는 것을 의미합니다. 젊은 동무가 "내가 옳기 때문에 난 양보할 수 없네."라고 말할 때, 그는 "나"와 "우리"의 불가분한 연결의 점에서 실재를 건설하는 일을 무시하고 있으며, 또 실재의 포획 형식인 당을 무시하고 있습니다. 그는 다음과 같이 말해야만 했습니다. "내가 옳네, 하지만 설령 일시적이라 하더라도, 나의 이성은 오직 '우리'의 뜻에 따름으로써만 실재적일 수 있네. 오직 '우리'만이 나의 이성에 정치적 실존을 부여하니 말일세." 또는 다음과 같이 말할 수도 있습니다. "내가 옳네."에서 출발해서 "우리"와 함께 하기로부터 분리된 형식 속에 있는 "나는 양보할 수 없네."를 추론하는 일은 결국 정치를 도덕으로 대체하는 것, 따라서 상황의 모든 실재를 없애버리는 것이라고 말입니다. "우리"의 본질은 동의나 융합이 아닙니다. 그것은 불가분한 것의 유지입니다.

알바루 드 캄푸스의 "우리"는 [브레히트의 "우리"와] 매우 다릅니다. 왜냐하면 그것은 폭력의 황홀경에 빠진 "우리"이기 때문입니다. 그것의 건설은 일종의 개인의 팽창과 탈진이라는 잔인한 증식 속에서 이루어집니다. "나"는 절대적 순종("유혈이 낭자한 사건과 능지처참당한 육체적 쾌락에 언제나 영광스럽게 순종하라!")의, 자발적 종속을 넘어서는 매저키즘적 순종의 쾌감 속에 있습니다. 실제로 이 절대적 순종은 쾌락의 원칙을 따르는 것이지 단지 동의만을 따르는 것이 아닙니다. "나"의 흩어짐은 무기력에 맞서서 에너지 놀이를 합니다. 그것은 우선 "문명인의 옷도 [*⋯⋯] 벗어나는" 것, "확고하고 정적이며 규제되고 바로잡힌" 삶과 결별하는 것, "너희[해적들]가 있었던 곳 그 어디든지" 떠나는 것입니다. 그리고 이 떼어놓기는 인격적 주체가 사라질 수 있게 하고, "절대적으로 잔인하고 가증스러운 것에 대한 열정"이 자극하는 흉포한 "우리" 속으로 사람들이 침몰될 수 있게 합니다.

궁극적으로 알바루 드 캄푸스와 브레히트는 세기 속에서 "나/우리" 관계의 중요한 두 형상의 실존을 증언하고 있습니다.

1. 먼저 용해적 형상이 있습니다. 즉 폭력적이고 유기체적인 "우리" 속으로의 "나"의 황홀한 사라짐을 격찬하는 형상이 있습니다. 이것은 통음난무通飮亂舞의 잔혹함인 "우리" 속에서 "나"를 우주적으로 길들이는 것입니다. 이 형상에는 종종 성적인 요소가 나타납

니다. 예를 들어 마약이나 술이나 백치가 그것일 수 있습니다.¹ 아니면 시, 음악, 춤이 그것일 수 있습니다.

2. 다음으로 보다 변증법적인 불가분한 것의 형상이 있습니다. "나"는 "우리"와 함께 불가분한 결합 속으로 들어갑니다. 하지만 그 결합 속에는 "나"와 함께 내적인 문제로서의 "나" 역시 존속합니다. 여기에서 정치적 요소는 계열을 이루며 군사적 요소와 매우 가깝습니다. 또한 소설과 영화가 자신들의 서사적 원천을 받아들일 경우, 이 예술들과도 매우 가깝습니다.

실재의 형식화와 관련해서 텍스트에 대한 보다 세밀한 검토가 우리로 하여금 황홀한 융합의 규범과 불가분한 연결의 규범을 각각 찾아내도록 해줄 것입니다.

1.「해상의 시」의 인용문 A

이 모든 공격의 근본적 단어는 "나"가 유목적 "우리" 속으로 흡수됨을 표현하는 기표인 "함께"입니다. "너희가 가는 곳은 어

---

1 문명화된 "개별" 자아Moi를 우주적 힘 속에 용해시키는 매개물로서의 성성은 로렌스 소설 작품의 중요한 논제다. 우리는 원한다면 『채털리 부인의 사랑』 (trad. F. Roger-Cornaze)을 다시 읽을 수 있지만, 형이상학적이며 전설적인 상징 속에서의 융합의 논리를 고정시킨 『날개 달린 뱀』이 훨씬 더 좋다.
"나"의 일상적 경계들의 파괴 속에서 술의 역할을 기술한 가장 완성도 높은 작품의 예는 아마도 말콤 로리Malcolm Lowry의 『화산 아래에서』(trad. Stephen Spriel, Clarisse Francillon, Malcolm Lowry)일 것이다.
자아의 "기본적" 확장으로서의 백치는, 포크너의 『소리와 분노』(trad. M.-E. Coindreau) 속에 등장하는 인물 벤지Benjy가 이상적으로 그리고 있다.

디든지 간다."는 이 출발의 강박, 이 여행의 강박과 함께 우리는 새로운 주체를 건설하는 실행자가 "오르기와 되돌아오기"일 때, 대양이나 사막을 가로지르는 형상일 때 거론되었던 아나바시스의 모티브를 다시 발견합니다.

알바루 드 캄푸스는 이 집단적 유목주의의 조건을 명확하게 가리킵니다. 그것은 친숙함으로부터, 정착으로부터 떼어놓기입니다. 이 떼어놓기에는 내가 정확하다고 믿는, 깊이 있는 요약이 담겨 있습니다. 그것은 개인이 주체가 되기 위해서는 공포를, "질곡에 대한 나의 타고난 두려움"을 극복해야 하는 것은 물론이려니와, 정체성을 완전히 잃어버릴지도 모른다는 공포, 장소와 시간의 인습을 박탈당할지 모른다는, "규제되고 바로잡힌" 삶을 박탈당할지 모른다는 공포 또한 극복해야 한다는 것입니다.

이 모티브는 세기를 사로잡습니다. 실제로 세기는 매우 자주 세기 자신의 행위와 작품 속에서 용기에의 호소였습니다. 개인을 꼼짝 못하게 하는 것, 개인을 무력하게 만드는 것, 그것은 공포입니다. 그것은 억압과 고통에 대한 공포가 아니라 지금까지의 모습으로 더 이상 있을 수 없다는, 지금까지 가지고 있었던 것을 더 이상 가지지 못한다는 공포입니다. 따라서 집단적 융합과 창조적 초월성으로 이끄는 최초의 행위는 공포에서 벗어나는 것입니다.

불안정으로부터 벗어나기 위하여 우리는 우리의 삶이 규제되기를 좋아합니다. 이때 규칙을 주체적으로 지키는 것이 공포입니다. 하지만 공포는 우리로 하여금 관념의 실재를 원할 수 없도록 만듭니다. 따라서 이로부터 근본적인 문제가 떠오릅니다. 그것은 어떻게 해야 우리가 비겁해지지 않게 되는지를 아는 것입니다. 실제로 이것은 사유 능력에 관계된 것입니다. 이 문제는 1920년에서 1960년 사이에 헤아릴 수 없이 많은 소설에서 다루어졌고, 더 나아가 영화에서도 다루어졌습니다. 용기의 계보에 관한 문제와 비겁함에 맞선 내적 투쟁에 관한 문제를 영화의 중심에 자리 잡게 한 것, 아마도 이것이 아메리카가 세기의 주제에 기여한 위대한 업적일 것입니다. 오직 이러한 투쟁의 문제만 담고 있는 서부영화를 근대적인 확고한 장르로 만들고, 수많은 뛰어난 [서부영화] 걸작들을 가능하게 한 것이 바로 이것입니다.

용기와 관념의 관계에 대한 이런 관심은 오늘날에는 확실히 그 힘을 많이 잃었습니다. 근본적으로, 완성된 세기에 있어서 비겁하게 있기란 지금의 모습 그대로 머무는 것을 말합니다. 일상적 비겁함에 공공의 안전을 위한 보수주의와 다른 내용은 없습니다. 바로 이것이 알바루 드 캄푸스가 말하는 것입니다. 즉 흉포한 "우리"의 황홀한 생성에 장애물이 되는 것, 그것은 "평온한" 또는 "확고한" 삶입니다. 그런데 오늘날 사람들이 찬양하는 것이 바로 이러한 삶입니다. 일상적 비겁함으로부터 자신을 떼어놓는 것은 아무런 가치도 없습니다. 그중에서도 관념, 또는 오래지 않아 "전체주의적 환상"에 불과할 뿐이라고 선언될 "우리"는 특히 가치가 없습니다. 따라서 우리는 우리의 일에 전념하며 즐기는 것입니다. 인본주의적 범인凡人에 관한 가장 중요한 사상가들 중 한 사람인 볼테르, 용기 있는 사람인 루소의 신랄한 적 볼테르가 말했던 것처럼 "우리는 우리의 정원을 가꾸어야 합니다."

2. 「해상의 시」의 인용문 B

이 구절은 외적으로 모순되어 보이는 두 주제인 위반("불법에 대한 열정", "유혈이 낭자한 사건", "엄청난 열기"……)과 순종("순종[하라]", "여성적이고 섬세한 신경", "공허한 시선"……)을 결합합니다. 이 모든 것은 "능지처참당한 육체적 쾌락"의 조각들로 잘게 찢겨져 흩어져버린 실재적 신체를 상상하는 데까지 나아간, 긴 매저키즘적 랩소디를 시 속에 제공하게 됩니다.

가장 극단적인 맹렬함과 절대적 순종의 이 같은 결합(또는 반-변증법적 상관관계)은 우리가 알바루 드 캄푸스에게, 더 나아가 그 외의 다른 이들에게 수동성의 기능에 관하여 물을 경우에만 비로소 이해할 수 있게 됩니다. 수동성이란 사실 "나"의 용해, 즉 모든 주체적 정체성에 대한 포기일 뿐입니다. 그 근본을 볼 때, 비겁하게 있기를 중단하기 위해서는 생성하는 것에 대하여 전적으로 동의해야 합니다. 핵심 관념은 다음과 같습니다. 즉 비겁함의 역은 의지가 아니라 발생하는 것에 자기를 맡기는 것입니다. 일상적 규칙으로부터, "확고하고 정적이며 규제된 삶"으로부터 떼어놓는 것, 그것은 사건에 무조건적으로 자기를 맡기는, 일종의 특이한 자기 맡기기입니다. 캄푸스에게 있어서 이것은 유목적인 해직-출발에 자기를 맡기는 일로 나타납니다.

나 자신 역시 위반과 순종 사이의 이 같은 모든 상관관계에 대한 실험을 한 적이 있습니다. 그것은 68년 5월과 뒤이은 몇 해 동안의 일이었습니다. 나는 나의 이전 삶, 즉 책을 쓰는 일 말고는 구원의 다른 비전이 없었던, 지방의 한 하급 공무원으로서, 결혼을 한 한 가정의 아버지로서 사는 삶의 뿌리 뽑기가 다음과 같다는 것을 느꼈습니다. 그것은 전에는 몰랐던 장소, 합숙소, 공장, 변두리 시장 같은 곳에서 투사들의 의무에 열렬하게 순종하는 삶을 위하여 출발하는 일, 경찰, 체포, 소송과 대립하는 일이었습니다. 이 모든 일은 명철한 결심의 결과가 아닙니다. 그것은 특별한 형태의 수동성의 결과, 발생하는 것에 전적으로 자기를 맡긴 결과였습니다.

　수동성은 체념을 뜻하지 않습니다. 거의 존재론적인 수동성, 즉 다른 어떤 절대적인 것에 대한 의존과 훈련을 통해서 여러분의 존재를 바꾸는 수동성이 중요합니다. 용해적인 만큼이나 창조적인 이러한 수동성을 캄푸스가 여성적 상징 아래에 배치했다는 것은 놀라운 일입니다. 실제로 나는, 비록 불안과 보수주의에 있어서는 여자가 남자보다 더 경직되고 완고하지만, 여자가 남자보다 이 자기를 맡기는 뿌리 뽑기를 더 깊이 받아들인다는 것을 확인한 바 있습니다. 여성은 그가 안전과 공포의 가정 조직이기를 멈출 때, 모든 비겁함을 취소함에 있어서 가장 멀리 나아갑니다. 이런 이유로 여기에서 나는 감옥에서 자살한 독일의 적군파 혁명가 울리케 마인호프Ulrike Meinhof를 떠올립니다. 아울러 직접행동단의 프랑스인 혁명가인, 그리고 지금 우리나라 감옥에서 썩고 있는 나탈리 메니공Nathalie Ménigon을 떠올립니다. 어쨌든 이 여성들은 "맹렬함으로 하나가 된 불법에 대한 열정"을 지녔습니다.

3. 「해상의 시」의 인용문 C

캄푸스는 이 자기 맡기기의 형상이 왜 실패할 수밖에 없는지 설명합니다. 이렇게 말해도 좋다면, "논증"은 다음과 같습니다. 자기를 완전히 맡기는 사람, 보편적 삶의 잔혹함 속에서 황홀경에 빠져 스스로를 흩뜨리는 사람은 일상적인 비겁함을 떠납니다. 이러한 의미에서 모든 위대함은 자기 맡기기이며, 모든 강력한 관념은 결국 운명의 손 안에 있게 됩니다. 하지만 이 수동성은 지속 속에서 자신의 창조적 힘을 약화시킵니다. 수동성은 수용, 관용이 될 수밖에 없습니다. 그런데 관용은 자기 맡기기와 반대되는 것입니다. 위대함을 건설하는 일과 무관하게 관용은 부르주아적 인본주의의 기반을 이루는 소여입니다. "결국에는 관용할 것에 대한 애정으로 거의 눈물을 흘릴 지경이 될"때, 주체의 다른-생성이 있었던 그곳에 인본주의적 훌쩍거림이 자리를 잡게 됩니다. "우리"의 해적-폭력이 있었던 그곳에 "인간적인 감정, 너무나도 사교적이고 부르주아적인 감정"이 되돌아오는 것입니다.

사실 "나"가 자신의 흩어짐이라는 황홀경을 발견했던 곳인 흥분된 다수는, 시작의 에너지가 탕진될 때, 차이에 대한 관대한 교육이 될 수도 있습니다. 그래서 "변화하는 다양한 삶이 결국에는 인간 속에서 우리를 교육시키는" 일이 일어나는 것입니다. 이러한 실망시키는 변증법은 또 다른 수동성, 체념, 관용의 변증법, 즉 "불쌍한 사람들, 이 모든 불쌍한 사람들"을 말하게 하는 변증법입니다.

이러한 종국의 우울함은 시화詩化하는 사유의 전형을 이룹니다. 궁극적으로 캄푸스는 오직 출발에만, 일상적 비겁함을 부수는 다양한 형태의 불법적 도약에만 위대함이 있다고 생각합니다. 그러나 다수에 대한 헌신—"나"에서 "우리"로의 이동—속에서는 모든 것이 수용과 관용으로 쇠약해지고 맙니다. 따라서 통음난무의 잔인한 순종이라는 매개를 통해서, 우리는 결국 최초의 비겁함(공포, 평온하고 확고한 삶)에서 두 번째 비겁함(종교적이고 부르주아적이고 관대한 인본주의, 결국 모든 곳에서 인간을 보는 인본주의, 따라서 "결국, 본질적으로는 언제나, 언제나 동일한 삶"이 있을 뿐이라고 결론을 내리는 인본주의)으로 이동하게 되는 것입니다.

나는 박애 속에서 "우리"의 능력의 전형적인 주체화를 보자고 제안했습니다. 그런데 이 박애에 대한 캄푸스의 암시는 특히 충격적입니다. 시인이 "결국 박애는 혁명적 관념이 아닐세."라고 선언할 때, 그는 우리로 하여금 엄밀한 의미에서의 박애, 즉 합법적인 삶으로부터 떼어놓기, "우리"의 사건적 능력에 자기 맡기기인 박애를 단지 경건한 인본주의에 불과한, 부차적이고 타락한 박애와 구분토록 합니다. 부차적이고 타락한 박애의 경우는 모든 것에 대한 관용, 차이의 수용, "인간적인 감정"입니다. 이런 것들은 실재에 대한 모든 열정을 포기한 것들이라는 점에서 "형이상학적으로 슬픈"이라고 말하는 것은 특히 옳은 말입니다.

캄푸스의 시적 비관주의에 있어서 이 시적 비관주의의 법을 부과하는 것, 그리고 비겁하게 있기를 참아야 할지도 모르지만 그럼에도 우리를 보다 완벽한 고독으로 인도해가는 것은 박애의 두 번째 버전입니다. 관념에로의 접근에 대한, 따라서 세기의 열쇠인 "나"/"우리" 관계에 대한 황홀하고 융합적인 비전은 그 어떤 시간도 세우지 않으며, 자신의 시작 속에서 스스로 흩어집니다. 즉 모든 주장이 이미 그 어떤 죽음인 것입니다.

캄푸스에게 있어서 관념은 행위이지 결코 시간의 건설이 아닙니다.

4. 브레히트의 인용문

예술에 관한 근본적 물음과 마찬가지로, 브레히트에게 있어서 당에 관한 정치적 문제는 정확하게 말해서 [캄푸스의 경우처럼] 행위와 순간의 매력에 만족하는 것이 아니라, 시간을 창조하는 것이며, "나"/"우리" 관계의 지속적 형상에 형식을 부여하는 것입니다. 당은 정치적 지속의 물질적 형식이며, 비非아리스토텔레스적인 서사적 연극성은 새로운 연극적 지속의 형식입니다. 작품『결정』은 이 두 형식을 묶습니다.

당에 관한 레닌주의의 이해는 19세기 노동자들의 봉기, 특히 파리코뮌에 대한 결산으로부터 비롯됩니다. 이러한 봉기는 언제나 짓밟힙니다. 봉기는 그 나름대로 황홀하지만, 정확하게 말하자면 봉기는 유혈이 낭자한 진압으로 끝납니다. 그 어떤 승리도 가능하지 않습니다. 단지 순간의 즉흥적 승리가 있을 뿐입니다. 따라서 사람들은 [이 즉흥성의 문제를 피하기 위해] 스스로에게 시간의 규율을 부여하게 되는데, 바로 이것이 당의 중요한 형식적 기능을 이루게 됩니다. 실제로 10월 17일의 혁명 이후 제3인터내셔널의 공산당들은 그들 자체가 경험의 일반화, 즉 레닌주의 진영의 경험의 일반화였습니다. 이 일반화의 힘은 역사상 처음으로 하층계급의 사람들과 프롤레타리아가 그들 자신의 시간을 배치하려 한다는 관념이었습니다. 그들은 발작적인 폭동 속에, 캄푸스에게서 볼 수 있는 해적-잔혹함 속에 더 이상 있지 않으려 했습니다. 그들에게 사람들은 규율화된 신체를 만들어주려 했습니다. 왜냐하면 규율 없이는 시간의 건설 또한 없기 때문입니다. 하지만 이 규율이란 헤아릴 수 없이 많은 "나"를 통해서 이 "나"들의 "우리"에로의 결합을 받아들이는 일일 뿐입니다.

여전히 혁명적인 공산당(브레히트가 1930년에 말하거나 꿈꾸었던 것이 이런 공산당이었습니다)은 "나"의 결정체結晶體, 주체적 응고입니다. 이러한 혁명적인 공산당은 그 자신이 추후에 될 것과는, 즉 부자유하고 험악한 국가-당과는, 준-테러리스트적이며 준-선동적인 관료 체제와는 아무런 관계도 없습니다. 브레히트가 말하는 것처럼, 공산당이 "나"와 "우리"의 불가분의 특이한 형식을 제안한다면, 그것은 공산당이 사유와 순수 의지의 이러한 집결체이기 때문입니다. 당은 오로지 "나"들만을 가지고서 시간의 주인인 "우리"를 건설하는 특별한 방식을 가리킵니다. 선동자들이 말하는 것처럼 당은 "우리, 너, 나, 너희"입니다. 당은 "동무의 머릿속에서 생각"하며, 또 각자로서의 "우리"인 것입니다.

이렇게 해서 우리는 당의 명령이 "우리로부터 떨어지지 말게나."인 이유를 이해하게 됩니다. 「해상의 시」의 수동적 황홀경과 달리 "나"와 "우리"의 정치적 연결은 융합이 아닙니다. 따라서 분리되는 것이 가능합니다. 하지만 당은 오직 우리가 분리되지 않는 한에서만 실존합니다. 당, 그것은 불가분한 것입니다. 당, 그것은 우리-없인-각자-없음인 것입니다. "그 지식을 우리와 공유하세."라고 말하지 않는다면 그 어떤 지식도 유용하지 않다는 의미에서 당은 곧 공유의 장소인 것입니다.

근본적으로 볼 때, 당이 불가분한 것이라는 사실은, 사람들이 무엇이 공유되었는지 미리 알지 못할 경우 당은 단지 공유일 뿐이라는 것을 뜻합니다. 문제의 본질은 박애입니다. "우리", 그것은 공유입니다. 만약 당과 마찬가지로 "우리"가 오직 "나"로만 이루어진다면, 여기에는 구성적인 순환성이 존재합니다. 즉 불가분한 것이 "우리"의 법칙이지만, 불가분이 있는 것은 오직 "우리"가 자신의 법칙을 세우는 한에서만 그렇다는 구성적인 순환성이 존재하는 것입니다. 규율이란 바로 이러한 순환성의 이름, 즉 "우리로부터 떨어지지 말게나."라는 명령으로부터 비롯될 가능한 결과들의 이름입니다.

또는 다음과 같이 말할 수 있습니다. 작품과 사유의 모든 기록에서 세기의 명령은 이런 것이 될 것입니다. "우리 없이 [그 길을 가지는] 말게나."

이미 우리는 당은 집단 속에서의 육화라 할 수 있는 관념의 물질적 능력을 지탱한다고 말했습니다. 이런 당에 대한 아주 중요한 술어 하나가 있습니다. 그것은 당은 파괴할 수 없다는 것입니다. "인간 혼자서는 소멸될 수 있지만, 당은 결코 소멸될 수 없다네."

1917년에서 1980년 사이에 세기는 파괴할 수 없는 것을 창조하려 했습니다. 왜 이런 열망을 품었을까요? 그 이유는 파괴 불가능성, 비-유한성이 바로 실재의 흔적이기 때문입니다. 파괴할 수 없는 것을 창조하기 위해서는 많은 것을 파괴해야 합니다. 돌이 [조각으로 생긴] 빈 공간을 통해서 어떤 관념을 영원히 전하도록 하기 위하여 돌을 파괴하는 조각가들이 특별히 아는 것이 이것입니다. 실재, 그것은 파괴-가-불가능한 것, 다시 말해 언제나 그리고 영원히 저항하는 것입니다. 이러한 저항과 씨름하는 감정을 가질 경우에만 사람들은 행동을 합니다.

저항과 역사적 사건의 세기, 후회 없는 파괴자인 세기는 세기 자신의 작품 속에서 자신의 열정의 대상이었던 실재와 같게 되기를 원했던 것입니다.

2000년 3월 1일

II. 아방가르드

나는 이 강의를 처음 시작할 때부터 정한 내재적인 방법에 충실해왔습니다. 나는 묻습니다. 세기가 생산할 수 있는 것으로 드러난 예술 작품들의 관점에서 볼 때, 세기 자신은 예술적 특이성에 대하여 무엇을 선언했을까요? 이 물음은 이 강의에 활기를 부여해온 가정, 실재에 대한 열정을 세기의 주체성에 대한 시금석으로 취하는 가정을 유적 과정[공정]이라는 거대한 유형 속에서 검증받게 하는 한 방식이기도 합니다. 과연 세기에는 예술로 하여금 자발적인 기법을 써서 실재의 광산으로부터 다이아몬드 같은 단단하고 실재적인 광물을 추출하도록 강요하려는 의지가 있을까요, 없을까요? 유사한 것에 대한, 재현에 대한, 미메시스mimésis에 대한, "자연적인 것"에 대한 비판이 전개되는 것이 보입니까? 이미 광범위하게 시도된 바 있는 이러한 검증 자체를 넘어서, 어떤 한 강력한 사조가 실재에 대해 양보하는 것보다 예술을 희생시키는 것이 더 낫다고 선언했다는 사실을 확인해봅시다. 다다이즘, 아크메이즘acméisme, 절대주의, 미래주의, 감각주의, 초현실주의, 상황주의……처럼 모두 난해한 어휘로 장식된 이 같은 사조의 다양한 화신을 우리는 20세기의 아방가르드 예술이라고 명명할 수 있습니다. 말레비치의 〈흰 바탕 위의 흰 정사각형〉을 통해서 이미 우리는 세기가 자발적인 성상 파괴자[전통 파괴자]임을 예감했습니다. 실재가 마침내 예술 행위 속에서 도래토록 하기 위해서 세기는 이미지를 희생시키기를 주저하지 않았습니다. 하지만 확실히 이미지 파괴에 관해서는 언제나 다른 경향, 즉 최소한의 이미지, 생기를 주는 단순한 선, 사라지는 이미지를 추구하는 벗어남의 경향 또한 있음을 곧바로 부언해야 합니다. 파괴와 벗어남의 이율배반[불일치]은 유사함과 이미지를 파면하는 모든 과정에 활기를 불어넣습니다. 특히 감소raréfaction의 예술, 즉 계승된 형식들에 대한 공격적인 태도를 통해서가 아니라 계승된 형식들을 단절과 소멸의 그물 속에서 공백의 가장자리에 배열하는 배치를 통해서 가장 미묘하고 가장 지속적인 결과를 획득하는 예술이 있습니다. 이와 같은 방법의 가장 완벽한 예는 아마도 베베른Webern의 음악일 것입니다.[1]

[1] 안톤 베베른의 음악 작품은 세기의 한복판에서 다이아몬드처럼 빛을 발한다. 실재의 벗어나는 접근을 아주 먼 곳에서 불러들였다는 점에서 그의 작품은 세기의 가장 경탄할 만한 농축물에 해당한다. 무한히 복잡하지만 기본적인, 놀랍도록 풍요롭지만 유보된, 음향 효과가 대단히 다양하지만 거의 들리지 않는 베베른의 작품은 미세한 만큼이나 장엄한 장식들을 침묵하게끔 한다. 그러나 그의 작품은, 파괴를 완전히 제외시키고 나면, 어쩌면 우리가 모든 정치로부터 멀어지되, 일종의 계보 없는 신비주의를 향해 가기 위해 멀어진다는 것을 가리킨다. 베베른의 역설은 실제로 그것이 50년대부터 일련의 어떤 프로그램에 보편적인 준거의 역할을 했다는 점에 있다. 왜냐하면 실제로 그의 작품의 구조는 프로그램의 내용에 정당성을 주는 것으로 보이지만, 프로그램에 생기를

따라서 파괴와 벗어남 사이의 상관관계를 여러 경우를 통해 차례로 체험하면서, 실재에 대한 열정이 지닌 희생적이고 성상 파괴적인 형식들을 세기의 예술 속에서 확인하는 임무가 우리에게 주어집니다.

이러한 확인의 시작은 "아방가르드"라는 단어의 의미를 검토하는 것입니다. 20세기의 모든 예술은 다소간 아방가르드의 기능을 요구했습니다. 그런데 오늘날에 이 용어는 더 이상 쓰이지 않는 말, 더 나아가 경멸적이기까지 한 말이 되었습니다. 따라서 우리는 [아방가르드와 관련해서] 중대한 징후에 직면해 있는 것입니다.

모든 아방가르드는 이전의 예술 양식과의 형식적 단절을 선언합니다. 아방가르드는 주어진 어떤 시기에 예술이라 불릴 자격이 있는 것을 정의하는 형식적 합의에 대한 파괴 능력을 가진 것으로 나타납니다. 그런데 놀라운 사실이 있습니다. 그것은 세기 내내 이러한 단절의 쟁점이 불변한다는 사실입니다. 언제나 유사함의, 재현적인 것의, 서술적인 것의, 또는 자연적인 것의 완전 해소 속에서 한 걸음 더 나아가는 것이 문제입니다. 이를 가

불어넣는 일종의 신비한 주문과도 같은, 그의 작품의 감각적 효과는 [역설적이게도] 프로그램으로부터 완전히 동떨어져 있기 때문이다.
빈Vienne이 해방되던 때, 베베른은 미군 병사에 의해 느닷없이 죽음을 당했다. 직접적인 계보가 없는 (수학의) 천재였던 아르키메데스 또한 2000년도 더 된 옛날에 시라쿠사Syracuse가 정복될 때, 로마 병사에 의해서 느닷없이 죽음을 당했다.

리켜 반-사실주의적 논리가 예술의 힘을 표현적 행위와 순수 주체성 쪽으로, 또는 기하학적 이상과 추상 쪽으로 귀착시킨다고 이야기해봅시다. 물론 여기에서 큰 모델이 되는 것은 회화의 변화입니다. 하지만 음악에서도, 글쓰기(언어의 유일한 능력에 문학적 창조의 중심을 집중시키는 일)에서도, 심지어는 영화나 무용 예술에서도 이와 같은 것이 발견됩니다. 아방가르드의 가장 본질적인 논쟁은 이전에는 추하다고 여겨진 모든 것의 격상에 이를 때까지 나아가면서, 다른 것보다 더 자연스럽고 더 알맞으며 더 기분 좋은 형식들의 실존을 제기하는 고전적 공리에 대항하는 것입니다. 아방가르드는 우리의 감각 수용기受容器[감각기관]와 지적 표현 사이의 일치로부터 도출된, 미에 관한 형식적 법칙이 존재한다는 모든 관념과 결별하는 것을 의미합니다. 그것은 미를 반성적 판단 속에서 종합된, 우리의 능력들의 조화를 나타내는 기호로 만들어버리는 칸트 미학의 후예들과 끝을 내는 것입니다. 비록 아방가르드가 오히려 다른 무엇보다도 더 어떤 형식적 장치들을 촉진시킨다고 할지라도, 아방가르드는 모든 감각적 배치가, 만약 우리가 그 감각적 배치의 규칙을 공유할 줄만 안다면, 실제로 예술을 생산할 수 있다는 것을 궁극적으로 지지합니다. 자연적인 규범이란 없습니다. 단지 감각될 수 있는 경우들에서 우연을 이용하는 의도적 일관성만이 있을 뿐입니다.

결과는 [아방가르드에 의해] 선언된 단절이 예술 생산의 경기景氣 상황뿐만 아니라, 유럽의 예술사에서 천천히 주도적 위치에 오른 위대한 형식적 장치들, 예를 들어 음악에서의 음계, 회화에서의 구상, 조각에서의 인본주의, 시에서의 직접 구문의 명료함

등에도 타격을 주었습니다. 그래서 아방가르드는 단순히 미학적 "학파"가 아니라 사회현상이 되고 여론의 준거가 됩니다. 이러한 것들에 반대하여 작품에 대한 준거나 이론적 글들에 대한 인식을 넘어서 과격한 논쟁이 거세게 일어납니다. 실제로 아방가르드는 종종 가장 과격한 용어를 동원해서 취미판단에 신뢰를 주거나 주지 않는 것에 대한 합의를 던져버릴 것을 주장하며, 예술적 "대상"의 일상적인 순환 법칙들의 예외로 남습니다.

아방가르드는 자신이 일으킨 여론의 격심한 풍랑 속에서 버티기 위해 언제나 조직되어 있습니다. 비록 그 모임이 몇 사람에 불과할지라도 "아방가르드"는 자신의 존재와 일탈을 알리고, 출판하며, 활동하는 그룹, 자신들의 능력을 공유하는 일에는 거의 관심이 없는 강한 개성들에 의해 움직이는 그룹을 의미합니다. 프랑스에 한해서 예를 들자면 앙드레 브르통 지도하의 초현실주의, 그리고 그 계승자인 기 드보르 지도하의 상황주의가 있습니다.

조직되어 있으며 종종 엄격하게 분파적인 이 차원은 이미 아방가르드 예술과 정치(공산당은 대중의 아방가르드로서 나타나기도 합니다) 사이에 적어도 우의寓意적인 어떤 관계를 만들어냅니다. 거기에는 아방가르드의 공격성, 도발적인 요소, 공적인 개입과 스캔들의 취향이 있습니다. 테오필 고티에가 주도한 〈에르나니Hernani〉 전투*의 준군사적인 조직은 20세기 아방가르드

---

* 1830년 2월 빅토르 위고의 연극 〈에르나니〉의 상연을 둘러싸고 낭만파와 고전파 사이에 벌어졌던 싸움을 말한다. 이때 20대의 젊은 시인 고티에가 친구 네

실천의 아주 훌륭한 선례가 될 터였습니다. 아방가르드에게 있어서 예술은 천재적인 작품의 고독한 생산 그 이상의 것입니다. 거기에는 집단적 실존이 있으며 삶이 있습니다. 미학적인 과격한 전투적 태도가 없다면 예술은 수긍되지 않는 것입니다.

아방가르드는, 그리고 실재에 대한 새로운 모든 열정을 전달하는 아방가르드의 방식은 예술을 오로지 현재에서만 이해하며, 또 이 현재에 대한 인식을 강요하기를 원합니다. 발명은 고유한 가치이며, 새로움이란 그 자체로 아주 재미있는 것입니다. 오래된 것과 반복은 가증스러운 것입니다. 따라서 오직 현재만의 결과를 강요하는 절대적인 단절이 유익한 것이 됩니다. 이것이 랭보의 진술, 즉 "절대적으로 모던해야 한다."에 대한 아방가르드의 지배적 해석입니다. 예술은 본질적으로 영원성의 생산이 아니며, 미래에 심판받게 될 작품의 창조도 아닙니다. 아방가르드는 예술의 순수 현재가 있다는 사실에 관심을 갖습니다. 기다려야 할 것은 없습니다. 그 뒤를 잇는 것도 없습니다. 지금 여기에서 경직과 죽음에 맞선 예술의 투쟁이 있으며, 이 투쟁에서 승리해야 합니다. 현재가 과거의 지속적인 위협 아래 있기 때문에, 또 현재는 취약하기 때문에 설립된 것과 확립된 것에 맞서서 덧없는 것과 순간의 구원을 보장하는 그룹의 도발적인 개입을 통해 승리해야 하는 것입니다.

르발과 젊은 화가들, 시인들을 규합하여 전투적인 낭만파를 조직한다. 빅토르 위고의 깃발 아래 고전파 공격에 앞장선 고티에는 결국 이 〈에르나니〉 전투를 승리로 이끈다.

예술의 시간에 대한 이러한 문제는 오래된 것입니다. 미학에 관한 강의에서 헤겔이 이제부터 예술은 과거의 것이라고 선언할 때, 그가 말하려고 하는 것은 더 이상 예술 활동이 없다는 것이 아닙니다. 단지 그는 더 이상 예술이 그리스 시대처럼 사유의 최상의 가치를 점유하지 않는다는 것을 말하고자 합니다. 예술은 더 이상 절대 이념을 현시하는 특권을 가진 역사적 형식이 아닙니다. 이로부터 과거의 작품을 넘어설 수 없다는 결론이 명백히 도출됩니다. 왜냐하면 과거의 작품은 정신의 유효한 한 순간에 들어맞기 때문입니다. 비록 그 작품이 재능으로 충만하며 심지어는 천재성으로 충만하다고 할지라도, 현재의 그 어떤 작품도 정신의 유효한 한 순간을 더 이상 주장할 수는 없습니다.

이러한 헤겔의 미학에서 우리는 예술에 관한 문자 그대로 고전적인 개념화를 인지하며, 심지어는 고전주의의 내부에서 옛날의 것과 근대적인 것을 대립시키는 개념화를 인지합니다. 필요하다면 근거를 추가할 수도 있습니다. 그것은 헤겔의 미학은 결코 낭만적이지 않으며, 어쩌면 더 나아가 근대적이지도 않다는 사실입니다. 이미 17세기의 가장 위대한 프랑스 예술가들은 위대한 예술은 이미 발생했으며, 그리스-라틴의 고대 문명은 비할 데 없이 훌륭한 모범을 낳았다고 믿어 의심치 않았습니다. 좀 더 가까이서 들여다보면, 이러한 고전주의의 진정한 받침대는 본질주의임을 알 수 있습니다. 다양한 예술 장르에는 규칙에 의해 분배된 미의 본질이 있습니다. 성취된 예술이란 자기 고유의 본질의 높이에 도달한 예술, 또는 해당 예술 장르가 할 수 있는 한 가장 수준 높은 모범을 제시하는 예술을 말합니다. 한 예술 장르가 할 수 있는 것, 그것은 이미 측정되고 체험된 것일 뿐입니다. 모범을 제시한다는 것은 언제나 다시-제시한다는 것입니다. 예술은 예술 자신이어야 한다(예술 자신의 본질을 실행해야 한다)고 말하는 것은 또한 예술은 예술이 이미 운 좋게 우연히 되었던 것이 되어야 한다는 것을 말하는 것이기도 합니다. 결국 예술의 미래와 예술의 과거 사이에는 그 어떤 구분도 없는 것입니다.

아방가르드는 고전적이라기보다 낭만적이라는 점에서 일반적으로 예술은 한 주체의 최고의 목적지라고, 예술의 능력은 발생하지 않았다고, 예술의 능력은 정확하게 고전적인 반응에 의해 줄곧 족쇄가 채워져왔다고 주장합니다. 따라서 예술은 헤겔이 말한 것과 반대로 현재의 것입니다. 예술은 본질적으로 그렇습니다. 예술의 시간이 이처럼 현재라는 사실은 아방가르드에게 있어서 과거와의 단절보다 훨씬 더 중요합니다. 왜냐하면 과거는 단지 어떤 결과에 불과하기 때문이며, 초현실주의에서 보는 것처럼 과거는 과거 자신 속에서 현재의 강도들의 계보를 결정하는 일(사드, 독일의 몇몇 낭만주의자들, 로트레아몽……)을 결코 금지하지 않기 때문입니다.

아방가르드 그룹이란 현재를 결정하는 사람들을 말합니다. 왜냐하면 예술의 현재는 고전주의자들이 믿는 것처럼 과거에 의해 결정된 것이 아니라 오히려 과거에 의해 방해받았기 때문입니다. 사람들은 상속자도 아니고 모방자도 아닙니다. 사람들은 예술의 현재를 열렬히 선언하는 자들입니다.

20세기 예술에 관한 존재론적 물음은 이처럼 현재에 관한 물음입니다. 그리고 나는 이 점이 앞에서 우리가 종종 만났던 확신, 즉 세기는 시작이라는 확신과 관련되어 있다고 믿습니다. 고전주의는 또한 예술은 이미 오래전부터 시작되었다고 믿는 확실한 태도로서 정의될 수 있습니다. [반면에] 아방가르드는 우리는 시작한다고 말합니다. 하지만 시작에 관한 진정한 물음은 시작의 현재에 관한 물음입니다. 그렇다면 사람들은 시작한다는 것을 어떻게 느끼며, 어떻게 체험하는 걸까요? 이 물음에 대한 아방가르드의 가장 흔한 답변은 오로지 예술적 창조의 생기적 강도만이 시작을 인지하도록 허락한다는 것입니다. 20세기에 예술이란 곧 예술의 강렬한 나타남으로서의, 예술의 순수 현재로서의, 예술 원천의 즉각적인 현재화로서의 시작에 대한 증명입니다. 그 경향을 놓고 볼 때, 20세기의 예술은 작품보다는 오히려 행위에 그 중심을 둡니다. 왜냐하면 행위는 그 자체가 시작의 강렬한 능력이라는 점에서 오로지 현재에만 사유되기 때문입니다.

잘 알려진 어려움은 시간과 지속에 관한 어떤 독트린이 규범으로서의 시작에 관한 독트린을 포함하는지를 아는 것입니다. 우선 영속적인 시작의 논제가 주위를 맴돕니다. 이 논제는 세기의 몽상 가운데 하나로서, 많은 예술가가 그들의 생명을 대가로 지불한 바 있는, 자살로 이끄는 몽상입니다. 하지만 다른 문제들, 특히 다음과 같은 문제가 있습니다. 만약 시작이 명령이라면, 이 시작은 재시작과 어떻게 구분되는 걸까요? 반복[시작의 반복 또는 재시작]을 복구하는 일 없이 어떻게 예술의 삶을 일종의 영원한 아침으로 만들 수 있을까요?

캄푸스의 열광적인 시 속에서 우리가 체험했던 것처럼 이런 물음은 시작의 치명적인 쇠약을 낳습니다. 이러한 쇠약의 가장 초라한, 또는 가장 상업적인 결과는 시작에 관한 다른 근원적인 독트린을 거의 끊임없이 발명하는, 형식적 패러다임을 바꾸는, 한 아방가르드를 다른 아방가르드로, 즉 절대주의를 아크메이즘으로, 또는 미래주의를 감각주의로 대체하는 필연성입니다. 이 같은 저속한 형식이 60년대와 70년대에 특히 미국에서 형식적 "변화"를 급속도로 계승하는 형세를 취했고, 그 결과 조형예술의 삶이 의복 유행의 삶을 모방하는 일이 일어나기도 했습니다. 하지만 [이런 저속한 형식과 달리] 예술 행위의 현재적 강도를 보존코자 시도하는 수준 높은 형식은 예술 작품을 그 작품을 시작하는 능력의 거의 순간적인 연소燃燒로서 이해합니다. 주된 관념은 유일한 행위의 강도 속에서 시작과 끝이 일치하기에 이른다는 것입니다. 말라르메가 이미 말했던 것처럼 "극劇이 일어나면, 곧바로 이 극의 실패를 보여주는 시간이 번개 치듯이 펼쳐지는 것입니다." 순수 현재의 승리인 이 "실패"는 예를 들어 작품을 흡수해버리는 침묵을 잠시 동안 살짝 스치는 베베른의 작품을, 또는 오로지 지워지기 위하여 거기에 있는 어떤 조형물들을, 또는 페이지의 여백에 의해 삼켜져버리는 어떤 시들을 눈에 띄게 합니다.

이와 같은 경우에 작품은 불확실해지고, 탄생하기 전부터 거의 자취를 감춰버리거나, 예술가의 움직임이 낳는 결과 속에서보다 예술가의 움직임 속에서 훨씬 더 농축되게 됩니다(다양한 형식으로 행해진 "액션-페인팅"이 이런 식입니다). 이 경우에는 작품의 내용을 이론 속에서, 논평 속에서, 선언 속에서 보존해야 합니다. 형식의 덧없음으로 인해서 강탈당한 이 얼마-없는-실재에 대한 경구를 글쓰기를 통해 간직해야 하는 것입니다.

그에 따라 선포proclamations와 선언manifestes은 세기 내내 아방가르드의 본질적 활동이 됩니다. 사람들은 종종 이 점이 아방가르드의 예술적 불모성을 증명한다고 말했습니다. 보시다시피 이 회고적인 경멸에 나는 이의를 제기합니다. 선언은 반대로 형식과 가장 semblant의 모든 능력을 실재를 위해 봉사하게 하려는 격렬한 긴장을 증명합니다.

선언이란 무엇일까요? 이 물음에 너무나 관심이 많아서 나 자신이 1989년에 『철학을 위한 선언Manifeste pour la philosophie』을 쓴 바 있습니다. 선언의 근대적 전통은 맑스의 『공산당 선언』에 의해 1848년부터 고정되었습니다. 정말 선언은 하나의 발표, 하나의 프로그램인 것 같습니다. "프롤레타리아가 잃을 것은 그들의 사슬일 뿐이요, 차지할 것은 세계다."라고 맑스는 결론을 내립니다. "차지할 세계"는 미래에 대한 옵션입니다. 실제로 프로그램은 실재의 현재적 위급함의 질서로부터 비롯되지 않는 것으로 보입니다. 프로그램은 궁극성에, 언젠가 도래할 것의 조건에, 그 어떤 약속에 관한 것입니다. 그렇다면 행위의 명령과 현재의 명령이 그토록 많은 선포와 선언에 포함되는 것을 어떻게 이해해야 할까요? 또한 현재와 미래의 이 변증법, 즉각적인 개입과 발표의 이 변증법은 무엇일까요?

아마도 지금이 앙드레 브르통의 단어를 말할 순간인 것 같습니다. 물론 나는 곧바로 앙드레 브르통으로부터 오늘의 텍스트를 발췌할 것입니다. 세기 속에서 새로운 예술의 약속을 선언의 정치적 형식과 연관시킨 사람 가운데 앙드레 브르통보다 더 뛰어난 사람이 있을까요? 그의 첫 번째와 두 번째 『초현실주의 선언Manifeste du surréalisme』은 명백하게 이 점을 증언하고 있습니다. 하지만 보다 집요하게 미래의 폭풍우를 향한 것, 도래의 시적 확실성을 향한 것은 다음과 같은 브르통의 문체입니다. "아름다움은 발작적이거나 발작적이지 않을 것이다." 그렇다면 이 아름다움은 어디에 있는 걸까요? 그 속성("발작적")이 과격한 실재의 속성임이 분명한 아름다움, 하지만 맑스가 인간의 역사에 "사회주의 또는 야만"이라는 걱정스런 딜레마를 통보할 수 있었던 것과 꼭 마찬가지로, 현재의 바깥에서 "그러하거나 그러하지 아니함"의 교대에 매달려 있는 이 아름다움은 어디에 있는 걸까요? 브르통의 천재성은 종종, 이미지가 긴급함의 무게를 주지만 동시에 사물 자체가 그곳에 이미 있음이 증명되지 않는 경구 속에 집중됩니다. 내가 곧 읽을 텍스트에는 다음과 같은 구절이 있습니다. "그것[*반항]은 화약고를 찾는 불똥이다." 불똥은 정확하게 현재의 소각을 뜻합니다. 하지만 찾고 있는 이 "화약고"는 어디에 있는 걸까요? 지금 글쓰기에 국한된 이 문제는 사실 선언의 기능에 관한 전 지구적 문제와 동일한 문제입니다. 현재의 절대적 의지이자 유일 행위 속에서의 에너지의 흩어짐인 실재의 압력과, 식별할 수 없는 미래 속에서나 기대할 수 있는 기다림과 지지에 의지해서 의도를 밝히는 성명, 프로그램, 발표가 가정하는 것 사이의 균형점은 어디에 있는 걸까요?

나의 가정은 적어도 세기 속에서 현재에 대한 열정에 사로잡힌 사람들에게 있어서 선언은 그저 선언 자신이 명명하고 발표하는 것과 다른 것을 위해 피난처의 구실을 하는 수사학에 불과하다는 것입니다. 실재적 예술 활동은 마치 하이데거의 사유에서 발명적인 것이 "구원의 반전"이라는 또는 신의 시적이고 사변적인 도래라는 감동적 알림에, 거대한 결과를 낳는 감동적 알림에 기이하게 머무는 것과 꼭 마찬가지로 자신의 새로움을 거만하게 선언하는 프로그램과 관련해서 언제나 중심에서 벗어나 있습니다.

문제는 또다시 시간의 문제입니다. 그 자체가 행위의 질서, 곧바로 사라지는 섬광의 질서에 속해 있기 때문에 현재에 명명될 수 없는 것을 결정되지 않은 미래 속에서 재건하는 일, 이것이 선언입니다. 선언이란 그의 존재가 사라지는 특이함 속에 있기 때문에 그 어떤 이름도 적합하지 않은 것을 재건하는 일입니다.

비트겐슈타인으로부터 라캉에 이르기까지 세기 속에는 "메타언어는 없다."는 진술이 흐릅니다. 이것은 언어는 언제나 실재에 매여 있기 때문에 이 매임에 대한 그 어떤 이차적인 언어적 주제화도 가능하지 않다는 것을 의미합니다. 언어가 말한다고 할 때, 이 "말하기"는 그 어떤 적합한 말 속에서도 다시-말해질 수 없습니다. 아방가르드의 선언과 선포에 대한 정확한 읽기는 언제나 예술 생산에 적합한 메타언어는 없다라는 공리로부터 시작되어야 합니다. 예술 생산에 관한 한, 성명은 예술 생산의 현재를 포착할 수 없습니다. 따라서 성명이 예술 생산에 어떤 미래를 발명해주는 것은 아주 자연스러운 일입니다.

행위의 형태로 실존 중인 것의 미래에 관한 이와 같은 수사학적 발명은 사랑에서와 마찬가지로 정치와 예술에서도 유용한 것이요 또한 필요한 것임을 주목합시다. 사랑에서 "나는 너를 영원히 사랑해."라는 말은 불확실한 행위에 대한 명백히 초현실주의적인 선언입니다. 라캉이 "성적 관계란 없다."고 말할 때, 그는 성에 대한 메타언어가 없다는 사실 또한 말하기를 원하는 것입니다. 그런데 메타언어가 없는 바로 그곳에 투사적投射的 수사학이 도래해야 한다는 것은 일종의 정리定理입니다. 이러한 수사학은 어떤 경우에라도 발생하는 것을 명명하거나 붙잡는 일 없이, 발생하는 것에게 언어 속에서의 피난처를 제공합니다. "나는 너를 영원히 사랑해."라는 말은 성적 관계의 활동 능력과 아무런 관계도 없지만 그것을 보호하는 데 매우 유용한 수사학의 수사修辭인 것입니다.

미학적 프로그램의 약속 가운데 그 어떤 것도 지켜지지 않았음을 확인시키면서 미학적 프로그램을 비판하는 것은 옳지 못합니다. 확실히 브르통의 시적 예술이 보여주는 이론의 여지없는 아름다움은 전혀 "발작적인" 것이 아닙니다. 브르통의 작품에서 우리는 오히려 잊혀진 프랑스어의 복원을, 다채로우면서도 이미지가 풍부한, 그리고 웅변적인 구문론을 통해 아주 견고하게 구성된 복원을 볼 수 있습니다. 하지만 프로그램은 계약도 아니고 약속도 아닙니다. 그것은 수사학입니다. 즉 실재로 발생하는 것에 대해서 오로지 포장과 보호의 관계만을 지탱하는 수사학인 것입니다.

아방가르드는 현재에서 형식적 단절을 활성화함과 동시에 선언과 성명의 형식 아래에서 이 활성화의 수사학적 [포장] 봉투 또한 생산했습니다. 아방가르드는 허구적 미래 속에서 실재적 현재의 포장을 생산했던 것입니다. 그리고 아방가르드는 이러한 이중의 생산을 "새로운 예술적 경험"이라고 불렀습니다.

따라서 사람들은 자취를 감추는 작품과 파문을 일으키는 프로그램 사이의 상관관계에 놀라지 않을 것입니다. 실재적 행동은 언제나 일시적이고 거의 구분이 되지 않는 것으로 실존합니다. 그래서 그것은 마치 매우 어렵고 새로운, 하지만 순식간에 끝나버리는 그네 곡예사의 공중회전을 대중에게 알리기 위하여 서커스 단장이 큰소리로 선전하고 북을 치게 하는 것과 어느 정도 마찬가지로 강력한 선포를 통해서 지시되고 강조되어야 합니다.

결국 이 모든 것은 비록 이 현재의 주체화가 때때로 희망의 수사학 속에 삼켜져버릴지라도 정확하게 말해서 에너지를 현재에 쏟는 것을 목표로 합니다. 사람들을 해방의 정치나 현대 예술에 가담시키는 것은 오직 현재의 생산이라는 약속뿐입니다. 심지어는 미래주의조차도, 미래주의라는 그 이름에도 불구하고, 현재의 생산이었습니다.

말라르메의 표현, "아름다운 오늘"로 불릴 자격이 거의 없는 우리의 오늘을 특징짓는 것은, 실재적 현재라는 의미에서 모든 현재의 부재입니다. 1980년 이후의 몇 해는 말라르메가 정확하게 1880년 이후의 몇 해에 대해서 "현재가 부족하다."고 말한 바로 그 시기와 유사합니다. 혁명들끼리의 유사성보다 반-혁명적 시대들끼리의 유사성이 훨씬 더 크다는 점에서, 60년대의 "극좌주의" 이후에 사람들이 파리코뮌 이후의 반동적 관념으로 되돌아온 것에 놀라서는 안 됩니다. 사실 하나의 해방의 사건과 또 다른 해방의 사건 사이의 간격은 우리를 기만하면서 설령 우리가 변치 않는 굉장한 선동 속에 있을지라도 그 어떤 것도 시작하지 않으며 또 시작하지 않을 것이라는 관념의 포로로 만듭니다. 따라서 우리는 별도리 없이 모든 것이 이미 언제나 시작되었다는 고전주의, 우리가 무無로부터 무언가를 세우고자 상상하는 것, 우리가 새로운 예술이나 새로운 인간을 창조하리라고 상상하는 것은 헛된 일이라는 고전주의로 되돌아온 것입니다.

20세기의 예술을 정의할 수 있다는 점에서 사람들로 하여금 세기는 끝이 났다고 말하도록 해주는 것이 바로 이것이고, 그리고 아방가르드가 고전적이지 않은 예술의 근원적인 시도처럼 형식화했던 것이 바로 이것입니다.

이와 같은 비-고전주의의 주체화된 기초들, 그것의 프로그램의 요소들, 그것을 옹호하는 수사학의 많은 예가 내가 곧 결론을 내리게 될 앙드레 브르통의 텍스트 속에 들어 있습니다.

시련의 초과 자체가 기호의 변화를 이끈다. 이 일은 견뎌낸 고통의 무게가 틀림없이 모든 것을 삼키는 것으로 보이는 날카로운 순간 속에서 일어난다. 기호의 변화는 인간의 유연치 못한 것을 유연한 것 쪽으로 이동시키려는, 그리고 유연한 것을 큰 규모로 촉발시키려는 경향을 지닌다. 이 변화가 없었다면 유연한 것은 그 규모를 알지 못했을 것이다. [*……] 그럭저럭 살 만한 가치가 있는 것을 자기 자신에 대한 한계가 없는 재능을 가지고서 찬양할 수 있으려면, 인간적 고통의 바다에까지 갔어야 하고, 인간적 고통의 기이한 능력을 발견했어야 한다. 인간적 고통 앞에서 일어날 수 있을 궁극적인 유일한 불운이 있다면, 그것은 이러한 기호의 전환을 불가능하게 만드는 일, 따라서 기호의 전환에 체념으로 대항하는 일일 것이다. 당신은 당신이 인지할 수 있었던 최고로 큰 불행에 반응했고, 그 반응의 상태를 내 앞에서 보여주었다. 그때마다 나는 당신이 언제나 반항을 가장 강조하는 것을 보았다. 심지어 그리고 특히 돌이킬 수 없는 것에 직면하여, 반항은 아무짝에도 쓸모없다고 주장하는 거짓말보다 더 뻔뻔스러운 거짓말은 사실 없다. 반항은, 반항을 결정짓는 사실의 상태를 변경하거나 변경하지 않을 기회와는 완전히 무관하게, 그 자체로 정당성을 갖는다. 그것은 바람 속의 불똥, 하지만 화약고를 찾는 불똥이다. 당신에게 가해진 최고의 피해를, 기회를 틈타 당신에게 접근하려는 파렴치한 사제들에 대한 기억으로 인해 강화되고 악화되는 최고의 피해를 당신이 의식하는 매 순간마다 나는 당신의 눈 속을 지나가는 어두운 불을 숭배한다. 나는 이 어두운 불이 나를 위해 밝은 불꽃을 그토록 타오르게 한 불과 같은 불이라는 것, 내 눈 아래 살아 움직이는 몽상 속에서 이 불꽃을 얼싸안는 불과 같은 불이라는 것을 안다. 그리고 나는 이 점에 있어서 오로지 사랑 자신만을 믿는 사랑은 다시 시작되지 않는다는 것과, 당신을 향한 내 사랑은 태양의 재로부터 다시 태어난다는 것을 안다. 아울러 어느 날인가 당신에게 모든 희망이 거부되었던 바로 그 시점으로 관념들의 모임이 비열하게 당신을 다시 데려올 때마다, 더 나아가 당신이 다시 일어나, 마치 날개를 찾는 화살 마냥, 깊은 구렁 속에서 새롭게 달려들겠다고 당신 자신이 대들 때마다 나 스스로 모든 위로의 말이 쓸데없는 것임을 깨달으면서, 또 비열한 자의 기분 전환을 위한 모든 시도를 견뎌내면서 나는 유일한 마술적 경구 하나가 여기에서 효력을 발휘할 수 있으리라는 것을 확신하게 된다. 그러나 그 마술적 경구가 당신에게 너무 늦게 전해졌다면, 그때는 과연 어떤 경구가 스스로 간결하게 표현하는 법을 알 것이며, 어떤 경구가 살아갈 모든 힘을, 전력을 다해서 살아갈 모든 힘을 당신에게 즉시 되돌려주는 법을 알 것인가? 내가 따르기로 결심한 유일한 경구, 당신이 갑자기 다른 것에 관심을 기울일 때 당신을 나에게로 다시 부르는 일을 합당케 하는 유일한 경구가 있다. 당신이 다시 머리를 돌리려 할 때마다 단지 나는 이 말이 당신의 귀를 살짝 스치기를 원한다. 오시리스Osiris는 검은 신이다.

다정스러우면서도 격정적이며 어두운 수사로 이루어진 이 아름다운 텍스트는, 아방가르드의 이름이 무엇이 되었든 상관없이, 아방가르드의 실재적 행위를 포장할 만한 많은 규범을 담고 있습니다. 이 텍스트는 아마도 브르통의 산문 가운데 가장 알려지지 않았을, 어쨌든 『나쟈』나 『미친 사랑』보다는 훨씬 덜 알려진 『아르칸 17』에서 발췌한 것입니다. 브르통의 비교적 후기 작품인 이 텍스트는 전쟁과 전쟁 이후(『아르칸 17』은 1944년에 발표되었습니다)에 대한 원숙한, 하지만 또한 어렴풋이 실망을 표현하는 텍스트 가운데 하나입니다. 그렇다면 이 책에는 오직 반항의 자기도취를 제기하며 결과의 실용주의에 무관심을 제기하는 공리, 오늘날 되풀이해서 읽힐 만한 공리만 있는 걸까요?
 텍스트를 읽는 데 도움이 될 네 가지 주목할 점은 다음과 같습니다.

1. "시련의 초과 자체가 기호의 변화를 이끈다."

이 발췌문에서 처음부터 제기된 문제는 긍정적인 초과의 조건에 관한 것입니다. 삶의 강도라는 방향으로 나아가는 초과를 어떻게 생산할까요? 즉 "한계가 없는 재능", "큰 규모", "살아 움직이는 몽상" 속에서 얼싸안는 "밝은 불꽃"을 어떻게 생산할까요? 우리는 이제 이 문제의 본질을 압니다. 그것은 실재적인 삶이 사유의 창조적인 연소燃燒를 보장하기 위해서 어떻게 자신의 불로부터 도래할 수 있는지를 아는 것입니다.

 이 점에 대해서 브르통은 변증법적 외관과 낭만적 계통의 내용을 지지합니다. 왜냐하면 여기에서는 유일한 원천이 부정적인 초과 속에, 다시 말해 고통 속에 있기 때문입니다. 결국 창조적 배치는, 그것이 생기적이든 예술적이든, 부정적인 초과로부터 긍정적인 초과로의, 깊이를 알 수 없는 고통으로부터 무한한 반항으로의 전환이 되어야 합니다. 이 창조적 배치는 브르통이 "기호의 변화"라고, 나중에는 "기호의 전환"이라고 명명한 것을 실행시킵니다. 결국 전복이 문제입니다. 모순을 동력으로 하는 변증법적 진행의 영향 아래 이루어지는 전복이 아니라, 연금술 작업(우리는 모든 초현실주의자에게서 이 연금술적 모티브가 공명하는 것을 압니다)이 납의 기호를 금의 기호로 치환하는 것과 같은 전복, 이런 전복이 문제인 것입니다.

여기에서 주목해야 할 것은 브르통이 일상적 삶의 부정을 통해서 창조적인 초과를 직접적으로 생산할 수 있다고 고려하지 않았다는 사실입니다. 그렇습니다, 먼저 그곳에 초과가, 정확하게 말하자면 "시련의 초과 자체"가 있어야만 합니다. 일상적 상태의 기호를 바꿀 수 있는 연금술도 없고, 중성적 기호로부터 매혹적 초과와 창조적 반항을 생산할 수 있는 연금술도 없습니다. 우리는 어쩔 수 없이 따라야 하는 부과된 초과로부터, 부정적인 두려운 기호로부터, (오시리스 신처럼) 검은 기호로부터 "그럭저럭 살 만한 가치가 있는 것"을 찬양하는 획득된 가능성으로 단지 이동할 수만 있습니다. 이 이동이 곧 초과의 기호를 뒤집는 작용, 따라서 브르통이 "반항"이라고 명명한 의지적이면서도 기적적인 작용입니다.

이 모든 전개의 핵심적 가르침은, 가장 두려운 고통을 참을 줄 아는 것은 그 자체가 곧 창조적 덕이라는 사실, 그리고 만약 우리가 초과에 노출되지 않는다면 고통을 가져다주는 것은 아무것도 없으리라는 사실입니다. 여기서 우리는 삶이 강도强度의 차원에서 갖는 모든 것을 삶에게 강요하는 욕망이 이끌어내는 스토아학파의 특별한 [삶의] 방식을 재발견합니다. 또한 우리는 특별히 페소아의 시에서 이미 만났던 창조적 수동성에 대한 역설적 찬양을 재발견합니다. 실제로 최악의 것이 있다는 가르침을 받아들이는 일, 이것이 생기적 강도의 조건입니다. "살아갈 모든 힘을, 전력을 다해서 살아갈 모든 힘"을 회복할 수 있기 위해서는 반항적인 받아들임을 통해서 "인간적 고통의 바닥에까지 갔어야 하고, 인간적 고통의 기이한 능력을 발견했어야" 합니다.

즉 초과의 부정적 기호에 동의한 노출로부터 모든 긍정이 획득되거나 재차 획득되어야 하는 것입니다. 그리고 이때 최악의 것에 노출될 위험을 지닌 수동성은 긍정적 삶의 가장 깊은 원천을 이루게 됩니다. 실제로 창조는 초과 그 자체의 돌발이 아니라 오로지 초과의 기호의 변화일 수밖에 없습니다. 바로 이런 의미에서 창조는 음극의 정신에서 나온 줄밥을 양극으로 밀어내는 작용을 하기 때문에 브르통이 좋아하는 또 다른 이미지에 따르면 그 자체가 자기작용磁氣作用입니다. 그것은 "인간의 유연치 못한 것을 유연한 것 쪽으로" 이동케 함으로써 주체를 주체 고유의 불가능한 것에, 따라서 주체의 고유하게 실재적인 능력에 대면시키는 작용입니다.

2. "반항은 그 자체로 정당성을 갖는다."

부정적인 것, 즉 "견뎌낸 고통의 무게"가 체험될 때는 체념과 반항 사이에 근본적인 이율배반이 나타납니다. 부정적인 초과 속에서 모든 문제는 우리의 삶이 이 두 방향 가운데 어떤 방향을 선택할 것인지를 아는 것입니다. 바로 여기에서 자성을 띤 마법과 의지가 서로 분간이 불가능해집니다. "반항"이란 부정적인 초과의 극단적인 체험 속에서 사람들이 부정적인 초과의 기호를 바꿀 수 있다는 확신을 유지하는 것을 말합니다. 반면에 체념은 고통의 극복할 수 없는 불가피한 성격을 전적으로 받아들이는 것을 말합니다. 체념은 고통에는 위로의 말만이 적합하다는 것을 지지합니다. 그런데 브르통은 이 위로의 말을 초라한 "기분 전환을 위한 시도"로 받아들입니다. 이러한 시도 속에서는 그 어떤 것도 생기적인 강도의 존속 가능성을 가리키지 않기 때문입니다.

따라서 자신의 결과로 평가될 필요가 전혀 없는 반항의 삶에서 완벽한 자기도취를 긍정하는 매우 아름다운 구절이 나오게 됩니다. 반항은 "반항을 결정짓는 사실의 상태를 변경하거나 변경하지 않을 기회와는 완전히 무관하게" 생기적인 불똥(따라서 순수한 현재)입니다. 반항은 주체적 형상이지 상황 변화의 동력이 아닙니다. 반항은 사람들이 초과의 기호를 바꿀 수 있으리라는 도박인 것입니다.

브르통이 파렴치한 사제라고 명명한 체념의 인물이 무대에 등장하는 것이 바로 여기입니다. 그의 책략은 반항이 나쁘다고 직접적으로 주장하지 않는 쪽으로 진행됩니다. "사제"는 오늘날 도처에서 중얼거리거나 고래고래 소리를 지르는 기만적인 목소리, 즉 정치인, 수필가 그리고 저널리스트의 목소리를 냅니다. 날마다 이 목소리는 사람들이 반항을 그 결과에 따라 평가할 것을, 또 [결과라는] 이 유일한 기준 아래 반항을 체념과 비교할 것을 요구합니다. 따라서 비교 가능한 객관적 결과, 심지어는 종종 열등하기까지 한 객관적 결과를 내세우면서 이 목소리는 반항이 너무나 많은 생명, 고통, 비극의 대가를 치러야 한다는 사실을 다소 의기양양하게 밝힙니다. 반항은 결과의 실용주의와는 아무런 관계가 없기 때문에 이 목소리가 "뻔뻔스러운 거짓말"만 늘어놓고 있다고 브르통이 훌륭하게 선언하는 것은 바로 이 어디에나 존재하는 "현실주의적" 목소리를 향해서입니다.

따라서 실재에 대한 열정의, 지금 여기에서 사유되는 행동의, 반란(마오의 공리가 "사람들에겐 반란을 일으킬 이유가 있다."

입니다)이 지닌 내재적 가치의 강력한 형식 가운데 하나가 최근에 이르기까지 계속되는, 경제적, 사회적, "인간적" 등의 결과로 위장한 기만적인 법정 앞에 출두하는 것에 대한 불손한 거절일 것입니다. 사제의 현실주의적 변명의 바탕에는 주체들로 하여금 체념의 대가로 여러분에게 제공되는 콩 요리만을 선택하도록 강요하는 반응적 욕망만이 있을 뿐입니다.

만약 세기가 니체적 세기였다면, 세기가 사제에게서 기존 종교의 관리官吏 그 이상의 것을 보았다는 것 또한 사실입니다. 사제는 반항을 무조건적 가치로 여기는 것을 멈추는 자, 모든 것을 그것의 "객관적" 결과로 평가하는 자입니다. 세기의 이 끝자락에, 아! 사제가 도처에 있습니다.

3. "당신을 향한 내 사랑은 태양의 재로부터 다시 태어난다."

세기는 사랑이 진리의 형상으로 격상된 위대한 세기였습니다. 이 사랑의 격상은 바그너의 『트리스탄과 이졸데』 속에 영원히 남아 있는 낭만주의의 운명적이고 융합적인 이해와는 완전히 다릅니다. 이러한 변형 속에서는 정신분석학도, 여권 신장을 위한 투쟁의 연속적인 파도도 중요한 것이 아니었습니다. 핵심적인 쟁점은 사랑을 운명으로서 사유하는 것이 아니라 만남과 사유[1]로서, 비대칭을 이루는 동등한 생성으로서, 자아에 대한 발

---

[1] 현대 철학자들 가운데 사랑을 성에 대한 관계가 아니라 몸에 대한 관계 속에서 가장 정합적으로 숙고한 사람들 중의 한 사람이 의심의 여지없이 장뤽 낭시다. 그럼에도 그는 날카롭게, 하지만 또한 그의 스타일인 침착한 절제를 발휘하면서, 이 세기 말에 우리가 어디에 있는지를 자문하며 [사랑 외에] 다른 문

명으로서 사유하는 것입니다.

초현실주의는 진리의 무대로서의 사랑, 차이의 진리를 위한 과정으로서의 사랑을 이처럼 재구성하는 데 있어서 한 단계를 이루었습니다.¹ 단지 한 단계를 말입니다. 왜냐하면 초현실주의는 나체에 모피 코트만 입은 채 대도시의 거리를 산책하는 신비스럽고 치명적인 여성성 주위를 맴도는 성적 신화에 여전히 갇혀 있기 때문입니다. 이로부터 극히 일방적으로 남성적인 비전이 비롯되며, 여성에 대한 과장된 찬양이 이러한 비전의 고전적 이면으로 나타납니다. 예를 들어 인용된 텍스트에서 "당신의 눈 속을 지나가는 어두운 불을 숭배"할 때, 사랑스럽다기보다는 훨씬 더 미학적인 어떤 맹목적인 찬양 같은 것이 들리는 것입니다. 하지만 그럼에도 불구하고 초현실주의는, 그중에서도 특히 브르통은 대중이 역사의 무대 위에 오른 것과 마찬가지로 진리의 주체가 사랑의 무대에서 생성되도록 하기 위하여 여자가 사랑의 무대 위에 오르도록 하는 운동을 이끌었습니다. 브르통이 "이 점에 있어서 오로지 사랑 자신만을 믿는 사랑은 다시 시작되지

제들 또한 건드린다. 따라서 지체하지 말고 모음집 『유한한 사유 Une pensée finie』(Galilée, 1990)를 읽을 것을 제안한다.
1 자크 데리다의 작품의 한 측면은 차이에 부여할 숙명적 의미의 주위만을 맴도는 것이 아니라(그가 이 점에 대해서 60년대에 남겼던 중요한 기여를 우리는 잘 안다. 『글쓰기와 차이 L'Écriture et la différence』(Seuil, 1979)를 읽고 또 읽어보자), 언제나 보다 끈질긴 방식으로—자기 사유의 현실적인 미로 속에서 그 어떤 "종교적인" 잠재성을 의심케 한다는 점에서—차이, 이타성(또는 타자 l'Autre), 즉 엠마누엘 레비나스가 필연적으로 대화 상대로 등장하게 되는 그 [이타성의] 점, 그리고 고갈되지 않는 모태인 성화 sexuation 사이의 탈-연결 dis-connexion의 주위 또한 맴돈다.

않는다."고 쓸 때, 그는 본질적인 무언가를 말하고 있습니다. 사랑은 사랑 자신을 "높이" 올려놓기 위해서라도 더 이상 신비로운 융합일 수도, 별의 결합일 수도, 남자에게 영원한 여성을 제안하는 것일 수도 없습니다.[1] 사랑은 신체와 정신의 이원적인 모험이요, 둘인 것에 대한 경험과 사유이자, 대조 속에서 굴절되고 변화된 세계입니다. 이러한 세계에서 다시 시작됨이란 결코 없는 것입니다.

근본적으로 볼 때, 사랑을 초과의 반-변증법과 연결하면서 브르통은 사랑을 삶의 사유 원천 속에, 강도의 도박 속에 포함시킵니다. 따라서 우리의 텍스트가 증언하는 것처럼, 오늘날 이러한 도박의 비할 데 없이 완벽한 주역이 다시 되는 것은 오히려 여자일 것입니다.

---

[1] 이것이 (나폴레옹까지 포함한) 어떤 18세기의 결산이다. 그 18세기는 여성에 대한 성적 발명을 목격했다. 늙은 괴테는 여성에 대해 『파우스트 제2부』(앙리 발즈Henri Balze가—1875년에!—옮긴 고풍스러우면서도 매력적인 번역)에서 다음과 같이 결론 내린다.

> 순간적인 것과 덧없는 것은
> 단지 상징들일 뿐.
> 결핍을 낳는 것이 여기 노래했구나.
> 설명할 수 없는 것이
> 성취되었구나,
> 이야기할 수 없는 것이.
> 여성적인 영원한 것이
> 우리를 하늘로 이끄는구나.

4. "유일한 마술적 경구 하나가 여기에서 효력을 발휘할 수 있다."

나는 행위의 능력과 순수 현재의 실재는 명명을 금지하며 선포와 선언 속에서 "거리를 둔" 포장을 합법화한다고 말했습니다. 또한 그럼에도 불구하고 창조적 행위 능력을 명명하는 핵심을 창조적 행위에 직접적으로 맞추기 위한 아방가르드와 아방가르드 예술가들의 시도를 존중해야 합니다. 랭보 이래로 그가 "나는 장소와 경구를 발견했다."라고 쓴 의미에서, 또한 명백하게 비밀스런 모든 장소를 열 수 있는 경구("열려라, 참깨!")와 같은 "마술적 경구"의 의미에서 우리가 "경구"라고 명명할 수 있는 것이 바로 이것입니다.

절대적 불행의 결과인 반항이 "깊은 구렁 속에서 새롭게 달려들"도록 인도하는 황폐해진 여자를 위하여, 사랑이 브르통에게 자격을 갖춘 유일한 경구, 위로가 아닌, 즉 체념으로의 초대가 아닌 유일한 경구, 다시 말해 "오시리스는 검은 신이다."라는 경구의 영감을 불어넣습니다. 이 경구는 모든 변신, 모든 재탄생, 이차적인 모든 신격화는 삶의 가장 견디기 힘든 우울함 속에서 완강하게 저항하는 것을 조건으로 한다는 관념을 농축하고 있습니다. 부정적인 형식 아래 부여된 최초의 초과, 반항적 창조의 순간적인 힘, 선언의 수준 높은 언어가 이 경구 속에서 결합되어 있습니다.

실제로 경구란 바로 이것, 즉 현재의 행위와 프로그램이 포함하는 미래 사이의 결합을 가정하는 점입니다. 정치에서는 모든 사람이 경구란 슬로건이 상황을 지배할 때, 슬로건이 행진하는 수많은 사람에 의해 다시 취해질 때 바로 그 슬로건이라는 것을 압니다. 경구가 발견될 때, 우리는 물질적 신체와 이 신체에 거주하는 발명의 정신을 더 이상 구분할 수 없게 됩니다. 우리는 또다시 랭보처럼 『지옥에서 보낸 한 철Une saison en enfer』의 마지막 부분, 즉 "나는 영혼과 신체 속에서 진리를 알리라."에 있습니다. 브르통에게 있어서 경구는 기호의 변화에, 고통으로부터 삶의 긍정적 강도로 나아가는 반항적 이동에 이름을 부여합니다. 예술적인 만큼 정치적이기도 한, 세기가 행한 시도의 많은 부분이 경구, 즉 실재의 새로움을 알리는 것을 실재와 연결하는 미세한 점과 같은 경구, 유일한 한 단어가 신체와 동일한 것이 되도록 하는 언어 속 섬광과 같은 경구를 발견하는 일에 바쳐졌습니다.

집중의 절정에서 세기의 예술은—하지만 진리의 모든 과정 역시 그들 고유의 원천에 따라—현재와, 삶의 실재적 강도와, 그 자체가 언제나 형식의 발명이기도 한, 경구 속에 주어진 이 현재의 이름과 결합하는 것을 겨냥합니다. 이렇게 해서 세계의 고통이 기쁨으로 변하는 것입니다.

고통의 바다에서, 경구와 순간의 있을 법하지 않은 교차를 통해 알려지지 않은 강도를 생산하는 일, 이것이 바로 세기의 욕망입니다. 이러한 사실로부터, 세기의 다양한 잔혹함에도 불구하고, 세기는 세기 자신의 예술가들, 학자들, 투사들, 사랑하는 이들을 통해 행동 그 자체가 되기에 이른 것입니다.

2000년 3월 28일

12. 무한

1. 아침의 유비類比

세기로부터 아주 멀리까지 온 오늘날, 우리는 예술과 정치가 세기 내내 유지한 긴밀한 관계를 어떻게 사유해야 할까요? 예술을 정치나 이런저런 정부 당국, 궁극적으로 국가의 검열에 굴복시키는 것은 유일한 관계가 아닐뿐더러, 심지어 주된 관계도 아닙니다. 이다노프Jdanov가 퇴폐적인 부르주아 예술(실제로는 현대 예술 전체)에 퍼부은 독설이나, 마오가 옌안延安에서 예술과 문학에 대하여 한 이야기 자체가 언제나 문제가 되는 것은 아닙니다. 아주 자주 [그것들의] 간접적이고 부차적인 방식만 문제가 될 뿐입니다. 서양에서 주로 지지하는 그리고 가장 혁신적이고 가장 활동적인 경향들이 주로 지지하는 가장 의미 있는 논세는 예술 자체가 지니는 정치적인 공격력과 가치에 관한 논제입니다. 실제로 아방가르드는 "엄밀한 의미에서의" 정치보다 예술의 형식적인 변이 속에 정치적인 것이 훨씬 더 많다고 말하기까지

했습니다. 그리고 이런 생각은 60년대에 텔켈Tel Quel 그룹의 확신이기도 했습니다. 자크 랑시에르¹의 어떤 글은 심지어 이런 종류의 확신에 대한 오늘날의 정교한 메아리에 해당합니다. 세기의 창조적인 작용 속에서 그 무엇이 이런 종류의 긍정을 가능케 한 걸까요?

완전히 서술적인 첫 번째 고찰이 이 강의를 이전 강의와 연결할 수 있습니다. 세기의 중요한 운각韻脚 중에서 명백하게 시적-정치적인 모임으로 이해되는 집단들의 등장을 고려해야 한다는 것은 확실합니다. 이 시적-정치적인 집단들은 정치적 결별에 대한 지적 조건을 유지하고 실천하는 조직과 예술적으로 창조적인 학파 사이의 동일성을 자신들이 갖고 있다고 단언했습니다. 따라서 "시적-정치적"이라는 말 속에서 "시적"이라는 말은 일종의 해방의 주체적 미학을 가리키는 말로 넓게 이해될 것입니다. 실제로 초현실주의자들, 상황주의자들, 그리고 이 경향의 끝에 위치한 잡지 『텔켈』이 각각 20년대와 30년대에, 50년대에, 그다음에는 60년대와 70년대에 예술과 정치를 분간 불가능하게 하는 이러한 사명을 실례로 보여준 바 있습니다.

모든 정치는 모임에서 토론되고 결정된 집단적 행동을 통해

---

1 우리는 사유의 이 계보(랑시에르에게서 이 계보는 노동자-고고학적 계보를 배가시키며 미묘한 변화를 주지만 19세기적인 면이 있다) 속에서 무엇보다도 먼저 그가 기획한 매우 주목할 만한 세미나의 편집물을 인용할 것이다. 이 세미나는, 그때 발표된 글들을 모은 책 『시인들의 정치La Politique des poètes』(Albin Michel, 1992)와 똑같은, 의미 있는 제목 아래 열렸다. 게다가 주로 산문 쪽으로 정향된 작은 책 『무언의 말La Parole muette』(Hachette, 1998)을 또한 인용할 것이다.

결단한다는 사실로부터 시적-정치적인 발의는 개별 예술가들의 작품이 될 수 있지만, 또한 그것은 [예술가들의] 모임과 집단적 결정으로부터 비롯되는 것이 틀림없다는 사실이 뒤따릅니다. 정신분석학파의 세계는 말할 것도 없고, 작은 정치 집단의 세계에서와 마찬가지로 예술가들의 세계에서도, 이러저러한 배제의 전범典範에 대항하는 끝없는 독설의 거대한 분파주의적 격렬함이 없다면 당연히 모임도, 집단적 결심도, 집단적 발의도 없습니다.

수많은 공산당처럼 광범위한 국가권력 집단이든 상황주의자들처럼 아주 작은 미학적 재결집 집단이든 상관없이, 세기 속에서 다소간 창조적인 모든 집단의 근본적 실천이었던, 배제의 제도적인 문제를 연구하는 것은 대단히 흥미로울 것입니다. 사람들이 실재를 건드리게 되리라는 확신은 결국에는 극단적인 주체적 흥분을 야기하는 것으로 보입니다. 이때 이 극단적인 주체적 흥분의 시위 가운데 하나가 바로 이단자와 용의자를 항구적으로 지시하는 일입니다. 이러한 만성적인 숙청은 스탈린주의자들의 전매특허가 아니었습니다. [사실은] 그 반대였습니다. 프로이트, 앙드레 브르통, 트로츠키, 기 드보르, 라캉 같은 다양한 인물이 정상을 벗어난 가혹한 소송을 제기하였으며, 수많은 이단자를 낙인찍고 배제하거나 와해시켰습니다.

확실히 배제는, 배제의 시금석이 실재적 전복일 경우 합법적인 행동 기준을 정해야 한다는 어려움과 연관이 있습니다. 따라서 모든 것이 내가 이전에 말했던 부정적인 동일화를 향해서 나아갑니다. 즉 하나의 본질이 둘 속에 있으며, 사람들은 오로지 나눔의 시험 속에서만 자신들 고유의 합일에 대해서 확신하는 것입니다. 분열과 배제의 성대한 연출은 바로 이 부정적인 동일화로부터 비롯됩니다. 예를 들어 강도 높은 스탈린적 시기―사실을 말하자면 이 무능한 당이 최소한 무언가를 의미했던 유일한 시기―에 프랑스 공산당의 큰 원칙 가운데 하나는 사람들이 당을 떠나는 것이 아니라 사람들이 당으로부터 배제되는 것이었습니다. 만약 여러분이 실재를 건드렸다면, 여러분은 실재로부터 자유롭게 벗어날 수 없습니다. 여러분을 실재에 어울리지 않는다고 판단하는 것은 [여러분이 아니라] 바로 실재이기 때문입니다. 또는 우리가 앞에서 이미 보았듯이 브레히트의 표현을 빌려 우리는 이것을 다음과 같이 말할 수 있을 것입니다. "우리로부터 떨어지지 말게나."

사실대로 말하자면 시적-정치적인 집단에서 자주 일어났던 배제와 분열에 대하여 자문하는 일은 결국에는 "정치적"이라는 단어를 강조하게 됩니다. 그렇다면 "정치적"이라는 단어가 세기 속에서 궁극적으로 무엇의 이름이었기에 권력투쟁의 전통적 폭력을 이처럼 예술의 명령에 이전시킬 수 있었던 걸까요? "정치적"이라는 단어의 역사가 있습니다. 그리고 우리는 이 단어의 의미가 세기에 의해 다시 발명되었다는 사실을 전제해야 합니다. 사람들이 정치적 사명을 예술에 할당할 때, "정치적"이란 말은 무엇을 말하는 걸까요? 20년대 이후로 "정치적"이라는 단어는 합의 바깥으로 나가는 모든 도피, 모든 근원적 결별을 애매하게 가리키는 지점에 적용되어 쓰이기 시작합니다. 즉 "정치적"이라는 말이 집단적으로 인식할 수 있는 결별에 대한 공통된 이름이

된 것입니다. 이런 의미에서 사람들은 정신분석학적인 "정치적" 집단, 예술적인 "정치적" 집단, 연극적이거나 시민적인 "정치적" 집단, 시적이거나 음악적인 "정치적" 집단이 왜 그토록 헤아릴 수 없이 많은지 상상할 수 있게 되며, 또 68년 5월 이후에 보았던 것처럼 왜 사람들이 "모든 것은 정치적"이라는 주장, 그중에서도 특히 성성[성의 속성]이 정치적이라는 주장을 지지하게 되었는지 상상할 수 있게 됩니다. "정치적"이라는 말은 시작의 욕망을 명명합니다. 즉 예술적 발명, 사랑과 관련된 발명, 과학의 발명과 같은 인간적 발명의 유일한 효과를 통해서 실재의 파편이 마침내 두려움도, 법도 없이 나타내게 되는 욕망을 명명하는 것입니다. "정치적"이라는 단어에 이와 같이 확장되고 주체화된 의미를 부여하지 않는다면, 예술/정치라는 연결은 이해 불가능합니다.

하지만 "정치적"이라는 단어가 그토록 많이 변형되었다 할지라도, 언제나 이 단어는 결국 권력, 국가와 관련된 직업적 정치를 가리킵니다. 그리고 "반항", "혁명", "아방가르드" 같은 단어가 원래부터 정치로서의 예술과 정치적 예술 사이에 존재해왔다는 것을 고려한다면 더욱더 그렇습니다(폭동은 예술이라고 말한 사람이 바로 레닌입니다). 따라서 예술의 정치적 사명, 즉 예술이 실재적 시작에 대하여 갖는 사명을 당이나 국가에 대한 기회주의적 복종으로 변형시켜버릴 위험이 존재합니다. 이 위험과 관련해서 서로 복잡하게 뒤얽힌 다음과 같은 두 과정이 있습니다. [먼저] 예술에 내적인 과정이 있습니다. 즉 결별을, 형식의 활성화 속에서 발명되는 열정 같은 존재의 아침[시작]으로서의 실재에 대한 열정을 건드리는 과정이 있습니다. 다음으로 [예술] 외적인 과정이 있습니다. 즉 조직화된 실질적 정치, 그 가운데서도 특히 혁명적 정치에 대하여 예술과 예술가들이 갖는 위치에 관한 과정이 있습니다. 혁명적 정치 또한 결별과 아침에 대해서 이야기합니다. 하지만 혁명적 정치는 대개의 경우 모든 특별한 결별을 초월하는 것으로서 주어지는 집단적 무한의 이름으로 결별과 아침을 이야기합니다. 이런 이유로 정치적 혁명에 대해서, 보다 정확하게 말해 정치적 혁명을 지도하거나 적어도 정치적 혁명의 가능성을 보증하는 당에 대해서 예술적 혁명이 갖는 자율성의 정도, 따라서 아방가르드 예술이 갖는 자율성의 정도에 관해서 묻지 않을 수가 없는 것입니다. 예술적 혁명을 정치적 혁명에 포함시키는 것을 합리적으로 받아들이는 사람들이 볼 때, 예술이 요구하는 절대적 자유가 당의 강령에 대한 절대적 종속으로 전도되는 순간이 있습니다. 이 같은 변증법적 수수께끼는 세기 속에서 실재에 대한 열정이 실행된 장場인 수많은 분리적인 종합 가운데 하나에 불과합니다. 이것은 형식적 모순이 아닙니다. 외설적 몽상인 『이렌의 성기 Le Con d'Irène』를 은밀하게 퍼뜨린 초현실주의자 루이 아라공, 즉 나중에는 여성적 성상에 대해 다음과 같이 말한 루이 아라공이 있습니다.

   너의 눈은 너무나도 깊어 널 보기 위해 내 몸을 기울일 수밖에 없구나
   모든 태양이 너의 눈에 자기 모습을 비추기 위해 오는 것을 나는 보았나니

너의 눈은 너무나도 깊어 나는 기억을 잃어버리고 말았구나

다음으로 사회주의자 레옹 블륌Léon Blum에 대하여 "사회민주주의의 박식한 곰에게 공격 개시!"라고 선언한 루이 아라공, 이 다노프의 지침을 따라서 문학적 정통성에 신경을 쓴 루이 아라공, 프랑스 공산당의 당 서기인 모리스 토레즈Maurice Thorez가 소비에트의 병원에서 오랜 기간 머문 후 프랑스로 귀환한 일을 두고서 "전차 운전사가 자신의 기계를 멈추고 돌아오누나, 돌아오누나……"라며 서정적이면서도 아첨하는 시를 쓴 동일한 인물 루이 아라공이 있습니다. 비록 아라공 자신이 만년에 자신의 정신분열증을 믿도록 하기 위해 노력했지만, 이 "두" 아라공 사이에 정신분열증을 전제할 필요는 없습니다. 이와 같이 창조와 복종 사이에 분간 불가능성의 순간이라는 실재적인 역설이 있습니다. 그리고 아마도 이 첫 번째 역설의 변이라 할 수 있는 또 다른 역설, 즉 집단적 자유를 조직하는 자로 여겨지지만 때때로 이 집단적 자유에 의해 제대로 보호받지 못하는 "우리" 속으로 "나"를 용해시킬 필요성에 따라서 반항과 발명의 정신을 포섭하는 역설이 있습니다. [한편] 훨씬 더 일반적으로 반항이라는 신맛과 타인에 대한 권력이라는 보다 기름진 풍미 사이의 혼동 또한 있습니다.

  이 같은 역설을, 아니 이 같은 혼동을 매개로 조금씩 드러나는 것은, 오로지 역설과 혼동의 특이한 시퀀스를 결여하지 않을 경우에만 사람들은 마침내 사유의 아침에 관한 모든 약속을 "정치적"이라고 명명할 수 있었다는 사실입니다. 우리가 실재의 파편

을 너무나도 통일된 방식으로 취할 때, 실재의 보복이 뒤따릅니다. 즉 그 어떤 아방가르드 예술도, 그 어떤 혁명적 정치도 자신들이 선포한 융합의 수혜자가 되지 못하는 것입니다. 오늘날 우리는 아방가르드 예술과 혁명적 정치가 진리를 생산하는 분명히 구분된 두 과정이라는 것, 형식에 대한 사변적인 발명과 실재의 불분명함 간의 이질적인 두 대조라는 것을 압니다. 하지만 우리는 아방가르드의 운명을 다시-사유한 이후에만, 아방가르드의 눈부시고 과격한 야망을 영원히 축복한 이후에만 이 같은 사실을 압니다.

이뿐만 아니라 심지어는 시적-정치적인 집단의 순간에도 "융합"의 진정한 본질은 예술의 진리에 대한 보다 오래되고 보다 고유한 물음에, 즉 예술적 객관성에 대한 물음에, 예술이 생산하는 것에 대한 물음에 매개체의 역할을 했습니다.

2. 낭만주의적 무한, 현대적 무한

현대 예술가들은 모두 이러저러한 순간에 작품의 개념 자체에 대한 물음으로 이끌렸습니다. 이미 우리가 말한 이유, 즉 실재적 현재에 유일하게 상응하는 행위의 우월함 때문에 말입니다. 아주 일찍부터 사람들은 예를 들어 그림의 유한성과 부동성, 그림의 활기 없는 전시, 상업적 객관성을 비판했습니다. 오늘날 그림은 종종 하루살이와도 같은 "설치"로 대체됩니다. 정치의 영역에서 이상적인 공동체를 생산하려는 이념이 그냥 방치되어 버린 것처럼, 그리하여 블랑쇼나 장뤽 낭시가 "할 일이 없는" 공동체에 대해 숙고하고 조르조 아감벤이 "도래하는" 공동체에 대해 숙고하는 것처럼 예술의 영역에서도 사람들은 중요한 것은 행위요 동작이지 생산물이 아니라고 주장하는 것입니다. 이것은 결국 나 자신이 이미 지적한 바 있는, 결과를 맹목적으로 숭배하는 것에 대한 비판으로 수렴됩니다. 예술의 가장 근원적인 형식 아래에서 무위無爲를 향한 예술의 지향은 분리된 활동으로서의 예술은 그 자체가 사라져야 하며 삶으로서 실현되어야 한다고 주장합니다. 이러한 과도過度-헤겔주의hyper-hégélianisme는 일상의 미화美化 속에서 예술을 뛰어넘을 것을 제안합니다. 삶의 이 같은 예술-생성이 내재적이고, 강렬하게 주체화되고, 또 결코 [가시적인] 광경으로서 제안되지 않는다는 조건 아래에서 이 과도-헤겔주의는 상황주의의 근본적인 지향 가운데 하나를 구성합니다. 기 드보르의 영화들, 그중에서도 특히 매우 매혹적인 〈우리는 한밤중에 맴돌고 배회하다 불타며 소모된다In girum imus nocte et consumimur igni〉는 파괴적 행위까지 포함한 행위가 되기를 시도하면서 동시에 이런 행위의 선언이 되기를 시도합니다. 광경의 생산으로서의 영화 예술에 대한 종말을 선고하는 일과 이러한 종말을 비非-영화인 영화 속에서 실현하는 일을 시도하는 것입니다(사실 이런 영화는, 그 자체로 이미 주목할 만하지만, 향수를 일으키는 아름다운 명상에 불과합니다. 하지만 이것은 또 다른 이야기입니다).

작품의 무용성과 행위의 연출에 결코 진정으로 도달하지 못하는 이 같은 왜곡된 논의는, 내가 보기에 다른 영역과 마찬가지로 예술의 영역에서도 나타나는, 세기 자신이 정했지만 세기가 끝날 때까지 수행할 수 없었던 과업의 화신化身 가운데 하나입니다. 이 과업은 낭만주의와 결정적으로 결별할 방법을 찾는 것입니다.

세기의 골칫거리는 무엇일까요? 세기는 이상Idéal에 대한 낭만주의와 결별하는 일, 다시 말해 실질적으로-실재적인 것의 낭떠러지에 서 있는 일을 시도하지만, 세기는 이 일을 여전히 낭만적이며 또 언제나 낭만적인 주체적 방법들(어두운 열광, 강렬한 허무주의, 전쟁의 찬양……)로 시도합니다.

이것은 세기의 불확실성, 더 나아가 세기의 잔혹함을 이해하는 데 도움을 줍니다. 모든 사람이 "꿈꾸는 일, 이상을 노래하는 일을 멈추어야 한다. 행동하라! 실재에 덤벼라! 결과가 방법을 정당화해주리라!"라고 말합니다. 하지만 이 같은 긴장된 주체성 속에서 욕망의 유한성과 상황의 무한 사이의 관계가 낭만주의적 과장을 통해서 나타납니다. 우리가 세기의 반-낭만주의 속에서 오늘날의 소위 고통스러운 평화가 피곤함과 포화飽和에 의해 확립될 때까지 끊임없이 계속될 어떤 광적인 것을, 즉 행위 자신에 맞선 행위의 악착스러움과 모두에 맞선 모두의 악차스러움을 인지하는 것은 세기 속에 존속하는 이 같은 낭만주의적 요소 때문입니다.

하지만 궁극적으로 낭만주의란 무엇일까요? 작품과 선포 속에서 세밀하게 연결된 다음의 두 가지 사실을 봅시다.

a) 예술은 이상의 무한이 작품의 유한성 속으로 하강한 것입니다. 천재성에 의해 드높여진 예술가는 이러한 하강의 희생적 중개자입니다. 여기에서 우리는 육화라는 기독교적 도식의 전환을

봅니다. 즉 천재는 대중이 작품의 유한성 속에서 자기 고유의 정신적 무한성을 인식할 수 있도록 형식을 제공하는 것입니다. 이 때 천재는 그가 제공한 형식에 대해서 정신적 지도자가 됩니다. 궁극적으로 볼 때, 무한의 육화를 증명하는 것은 작품이기 때문에 낭만주의는 작품의 신성화를 결코 피할 수가 없게 됩니다.

b) 예술가는 주체성이 이상과 실재 사이의 중개자가 될 능력을 가지고 있음을 확인시켜줌으로써 주체성을 숭고한 것으로 격상시킵니다. 작품이 신성시되는 것과 마찬가지로 이제 예술가가 숭고해지는 것입니다. 여기에서 우리는 미학적 종교를, 또는 장 보레유Jean Borreil가 왕-예술가의 강림이라고 불렀던 것을 "낭만주의"라고 부릅니다.[1]

따라서 예술에서 낭만주의와 결별하는 것은 결국 작품을 탈신성화하고(이것은 뒤샹의 〈레디메이드〉를 위해 자신의 작품을 포기하거나, 또는 작품을 임시 설치하는 데까지 이를 것입니다) 예술가를 면직시키는 것(이것은 일상적 삶 속에서 예술적 행위가 흩어져 사라지는 것을 권장하는 데까지 이를 것입니다)이 됩니다. 이러한 의미에서 20세기는 무신론적 예술, 즉 실재적으로 유물론적인 예술을 목표로 정한 최초의 세기일 것입니다. 그리고 바로 이러한 사실이 아마도 브레히트를 이와 같은 쟁점을 가장 과격한 방식으로 의식한 예술가로, 따라서 가장 특출한 당사

---

[1] 너무나도 일찍 죽은 장 보레유는 우리가 예술의 담론이라고 부를 수 있을 것으로부터 비롯된 거대한 원형을, 사회의 효과 그리고 문학적 창조물과 접합시켜 전망하면서 자신의 독창성을 세웠다. 그의 종합적인 책의 제목은 『왕-예술가L'Artiste-roi』이다.

자들 가운데 한 사람으로 만들었던 것입니다. 하지만 예술가, 철학자, 수필가가 그들이 맞서 싸우는 것의 요소 속에 그렇게도 자주 머무는 이유는 무엇일까요? 왜 그들은 아직까지도 낭만주의적 파토스를 그렇게도 많이 사용하는 걸까요? 예술에 대해 쓴 말로의 산문, 또는 존재를 지키는 일을 시에 위탁한 하이데거의 산문, 또는 종종 스스로를 헤라클레이토스로 자처한 재능 넘치는 시인 르네 샤르의 산문은 말할 것도 없고 브르통의 산문과 드보르의 산문에 이르기까지, 이 모든 수사가 역사를 숙고하는 예술가-사상가의 숭고한 태도를 가장해서 연출하기도 한 위고의 산문에 그렇게도 가까운 것은 도대체 무엇 때문일까요?

이 물음은 무한에 관한 것으로, 이 물음이 실재에 대한 물음과 갖는 연결 고리를 고려할 때, 우리는 이 물음이 세기 속에서 낭만주의로부터 평온하게 탈출할 수 있도록 해주는 해명에 도달하는 일과는 거리가 먼 물음이라는 것을 알게 됩니다. 완전히 세속화된 무한 개념을 고독하고 격정적으로 예언했던 칸토어의 근본적인 가르침이 오늘날까지도 여전히 예술적 근대성에 대한 지배적 담론에 스며들지 못했다는 사실에 대해 먼저 이야기해 봅시다.

예술은 어떻게 존재의 무한성을 예술의 사유에 완전히 통합시킴과 동시에 예술의 방법에 불가피한 유한성을 받아들일 수 있을까요? 낭만주의는 예술이란 정확하게 말해서 작품의 유한한 신체 속에 이러한 무한성이 도래하는 것이라고 말할 것을 제안합니다. 하지만 낭만주의는 일종의 보편화된 기독교를 대가로 해야만 이렇게 말할 수 있습니다. 만약 이러한 잠재적인 종교심과 결별하기를 원한다면, 유한과 무한의 또 다른 연결을 찾는 것이 중요합니다. 유한과 무한의 또 다른 연결을 찾는 일, 바로 이것이 세기가 집단적이고 계획적인 방식으로 정말로 할 수 없었던 일입니다. 세기는 해방의 프로그램으로서의 무한을 보유할 낭만주의적 주체성을 유지하는 일과, 사유로서의 예술을 실제로 청산하는 일인 무한의 전적인 희생 사이에서 유한과 무한의 또 다른 연결을 찾지 못한 채 머뭇거렸던 것입니다. 무한에 관한 현대 예술의 골칫거리 역시 낭만주의적 파토스가 되돌아오는 프로그램적 강압과 허무주의적 성상 파괴주의 사이에서 세워집니다.

그렇지만 그 어떤 진정한 예술가도 설령 그가 집단적 곤경에 관한 진술을 공적으로 공유한다 할지라도 이러한 곤경으로 환원될 수 없습니다. 진정한 예술가의 작품은 낭만주의와 허무주의 사이에서 중개의 길을 내며 비록 실재-무한의 관념이 명백할 때가 드물지라도 매번 실재-무한의 독창적인 관념을 재발명합니다. 이러한 관념은 마치 무한이 유한 그 자체와 다른 것이 아닌 것처럼 되게 합니다. 그리고 이때부터 사람들은 유한을 유한의 객관적 유한성 속에서가 아니라 유한이 비롯되는 행위 속에서 생각하게 됩니다. [유한과] 분리된 무한 또는 이상적 무한이란 없습니다. 유한한 형식은 자신의 행위의 활기 속에서 취해질 때 예술이 할 수 있는 무한이 됩니다. 무한은 [유한한] 형식 속에서 포획되는 것이 아니라 형식을 통과하는 것입니다. 유한한 형식은 만약 무한한 개방이 사건이라면, 만약 무한한 개방이 도래하는 것이라면 무한한 개방과 같을 수 있습니다.

20세기의 예술은 아방가르드의 성명 속에서가 아니라 자신의 실질적인 과정 속에서, 지역적인 배치의 독트린이나 거대-구조의 독트린을 유지하는 것이 전적으로 불가능하다는, 끊임없는 형식적 불안을 통해 나타납니다. 왜 그럴까요? 그것은 형식은 이미 세워져 있는 장치들을 단지 "움직이게"만 할 강압적 힘 아래에 있는, 이상의 하강을 위한 단순한 추상적 잠재성이 아니라, 존재의 [일시적] 통과이자, 형식 고유의 유한성에 대한 내재적인 넘어섬이기 때문입니다. 보다 정확하게 말하자면 세워져 있는 장치란 더 이상 있을 수 없습니다. 단지 다수의 형식화만 있을 뿐입니다. 왜일까요?

대부분이 현실적 복고주의—확실히 복고주의는 예술적 반응이기도 합니다. 복고주의의 알파와 오메가는 모든 음악을 "바로크"으로 해석하는 고리타분하고 험악한 강박관념입니다—의 신봉자들인 비평가들은 "현대 예술"(이 말은 이상한 표현인데, 이 말이 때때로 대략 한 세기 이전의 작품인 쇤베르크, 뒤샹 또는 말레비치의 작품과 관계되기 때문입니다)은 "독단적"이며 더나아가 "테러리스트"적이었다고 종종 주장합니다. 그들은 물론 실재에 대한 열정을 테러라고 부를 수 있습니다. 나는 이 점에 동의합니다. 하지만 그들이 형식적인 아프리오리 속에 들어앉아서 완고함을 공포할 때, 그것은 놀라운 몰상식입니다. 세기는 반대로 건설과 장식이라는 명령의 전례 없는 가변성으로 나타납니다. 왜냐하면 세기에게 명령하는 것은 형식들의 균형이라는 느린 역사적 운동이 아니라 이런저런 실험적인 형식화의 긴급함이기 때문입니다.

복고주의자들이 비난하는 [현대] 예술은 작품의 유한성의 기독교적 형상인 육화를 무너뜨리기를 원하는 동시에, 무한을 비육화로서 도래하도록 하는 형식의 개방을 지탱하는 것으로서 육화를 유지하기를 원합니다. [이를 위한] 가장 근본적인 비전은 분명 작품의 객관성을 사건적인 불안정으로, 해체되기 위해 만들어진 형식적인 배치로, 더 나아가 자신의 지속과 동일한 외연을 갖는 "해프닝"으로 대체하는 것입니다. 또한 온갖 형식으로 이루어진 즉흥적 창조라는 수단도 있습니다. 왜냐하면 즉흥적 창조는 형식을 제한하지 않는다는 점에서 형식의 예측을 금지하고, 더 나아가 형식의 안정적인 지표를 고정하는 일마저도 금지하기 때문입니다. 그래서 재즈 같은 즉흥적 창조의 놀라운 유파가 진정으로 세기의 예술이 된 것입니다.

설치, 이벤트, 해프닝, 즉흥적 창조, 이 모든 것은 일종의 일반화된 연극성에 대한 탐구의 방향을 결정합니다. 왜냐하면 연극 자체가 이루 헤아릴 수 없이 많은 공적인 우연과 관련된 불안정한 예술, 수공업과도 같은 예술이라는 사실을 연극은 언제나 받아들여왔기 때문입니다.[1] 형식이 부분적으로, 하지만 엄격하

---

[1] 세기가 연극에 빚지고 있는 모든 것에 대한, 그리고 연극을 세기의 다양한 지적 구성들에 묶는 종종 대단히 섬세하면서도 헤아릴 수 없이 많은 관계에 대한 탐색은 프랑수아 르노의 책들과 논문들 속에 훌륭하게 안내되어 있다. 따라서 『관중Le Spectateur』(Beba/Nanterre Amandiers/Théâtre national de Chaillot, 1986)부터 읽어보자. 그다음 르노의 공리들이 연극의 역사에 대해 새롭게 사유토록 한다는 것을 확인하기 위해 『참신한 독트린: 프랑스의 고전 연극에 대한 열 가지 가르침La Doctrine inouïe: dix leçons sur le théâtre classique français』(Hatier, 1996)을 읽자.

게 결정되기 때문에 무한이 무대의 우연의 결과로 생길 수 있다는 사실, 이것이 세기의 이상입니다. 이것이 낭만주의로부터 힘들게 빠져나오기 위한 세기의 지침인 것입니다. 이것은 유물론적 형식화의 이상입니다. 무한은 이처럼 유한으로부터 직접적으로 발생합니다.

철학자는 이 점에 있어서, 세기가 "예술의 종말"이라는 모티브와 관련해서 헤겔과 토론을 벌였던 것처럼 헤겔과 함께 토론하고 있음을 주목합니다. 하지만 이번에는 충돌을 유발하는 강박적인 준거에 따라서 토론을 벌이는 것이 아니라 무의식적 근접성 속에서 토론을 벌입니다.

이러한 무의식적 근접성을 평가하기 위해서는 『논리학』의 "양"이라는 절節에서 "양적 무한"이라는 제목 아래 전개된 내용을 읽어야 합니다. 나는 라바리에르P.-J. Labarrière와 그웬돌린 야르직크Gwendoline Jarczyk의 번역을 참고하고자 합니다. 헤겔이 제안하는 종합적 정의(나는 여기에서 헤겔의 언어로 말하고 있습니다)에 따르면 스스로를 넘어서는 행위가 행위 그 자신 속에서 다시 취해질 때 [*양의du quantum] 무한성이 도래합니다. 그리고 정확하게 바로 이 순간에 헤겔은 무한이 양적인 것의 범위를 초과해서 질적인 것, 즉 "유한 그 자체의 순수한 질"이 된다고 덧붙입니다. 요컨대 내가 현대 예술은 무한에 대한 실재적 개념을 제안한다고 주장한 것과 마찬가지로, 무한은 곧 유한의 질적 결정인 것입니다. 하지만 어떤 조건에서 그렇다는 걸까요? 헤겔의 분석이 우리에게 유용한 것은 바로 이 지점에서입니다.

헤겔은 자신의 구체적 실재성 속에서 취해진 유한은 언제나,

모든 구체적 범주처럼, 생성이요 운동이라는 확인으로부터 출발합니다. 이 생성 운동을 유한성에 할당하는 것은 이 생성 운동이 반복적이기 때문입니다. 오직 자기 자신인 채로 있기 위해서만 자기 자신으로부터 나오는 것은 유한합니다. 이것이 바로 헤겔이 "넘어서기(das Hinausgehen)"라고 명명한 것입니다. 유한은 자기 자신 속에서 스스로를 넘어서는 것, 또는 타자를 생산하기 위해 자기 자신으로부터 나오되 동일자의 요소 속에 머무는 것입니다. 즉 자기 자신의 변화 대신 오로지 되풀이만 있는 것입니다.

여기에서 나는 유한의 본질은 애매한 공간적 직관인 한계나 경계가 아니라 반복이라는 매우 심오한 관념을 발견합니다. 프로이트, 그다음에는 라캉이 인간 욕망의 유한성을 할당하게 되는 것이 바로 이 "반복의 강박"에서입니다. 그들에게 있어서 인간 욕망의 대상은 언제나 동일한 곳으로 되돌아오기 때문입니다.

따라서 헤겔은 반복적 연속으로서의 넘어서기, 동일자 속에서 이루어지는 자신으로부터 나오기라는 제자리걸음으로서의 넘어서기는 "나쁜 무한(das Schlechte-Unendliche)", 예를 들어 한 숫자 뒤에 또 다른 숫자가 "무한하게" 이어지는 그런 무한이라고 주장하면서 논의를 계속합니다. 나쁜 무한은 넘어서기의 반복적인 불모성을 나타냅니다. 이런 의미에서 나쁜 무한은, 자신의 부정적인 결정(반복) 속에서 볼 때, 유한 자체와 다른 것이 아닙니다.

헤겔의 분석이 어떤 전환점을 마련하는 것이 바로 이 점에서입니다. 지금까지 우리는 넘어서기를, 즉 유한의 구체적 존재인 것을 단지 넘어서기의 결과 속에서만, 말하자면 반복적인 불모성, 되풀이, 동일자의 주장 속에서만 고려했습니다. 하지만 오늘날의 예술가들에 앞서서 헤겔이 이미 확인한 것처럼, 우리는 넘어서기를 그 결과, 즉 "나쁜 무한"에 불과한 것 속에서 사유하지 않고 넘어서기의 행위 속에서 파악하고 사유하려고 시도할 수 있습니다. 여기에서 우리는 행위와 결과를, 즉 넘어서기의 창조적 본질과 창조의 실패를, 또는 오늘날 사람들이 말하는 움직임과 작품을 구분해야 하며 분리하려고 시도해야 합니다. 우리가 행위를 이런 식으로 사유하게끔 인도되는 이유는 행위의 불모성 때문이 아닙니다. 따라서 헤겔은 무엇인가가 "나쁜 무한" 속에서 실재적으로 무한하다는 것을 발견합니다. 즉 사람들이 반복으로부터 스스로를 넘어서는 행위를 떼어내는 일에 성공한다고 할 때의 그 스스로를 넘어서는 행위를 발견한 것입니다. 이때 반복으로부터, 따라서 결과로부터 행위를 떼어내기는 헤겔의 언어로는 행위를 "자기 자신 속에서 다시 취하기"라고 말해집니다. 객관적 결과의 횡포에 대항해서 넘어서기 행위를 "자기 자신 속에서 다시 취하기"는 우리로 하여금 유한의 "주체적" 바탕을, 즉 유한의 운동에 내재하는 실재적 무한을 사유하도록 해줍니다. 이처럼 우리는 뒤이어 오는 반복 속에서가 아니라 "자신 속에서" 넘어서기의 완고함을 가치 있게 만드는 것을 되찾음으로써 순수 창조로서의 무한에 도달하게 됩니다. 유한의 질로서의 무한, 그것은 한계 "뛰어넘기"라는 바로 이 내재적인 창조적 역량이요, 파괴할 수 없는 능력인 것입니다.

  20세기 예술은 반복의 새로운 형식에 대해서도 스스로에게 물음을 던졌다는 점을 주목합시다. 매우 유명해진 텍스트에서 발터 벤야민은 세기가 예술적 연속에서, "기술적 재생산 가능성"의 능력에서 시작된다는 점을 (사진, 영화, 실크스크린 인쇄술 등으로부터) 부각시킵니다. 연속적 대상(뒤샹의 자전거 바퀴, 또는 이미 모든 종류의 큐비즘이 보여준 콜라주)을 예술적으로 강조함으로써 바로 반복적 행위를 반복의 있는 그대로의 가치 바깥에서 한정하고 연출하는 것이 중요합니다. 이 예술적 움직임이 곧 헤겔적 의미의 "자기 자신 속에서 다시 취하기"를 증명하는 것입니다. 세기의 많은 예술적 계획은 반복 그 자체의 행위 능력이 반복 속에서 감각적으로 되는 것을 목표로 합니다. 바로 이것이 정확하게 헤겔이 질적 무한이라고 명명한 것, 즉 유한의 능력을 드러내는 가시성인 것입니다.

관념적으로 볼 때, 20세기의 예술 작품은 실제로 작품 자신의 행위를 드러내는 가시성일 뿐입니다. 작품의 유한한 신체 속으로 무한이 하강하는 낭만주의적 파토스를 작품이 극복한다는 것은 바로 이런 의미에서입니다. 실제로 작품은 자기 고유의 활동 중인 유한성 말고는 무한에 대하여서 보여줄 것이 아무것도 없습니다. 만약 예술 "작품"이 이러한 규범 아래 있다면, 우리는 그것이 정확하게 말해 작품이 아니라는 것, 더 나아가 신성한 대상은 더더욱 아니라는 것을 잘 압니다. 만약 "예술가"가 어떤 반복에 내재하는 순수 행위를 가시적이게 하는 일만을 한다면, 그는 정확하게 말해서 예술가, 즉 이상과 감각적인 것 사이의 숭고한 매개자가 아닙니다. 작품에 대한 탈신성화와 예술가에 대한 탈숭고화라는 반-낭만주의적 프로그램이 이런 식으로 성취되는 것입니다.

따라서 이제 불거지는 근본 문제는 흔적의 문제, 또는 가시적인 것의 가시성의 문제입니다. 만약 우리가 오로지 활동적인 순수 질 속에서만 무한한 원천을 가진다면, 반복으로부터 가시적으로 분리될 수 있도록 하기에 충분한, 이러한 질의 흔적은 무엇일까요? 행위의 흔적이 있는 걸까요? 작품의 항구적으로 신성한 형식에 도움을 요청하는 일 없이 어떻게 행위를 행위 자신의 결과로부터 고립시킬까요?

유비를 통해 이 문제를 부각시켜봅시다. 우리는 무용술[안무법]을 엄격하게 표시할 수 있을까요? 러시아의 발레와 이사도라 덩컨 이후로 춤은 중요한 예술이 되었습니다. 그 이유는 정확하게 말해 춤이 단지 행위일 뿐이기 때문입니다. 예술의 패러다임이 점점 사라짐에 따라서 춤은 이제 일상적인 의미의 작품을 만들지 않습니다. 그렇다면 춤의 흔적, 즉 춤의 특이성을 통해 춤을 경계가 주어진 것으로 사유되도록 하는 흔적은 무엇일까요? 오로지 반복의 흔적만 있고 자기 행위의 흔적은 없는 걸까요? 그리하여 예술은 반복 속에서 반복 불가능한 것이 되는 걸까요? 이 반복 불가능한 것을 형식화하는 일 말고 예술에게 다른 운명은 없는 걸까요? 우리는 이 문제를 해결한 걸까요? 확실치가 않습니다. 만약 반복 불가능한 것이 어떤 형식을 받아들인다면, 이것은 그 형식의 결과가 반복이기 때문이 아닐까요? 그리고 예술은 단지 반복 불가능한 것을 마치 반복의 형식적 심급인 것처럼 다룬다고 결론을 내려서는 안 되는 걸까요? 여기에서 우리는 "형식"이라는 단어가 지닌 두 의미를 대립시켜야만 할 것입니다. 먼저 전통적인 (또는 아리스토텔레스적인) 첫 번째 의미는 질료의 형상화라는 측면, 작품의 유기체적 외양이라는 측면, 전체성으로서의 작품의 명백함이라는 측면에 있습니다. 두 번째 의미는 세기에 고유한 것으로서, 이에 따르면 형식이란 예술적 행위가 새로운 사유를 허락한다는 사실을 말합니다. 따라서 형식은 이제 자신의 물질적 실마리 속에 주어진 어떤 이념이 되며, 오로지 행위의 실재적 영향력을 통해서만 활성화될 수 있는 어떤 특이성이 됩니다. 이처럼 플라톤적 의미로 이해되는 형식은 곧 예술적 행위의 에이도스인 것입니다. 그렇다면 우리는 이제 형식을 형식화라는 측면에서 이해해야 합니다. 실제로 형식화는 근본적으로 산문(조이스와 형식들의 오디세이), 회화(어떤 경우에 직면하든 가시적인 것에 적합한 형식화를 발명해낸 피카소), 음악(알반 베르크Alban Berg의 〈보이체크Woyzeck〉에서 보이는 다목적의 형식적 건설) 같은 예술은 물론이요, 수학(형식논리학)에서 정치(모든 집단적 행위의 아프리오리한 형식인 당)에 이르기까지 세기의 시도들을 통합하는 그 거대한 능력입니다. 하지만 "형식화"에서 "형식"이라는 단어는 "질료"나 "내용"과 대립되지 않습니다. 그것은 행위의 실재와 짝을 이룹니다.

극도로 어려운 이러한 물음들이 세기를 흔들었습니다. 나는 세기 속에서 예술이 패러다임의 차원에서 춤과 영화 사이에 기입되었던 이유는 질적이지만 사라져가는 무한에 대한 포스트-낭만주의적 개념화 때문이라는 가정을 세웁니다. 영화는 대중에게 전적이고 무차별한 기술적 재생산의 가능성을 제안합니다. 영화는 "되풀이되는 작품itéroeuvre"으로서, 언제나 이용 가능한 불순함으로서 실현됩니다. 춤은 영화와 정반대입니다. 왜냐하면 춤은 언제나 지워지는 순수한 순간으로서 실현되기 때문입니다. 종교가 아닌 예술에 대한 물음이 [이와 같이] 춤과 영화 사이에 존재합니다. 무한이 행위의 효과 말고는, 실재적 효과 말고는, 반복적인 공허함으로만 제시되는 것 말고는 다른 그 무엇으로부터도 빠져나오지 않게 되는 예술, 작품의 예술이 아니라 형식화의 예술, 인간의 상업적 거래와는 아주 거리가 먼 예술 말입니다.

3. 일의성

자기 행위 속에서의 무한인 예술은 결코 평온한 일상적 삶을 사는 인간 동물의 만족을 위해 태어난 것이 아닙니다. 예술은 오히려 사유로 하여금 사유에 관계된 것을 위해 예외의 상태를 선언하도록 강요하는 것을 목표로 합니다. 질적 무한은 행위의 동기를 설명하되, 모든 결과, 모든 객관적 반복, 모든 "정상적인" 주체적 상태를 언제나 초과하는 것을 말합니다. 예술은 일상적 인류에 대한, 인류 속에서 살아남기를 완강히 주장하는 것, 또는 스피노자가 말한 것처럼 "끈질기게 존속하는" 것에 대한 표현이 아닙니다. 예술은 인간 속의 비인간적인 것을 증명합니다. 예술의 목적은 바로 인류에게 인류 자신을 초과할 것을 강요하는 일입니다. 그래서 성명과 선언은 그토록 심각하고 그토록 무겁습니다. 이런 의미에서 세기의 예술은 세기의 정치 또는 세기의 과학적 형식주의와 마찬가지로 분명히 반-인본주의적입니다.

사람들이 오늘날 예술에 대해 비난하는 것이 바로 이것입니다. 사람들은 인본주의적 예술을, 인간이 인간에 맞서서 할 수 있는 것과 관련해서는 애도의 예술을, 그리고 인권에 관한 예술을 원합니다. 말레비치의 〈흰 바탕 위의 흰 정사각형〉에서 베케트의 『고도를 기다리며』에 이르기까지, 베베른의 침묵에서 기요타Guyotat의 서정적 잔혹함에 이르기까지 세기의 근본적 예술이 인간을 조금도 개의치 않는 것은 정말 사실입니다. [이는] 그저 예술이 일상적으로 존재하는 인간을 대단치 않게 여기기 때문이며, 이러한 인간 주체가 할 일은 아무것도 없다고 여기기 때문입니다. 이것은 정말 사실입니다. 세기의 예술은 초인류의 예술입니다. 그래서 나는 세기의 예술이 어두운 예술이라는 것을 인정합니다. 나는 [그것이] 슬프다고, 초췌하다고, 신경증적이라고 말하려는 것이 아닙니다. 나는 [그것이] 어둡다고, 기쁨조차도 어두운 그런 예술이라고 말하는 것입니다. 오시리스는 검은 신이라는 브르통의 말은 옳습니다. 심지어 예술이 열광적이며 디오니소스적일 때마저도 세기의 예술은 어둡습니다. 왜냐하면 예술은 우리, 다시 말해 생존에 전념하는 인간 동물의 그 어떤 것에도 즉각적이며 휴식을 주는 것으로서 헌신하지 않기 때문입니다. 예술이 심지어 긍정적인 태양신을 위한 예배를 제안한다 할지라도, 이러한 제안의 방식은 여전히 어둡습니다. 이런 의미에서 네르발의 "검은 태양"은 아마도 세기 전체를 통틀어서, 세기의 예술에 선행하는 최고의 이미지입니다. 그것은 막 태어나는 세계를 적시는 평온한 빛이 아닙니다. 그것은 재로부터 다시 몸을 일으켜 세운 불사조, 그리하여 사람들이 결코 잊을 수 없는 불사조를 위한 태양인 것입니다. 여기에도 여전히 브르통이 있습니다. 예술이 자신의 가장 높은 야망 속에서 사랑처럼, 정치처럼, 과학처럼 "태양의 재로부터" 다시 태어납니다. 그렇습니다. 세기, 그것은 잿빛 태양입니다.

초인류는 모든 특수성의 폐지를 강요합니다. 하지만 우리는, 우리 자신이기도 한 동물과 마찬가지로, 특수성 속에서만 단순한 기쁨을 느낍니다. 따라서 인간의 기억 속에 세기를 머물게 하는 것은 인간의 만족과 아무런 관계가 없습니다. 미니멀 예술 속에서와 마찬가지로 사회주의의 건립 속에서, 미친 사랑의 불길 속에서와 마찬가지로 [과학의] 형식적 공리주의 속에서 세기가 욕망하는 것이 있다면, 그것은 예외 없는 보편성, 그 어떤 특수성에도 유착되지 않는 보편성입니다. 예를 들어 건축에서 바우하우스Bauhaus가 보여주었던 보편성이 그렇습니다. 바우하우스에 따르면 그 어떤 것도 건물을 특수화하지 않습니다. 왜냐하면 건물이란 결국 보편적으로 식별 가능하며, 모든 유형적 특수성을 잊어버리기 일쑤인 반투명한 기능성으로 귀착되기 때문입니다. 우리는 여기에서 슬로건이 실재에 밀착된 형식화라는 것을, 아울러 그 슬로건이 바로 인간의 판단에 대한 무차별성이라는 준엄한 효과를 즉각적으로 생산한다는 것을 잘 압니다.

초인은 특수성을 면제받은 자이므로 모든 해석으로부터 벗어나는 자입니다. 만약 작품이 해석되어야 하고 또 해석될 수 있다면, 그것은 작품에 남아 있는 특수성이 너무 많기 때문이고, 작품이 행위의 순수한 투명성에 도달하지 못했기 때문이고, 작품이 자신의 실재를 벌거벗기지 않았기 때문입니다. 즉 작품이 아직도 일의적이지 않은 것입니다. 인류가 다의적이라면, 초인류는 일의적입니다. 하지만 모든 일의성은 형식화의 행위가 곧 한

정 가능한 실재가 되는 그런 형식화로부터 유래합니다.

　세기—나는 세기가 스스로를 인본주의적이며 공생적이라고 주장할 만큼 너무나도 기만적이고 다의적인 현실적 복고주의를 넘어서기를 기대합니다—는 일의성의 세기가 될 것입니다. 들뢰즈는 존재의 일의성을 힘주어 단언합니다. 실제로 우리 시대는 그 어떤 여지도 두지 않은 채 보편성을 제시하는 작품을 통해 비인간적 방식으로 존재와 겨루기를 원할 것입니다.[1] 우리 시대는 강력하게 모든 영역에서 형식화의 길을 탐색할 것입니다.

　나는 존재로서의 존재에 대한 사유는 수학과 다르지 않다고 주장합니다. 20세기의 웅대한 계획들의 모태가 힐베르트와 그로텐디크 사이에 행해진 세기의 수학자들의 시도였다는 것이 내가 보기에는 전혀 놀랍지 않습니다. 그것은 전적인 형식주의를 세우기 위해, 다시 말해 순수 사유의 세계에 대한 일반 이론을 세우기 위해, 니체의 표현을 빌려 말하자면, 수학의 역사를 "둘로 쪼갠" 시도였습니다. 올바르게 형식화된 모든 문제는 반

---

1 나는 내가 망설임 없이 "서양"의 존재론적 전통 속에 있다고 생각하기 때문에 의도적으로 "존재être"라는 단어를 사용한다. 이러한 [존재론적] 결심이 프랑수아 라뤼엘François Laruelle의 제안 속에 그 모습 그대로 전이되어 가치 평가된다는 사실을 무시해서는 안 된다. 그가 보기에 실재로의 접근은 존재를 핵심적인 개념으로 세우려는 철학적 결심에 의해 가로막혀 있다. "학문"의 이름 아래(이 점에서 예기치 않은 것이 더불어 등장하게 된다) 실재로의 접근을 보장해주는 것을 라뤼엘은 "하나로의 비전la vision en Un"이라고 명명한다. 철학적 결심을 중단시키는 이 접근법을 라뤼엘은 비-철학이라고 부른다. 계속해서 고려해볼 가치가 있는 비-철학의 자세한 내용에 대해서는 『철학과 비-철학Philosophie et non-philosophie』(Liège-Bruxelles, Pierre Mardaga, 1989)을 읽어야 한다.

드시 해결될 수 있다는 확신이 이렇게 해서 나옵니다. 수학을 수학 자신의 행위로 환원시키기, 즉 수학을 형식주의라는 일의성의 능력으로 환원시키기, 문자와 문자의 코드가 지닌 벌거벗은 힘으로 환원시키기가 이루어진 것입니다. 부르바키의 위대한 논문은 이 거대한 정신적 계획에 대한 프랑스의 기여라고 할 수 있습니다. 모든 것을 통일된 공리 체계로 다시 가져와야 하며, 자기 고유의 일관성에 대한 증명을 형식주의에 연동시켜야 합니다. 모든 "수학적인 것"을 단번에 생산해야 하며, 생산한 것을 그것의 고통스럽고 우연한 역사에 넘겨주어서는 안 됩니다. 익명의 전적인 수학적 보편성을 모든 이에게 제공해야 합니다. 수학적 행위의 형식화, 그것은 수학적 실재에 대해 말하기이지 파악할 수 없는 질료 위에 덧붙여진 아포스테리오리 a posteriori 한 형식이 아닙니다.

시의 영역에서 말라르메가 『책 Livre』에 대해 가졌던 계획과 수학의 영역에서 부르바키가 남긴 기념비적 『논문 Traité』은 서로 등가적입니다. 『논문』은 완성된 작품이 아닙니다. 하지만 『논문』은 『책』과 반대로 말라르메가 애초에 원했던 것처럼 "여러 권으로" 이루어져 있습니다. 『논문』이 이처럼 여러 권으로 이루어져 있다는 것은, 처음부터 우리가 주장해온 것처럼, 20세기는 19세기가 알리는 데 그쳤던 것을 언제나 행했다는 사실에 대한 보충적 증거이기도 합니다.

소위 말하는 말라르메의 "실패"가 일반적인 것이 되었음에도 불구하고, 오늘날 사람들은 부르바키의 계획이 실패했다고 말하기를 좋아합니다. 오늘날에는 심지어 수학의 영역에서조차 "실제적인 신중함"이 유행하며, 특히 너무나도 많은 수학자가 금융 분석가가 되기를 원합니다. 부르바키의 계획이 실패했다는 것이 참이라고 한다면, 그것은 그 계획을 그 계획의 여러 측면 중 가장 오래되고 가장 덜 혁신적인 한 측면, 즉 논리적 완결성(논리학자들이 "완전함"이라고 말하는 것)에 대한 욕망이라는 한 측면으로 환원시킬 경우에만 참이 됩니다. 실제로 괴델이 보여준 바에 따르면 기본적인 산술(정말 최소한의 산술……)의 원천을 배치하는 수학적 형식주의는 결코 그 자신의 정합성을 증명할 수 없습니다. 하지만 부르바키의 계획 속에서 실재에 대한 열정은 완전함이라는 속성에 극히 부차적으로만 연결되어 있습니다. 그리고 이 완전함의 속성은 오히려 고전적 형이상학의 체계적인 야망을 향해 거슬러 올라갈 것입니다. 결국 중요한 것은, 수학의 형식적 현시[나타남]는 수학 행위의 본성과 관련해서 기초가 되는 근원성을 포함하고 있다는 사실입니다. 그리고 내가 보기에는 바로 이 점이 철학자에게도, 수학자에게도 사유의 강요로 남는 것입니다.

어떤 사람들은 괴델이 남긴 기술적 결과[*]를 다음과 같은 의미로 해석했습니다. 즉 사유의 모든 형식화한 배치는 그 어떤 찌꺼기를 남기며, 따라서 실재에 일의적으로 접근하고자 하는 세기의 꿈은 포기되어야 한다는 것이 그것입니다. 다루어지지 않으며 다룰 수 없는 잔류물, 형식화되지 않은 결핍이 불가피하게 해석될 것입니다. 해석학의 번잡하고 다의적인 옛길을 다시 가야

[*] 수학적 형식주의는 결코 그 자신의 정합성을 증명할 수 없다.

하는 것입니다.

그런데 수학의 본성에 대한 검토에 관해서는 칸토어 이후 가장 위대한 천재인 괴델이 자기 고유의 증명으로부터 이끌어낸 가르침이 위와 같은 이야기가 아니라는 사실은 매우 놀라운 일입니다.[1] 괴델은 그의 증명에서 무한성에 대한 가르침을 보며, 실재에 강요된 모든 지식이 무지와 함께 배가된다는, 무지의 대가를 봅니다. 어떤 진리에 참여하는 일은 언제나 우리가 아직 참여하지 않은 다른 진리가 있다는 사실을 헤아리는 일이기도 합니다. 형식을 실용적으로 단순하게 사용하는 일로부터 사유와 계획으로서의 형식화를 분리시키는 것이 바로 이것입니다. 따라서 결코 낙담하지 말고 다른 공리, 다른 논리, 형식화의 다른 방법을 발명해야 합니다. 사유의 본질은 언제나 형식의 능력 속에 있습니다.

적어도 우리가 배타주의, 필요, 이익, 맹목적 생존이라는 동물적 "인류"에 대항하면서 우리 속에서 진리라는 비인류를 구원하기를 원한다면, 아마도 오늘날 우리는 괴델주의자로 머무는 것이 바람직할 것입니다.

---

1 세기에 대한 이 가벼운 건드림을 괴델의 중요한 논문 「칸토어의 연속체 가설이란 무엇인가?Whant is Cantor's Continuum Hypothesis?」에 대한 독해를 통해 결론내리는 것은 결코 나쁘지 않다. 나는 이 점을 다음과 같이 다시 강조한다. 오늘날 우리는 칸토어, 프레게, 괴델의 정전과도 같은 텍스트들, 또한 수학의 조건 아래 저술된 매우 위대한 철학적 텍스트들인 카바예Cavaillès, 로트만Lautman, 드상티Desanti의 시론들을 읽지 않고서도 [아무런 문제없이] 철학을 한다고 잘못 생각할 수 있다. 그런데 우리가 이렇게 잘못 생각할 수 있는 것은 결코 "구조주의적" 숙고가 이 저자들을 충분히 다루었기 때문이 아니다.

우리의 공리는 무엇일까요? 그리고 이 공리로부터 엄정하게 도출되는 결과는 무엇이 되어야 할까요? 우리는 복고주의자들의 견해와는 무관하게 이 물음에 답하도록 요청받고 있습니다. 그 무엇도 우리를 이 요청으로부터 벗어나게 할 수 없을 것입니다.

세기는 끝났습니다. 따라서 우리는 세기의 내기였던 그 내기, 즉 가장假裝의 다의성에 맞선 실재의 일의성이라는 내기를 다시 해야 합니다. 새롭게 선언합시다. 누가 압니까? 어쩌면 이번에는 승리할 수도 있습니다. 세기의 전쟁이었던 사유 속의 이 전쟁, 또한 이미 아리스토텔레스에 플라톤을 대립시켰던 이 전쟁, 즉 해석에 대항하는 형식화라는 이 전쟁을.

이 전쟁과 함께 고려해야 할 다음과 같은 덜 난해한 다른 이름들이 있습니다. 이념에 대항하는 실재성. 본성에 대항하는 자유. 사물의 상태에 대항하는 사건. 견해에 대항하는 진리. 생존의 하찮음에 대항하는 삶의 강도. 공평성에 대항하는 동등성. 수용에 대항하는 봉기. 역사에 대항하는 영원성. 기술에 대항하는 과학. 문화에 대항하는 예술. 사무 관리에 대항하는 정치. 가정에 대항하는 사랑.

그렇습니다. 추바시 사람들Tchouvache이 말하는 것처럼 "말해지지 않은 것의 숨결이 요동치는 가운데"이겨야 할 이 모든 전쟁이 있는 것입니다.

후기

13. 인간과 신이 함께 사라짐

 오늘날, 그러니까 21세기의 네 번째 해인 지금, 세상에는 오로지 인권에 대한 물음과 종교적인 것의 회귀에 대한 물음만 있습니다. 20세기를 사로잡았고 황폐하게 했던 난폭한 대립에 향수를 느끼는 어떤 사람들은, 심지어 우리의 우주가 인권(또는 자유의 권리, 또는 민주주의의 권리, 또는 여성해방의 권리……)을 보존하는 서양과, 중세의 전통(갇힌 여성, 의무적 신앙, 신체적 체벌……)으로의 야만스러운 회귀를 지지하는, 대개 수염이 덥수룩한 이슬람의 종교적 "근본주의자들" 사이에 벌어지는 치명적인 대립 주위로 조직된다고 주장하기까지 합니다.
 이러한 게임을 두고서 프랑스의 몇몇 지식인은—이제부터는 신Diem(테러리스트)에 대항해서 싸우는 인간Homme(권리)의 전쟁으로 봉인된 투쟁의 상에서—교체[신과 인간을 다른 이름으로 바꾸어 부르는 것]의 주요 기표를 장려하고 싶어서 정말 안달이 난 것으로 보입니다. 70년대 극좌주의의 변절자들은, 그들이 비록 변절은 했지만, "혁명"이 모든 진실된 사건의 이름이 되기를 멈추었다는 사실에 대해서, 정치의 적대주의가 세계 역사의 열쇠를 더 이상 우리에게 넘겨주지 않는다는 사실에 대해서, 당, 대중, 계급의 절대성이 붕괴되었다는 사실에 대해서 몹시도 애석해합니다. 이처럼 속수무책이 된 이 불쌍한 지식인들이 수염을 기른 거짓 예언자들과, 또 다소 석유 냄새가 나는 그들의 신과 [적대적] 대칭을 이루면서, 나치의 유태인 말살을 20세기의 유일하고도 신성한 사건으로 만드는 일, 반유태주의를 유럽 역사의 운명적 내용으로 만드는 일, "유태"라는 단어를 절대적 교체의 희생적 명칭으로 만드는 일, 그리고 "이슬람주의"와 거의 동일하게 쓰이는 "아랍"이라는 단어를 야만의 명칭으로 만드는 일에 전념하는 것입니다.

이스라엘 정부의 식민 정책이 민주주의 문명의 전초가 되는 것, 미국 군대가 그럴듯해 보이는 모든 세계의 궁극적 보증이 되는 것은 이러한 [교체] 공리의 결과입니다.

야만스런 종교에 맞서 싸우는 인본주의적 민주주의의 최후의 전투라는 이 비장한 "거대 담론"에 관한 나의 입장은 다음과 같은 놀라운 단순함에서 나옵니다. 즉 유일신론의 신은 이미 오래전에, 아마도 최소한 200년 전에 죽었고, 인본주의의 인간 또한 20세기에 살아남지 못했다는 것입니다.[1] 중동 국가의 정치가

---

[1] 신과 관련해서는 내 책 『일시적 존재론 Court traité d'ontologie transitoire』(Seuil, 1998)의 「신은 죽었다 Dieu est mort」라는 제목이 붙은 첫 장을 참조할 것을 권한다. 이 책의 독일어 번역자들은 첫 장의 제목을 책 전체의 제목 『신은 죽었다 Gott ist tot』로 삼은 바 있다. 인간의 죽음과 관련해서는 내 책 『윤리학. 악에 대한 의식에 관한 시론 Éthique. Essai sur la conscience du Mal』(Hachette, 1993)을 읽

들의 한없는 복잡함도, 서양 국가들의 "민주주의자들"의 스펀지 같은 영혼의 상태도 이미 죽은 신과 인간을 결코 되살릴 수 없습니다.

문명들 간의 전쟁, 민주주의와 테러리즘의 충돌, 인간의 권리와 종교적 광신의 권리 사이에 벌어지는 사생결단의 대결, "아랍", "유태", "서구", "슬라브" 같은 근원적이고 역사적이며 식민지적이고 희생적인 기표들의 장려, 이 모든 것은 이데올로기들이 투영된 그림자 연극에 불과합니다. 이 그림자 연극 뒤에서는 단 하나의 진실된 작품, 즉 이미 사망한 공산주의를, 오늘날 혼돈에 빠진 군중을 정치적으로 해방시키기 위한 또 다른 합리적인 길을 통해서, 고통스럽게, 산만하게, 혼란스럽게, 천천히 대체하는 작품이 공연됩니다.

아울러 사람들은 내가 "프랑스"나 "유럽"을 더 이상 존중하지 않는다는 것을 잘 압니다. 심지어 다른 곳에서 나는 이러한 국가적 범주를 전적으로 해체할 것을 제안한 바 있습니다.[1]

이러한 사실로부터 개인적으로 내가 증인이기도 했던, 인간에 대한 오래된 개념이 신의 결정적인 물러남과 상관관계를 가지면서 궁극적으로 솟아오른 20세기의 한 페이지를 다시 읽는

을 것을 권한다. 이 책에서 나는 인권의 내용을 해체하는 작업을 했다. 요컨대 아나키스트의 슬로건을 적용해보면, 다음과 같은 격언이 가능할 것이다. "신도, 인간도 죽었다 Nie dieu ni homme."

[1] 『상황 2 Circonstances 2』에서 나는 원래의 구성원들을 폐기시키게 될, 그리고 지지부진하고 혼돈스러운 유럽의 건설을 통제하게 될 새로운 힘의 탄생을 위해 독일과 프랑스의 융합을 제안한 바 있다.

것은 흥미롭습니다.

좀 더 먼 곳에서부터 이야기를 시작해봅시다. 우리는 도스토옙스키가 다른 몇몇 사람과 함께 다음과 같은 극적인 물음을 제기했다는 것을 압니다. 만약 신이 죽었다면, 인간에게 어떤 일이 일어날까요? "신 없이" 인간이 정말로 실존할 수 있는 걸까요?

이 물음이 지닌 힘을 알기 위해서는 "인간"과 "신"의 관계에 대한 이전의 배치, 예를 들어 근대 형이상학이 이 관계에 대하여 구상한 개념 같은 것을 상기해야 합니다. 주체로서의 인간이라는 주제가 독립된 것으로 명백히 드러나는 순간 이후로(즉 자기의식에 대한 포스트-데카르트적 모티브 이후로) 인간에 대한 물음과 신에 대한 물음의 관계에 대하여 철학적으로 생성된 것은 무엇일까요?

역사의 증기기관차를 타고 빠른 속도로 살펴봅시다.

먼저 데카르트에게 있어서 신은 진리의 보장으로서 요구됩니다. 이로써 학문의 확실함이 신을 통해서 정당화됩니다. 따라서 라캉의 표현을 빌려 말하자면 사람들은 데카르트의 신은 곧 학문의 주체의 신이라고 정당하게 말하게 될 것입니다. 인간과 신 사이의 매듭을 만드는 것, 그것은 주체에게 확실함의 형태로 제안되는 진리와 다른 것이 아닙니다.

두 번째의 구두점은 칸트입니다. 여기에는 중대한 자리 이동이 있습니다. 즉 인간을 신에게 이어주는 것은 더 이상 학문의 주체라는 작용자, 칸트에 의해 "선험적 주체"라고 다시 명명된 주체가 아닙니다. 이제 인간과 신의 진정한 관계는 실천이성에 속합니다. 이 관계는—루소가 원했던 것처럼—도덕적 의식에 의해 세워진 관계입니다. 우리는 칸트를 설명하기 위해 단순한 실천이성의 한계 내에서 종교에 대하여 말할 수 있습니다. 인간은 초감각적인 것을 향해 갈 수 있는 그 어떤 순수하게 이론적인 접근법도 가지고 있지 않습니다. 인간을 신에게 개방하는 것, 그것은 참이 아니라 선입니다.

이런 신은 "인권"과 "민주주의"라는 정복적 인본주의를 보증해주는 일 말고는 돈이 될 만한 다른 속성을 가지지 않을 정도로 충분히 애매한, 오늘날의 미국적 신에 매우 가깝습니다. 신이 행하는 모든 국가적 기능은 반대쪽에 자리 잡은 야만스러운 사람들을 폭격하고 침략하는 일에 고용된 인본주의적 군인들을 축복하는 일입니다. 이 기능 외에는 가정의 좋은 아빠를 축복하는 등의 오로지 사적인 기능만 있습니다.

새로운 자리 이동이 헤겔과 더불어 발생합니다. 헤겔이 신이라고 부르는 것은 정신의 절대적 생성 또는 절대적 이념, "주체로서의 절대자" 또는 구체적 보편자입니다. 보다 정확하게 말하자면 우리 고유의 생성을 가리키는 주체적 정신의 절대적 생성이 신의 전개를 성취하는 것입니다. 이를 두고서 우리는 헤겔이 내재적인 이어짐을 제안했다고 말할 수 있습니다. 왜냐하면 여기에서 신이란 곧 성취된 것으로 가정된 인간의 과정이기 때문입니다.

혼돈스러운 우리의 21세기 초에 이와 같은 종말론적 비전은 특히 이상합니다. 절대자라는 모든 형상은—"민주주의"의 존재론적 본질인 유한성을 고려할 때—이 시기에 당연히 의심스럽습니다. 인간적 아방가르드의 이런저런 생성을 내재적인 방식으로 절대화하게 될 형상 또한 그 이상으로 의심스럽습니다.

하지만 중요한 20세기 전체가 헤겔주의적이었던 것처럼, 내가 헤겔주의자로 남는다면, 그것은 오로지 이런 의미(우리 자신을 통합시킬 수 있는 진리의 옛 이름에 불과한 것으로 환원된 "신")에서입니다.

마침내 실증주의가 등장합니다. 실증주의는 헤겔이 소묘한 대로, 인간에게 신이 내재함을 과격하게 주장합니다. 실제로 오귀스트 콩트에게 있어서 신은 산 자와 죽은 자가 뒤섞인 인류 그 자체, 그가 "위대한 존재"라고 칭송한 인류를 말합니다. 실증주의는 참된 것의 학문적 내재화 과정의 결과인 인류, 바로 이 인류라는 종교를 제안하는 것입니다.

우리는 참된 것을 통해서, 선을 통해서, 내재성의 역사를 통해서 우리에게 가장 중요한 것, 즉 "인간"과 "신" 사이를 순환하는 명칭상의 결정 불가능성이 [데카르트로부터 콩트에 이르기까지] 위에서 아래로 흐르는 것을 봅니다. 우리는 인간의 신격화, 일종의 전도된 기독교를 가지고 있는 걸까요? 아니면 육화라는 모티브에 보다 가깝게 신성이 인간화를 가지고 있는 걸까요? 이 둘은 상호 가역성의 상태에 있습니다. [둘 사이에는] 성스러운 유비가 유지됩니다만, 이제부터 이 유비는 인간과 내적으로 분리 불가능한 형상 속에서 유지됩니다. [따라서] 고전적인 형이상학적 인본주의의 본질은 인간적인 것과 신적인 것 사이의 결정 불가능한 술어를 건설하는 것이라고 말해봅시다.

니체의 절망적인 개입에는 이러한 술어를 해체하기, 결정 불가능한 것을 바로 그 지점에서 결정하기 외는 다른 쟁점이 없습니다. 신은 죽어야 하고, 인간은 극복되어야 하는 것입니다.

니체가 종교에 대항해서, 특히 기독교에 대항해서 일어서는 것은 단지 겉으로 볼 때만 그런 것입니다. 실제로 니체는 신과 사제가 인간적 (무)능력의 형상을 구성하는 경우에만 신과 사제에 대해서 예언합니다. "신은 죽었다."라는 유명한 진술은, 데카르트, 칸트, 헤겔, 콩트 이후로 신이 인간과 결정 불가능한 이어짐의 상황 속에 있는 순간 속에서, 명백하게 인간에 대한 진술입니다. "신은 죽었다." 이 진술은 인간 또한 죽었다는 것을 의미합니다. 인간, 마지막 인간, 죽은 인간, 이 모두는 초인을 위하여 극복되어야 하는 것입니다.

초인은 무엇일까요? 그저 신이 없는 인간입니다. 신적인 것과의 모든 관계를 벗어나서 사유 가능한 그런 인간입니다. 인본주의적 술어[인간적인 것과 신적인 것 사이의 결정 불가능한 술어]를 이와 같이 깨뜨림으로써 초인은 결정 불가능성을 결정합니다.

문제는 초인이 여전히 존재치 않는다는 사실입니다. 초인은 단지 도래해야 하는 존재입니다. 그리고 초인은 본래의 의미에서의 인간, 즉 신과의 매듭이 풀린 인간일 뿐이라는 점에서, 우리는 니체가 20세기 전체를 예언하면서 인간을 프로그램으로 만들었다고 말해야 합니다. 차라투스트라는 "나는 나 자신에게 내 고유의 선구자다."라고 선언합니다. 초인은 이처럼 앞으로 도래할, 인간 역사의 매듭 풀기인 것입니다.

20세기는 이와 같이 더 이상 주어진 것으로서의 인간이 아닌 프로그램으로서의 인간이라는 논제―우리는 이 점을 수많은 방식을 통해 반복해서 보았습니다—아래 시작합니다.

 어떤 21세기는, 자연적 생존자의, 유한성의, 존재하는 것에 대한 체념의 권리로서의 인권이라는 기호 아래, 주어진 것으로서의 인간으로 되돌아오는 일을 시도한다는 점을 주목합시다. 나는 이 점을 이미 말한 바 있습니다. 즉 21세기는 (마침내!) 과학이 인간으로 하여금 그의 동물 종의 하부구조에 이르기까지 바꿀 수 있도록 해주는 순간에 이와 같은 회귀를 시도하고 있는 것입니다. 사실 주어진 것으로서의 인간을 향한 이 "회귀"는 이미 실패했습니다. 따라서 다음과 같은 물음이 그 어느 때보다도 더 우리에게 남습니다. 신이 없는 인간이라는 프로그램은 우리에게 정확하게 무엇을 약속할 수 있을까?

 앞에서 내가 이야기한 바 있는 세기의 그 영광스러운 60년대에 우리는 이 물음에 대한 대립적인 두 개의 가정이 있다는 것을 알았습니다.

 먼저 첫 번째 가정에 관한 텍스트는 『변증법적 이성비판』의 도입부가 되기 이전에 1959년 『현대Les Temps modernes』지에 게재된 사르트르의 텍스트, 「방법의 문제Questions de méthode」가 될 수 있을 것입니다. 그리고 두 번째 가정에 관한 텍스트는 인간의 죽음에 바쳐진, 푸코의 책 『말과 사물Les Mots et les choses』 (1966)의 유명한 단락이 될 수 있을 것입니다.

 첫 번째의 거대한 가정은 죽은 신의 자리로 신이 없는 인간이 도래해야 한다는 것입니다. 그렇다고 해서 이 가정이 내재적인 신격화 과정에 관한 것은 아닙니다. 이 가정은 빈자리를 점유하는 일에 관한 것입니다.

하지만 이러한 자리를 실질적으로 점유하는 일은 아마도 불가능하리라는 것을 이해합시다. 『존재와 무L'Être et le néant』의 끝부분에서 사르트르는 요컨대 인간의 열정은 그리스도의 열정을 뒤집는다고 말합니다. 즉 [인간을 구하기 위하여 신이 자신을 잃어버리는 것이 아니라] 신을 구하기 위하여 인간이 자신을 잃어버린다는 것입니다. 단지 사르트르는 신의 관념은 모순적이며, 따라서 인간은 쓸모없이 자신을 잃어버린다고 덧붙입니다. 이로부터 책을 결론짓는 다음과 같은 유명한 경구가 나옵니다. "인간은 쓸모없는 열정이다."

나중에 사르트르는 이 허무주의적 낭만주의가 [허무주의 자체로 끝나는 것이 아니라 무언가를 드러내고 돋보이게 하기 위한] 장식이라는 것을 이해하게 됩니다. 만약 인간의 기투projet가 절대자의 자리에 인간 스스로를 도래토록 하는 것이며, 또 인간의 본질이 바로 이런 기투 자체라면, 결과적으로 기투의 "실현"은 기투의 전개를 재는 척도가 아닙니다. 이러한 기투에 동질적인 역사적 실천들이 있으며, 이러한 기투가 아닌 다른 실천들 또한 있습니다. 따라서 성취된 것으로 가정된 신-인간의 형상이 존재론적으로 취약한 것임에도 불구하고, 우리가 해야 할 것에 대한, 또는 하지 말아야 할 것에 대한 인본주의적 독해가 가능해지는 것입니다.

신들의 빈자리를 점유하는 일이 그 자체로 불가능함에도 불구하고 필연적으로(또는 실재적으로) 그렇게 할 수밖에 없다는 이 모티브를 나는 근원적 인본주의라고 부를 수 있다고 생각합니다. 인간은 인간 자신에게 있어서 자기 고유의 절대자입니다.

또는 보다 정확하게 말해서 인간은 자기 자신인 이 절대자의 끝 없는 생성입니다. 우리는 사르트르가 절대자를 향해 있다고, 또는 혁명적 정치의 프로그램적 차원을 특별히 공산주의적 버전 속에서 형이상학으로 변형시키고 있다고 거의 말할 수 있습니다. 인간은 인간이 발명해야 하는 그 무엇입니다. 이것이 개별 도덕으로서가 아니라, 해방의 가정으로서 주어지는 것의 내용입니다. 인간은 이처럼 인간 자신을 유일한 절대자로서 도래토록 하는 일을 단 하나의 과업으로 가집니다.

물론 이러한 가정은 맑스주의와 모든 면에서 상호작용합니다. 이 가정은 『1844년의 수고』에 나타난 맑스의 최초의 직관과 관계를 맺습니다. 맑스주의에 따르면 유적 인류는 구체적 역사 속에서 자신들을 전개시키는 소외를 넘어서 무엇이 자신들 고유의 본질을 도래토록 하는지에 대한 답을 ("프롤레타리아"라는 이름으로) 자신들 속에 지니고 있습니다. 그래서 사르트르는 실증적 지식의 내용이 인간의 소외라고 주장함과 동시에 이러한 지식의 실재적 쟁점이 사람들을 "실존"토록 하는 운동이라고, 다시 말해 탈소외 프로그램으로서의 소외라고 주장하는 것입니다. [따라서] 사람들은 "맑스주의적 지식은 소외된 인간에게 영향을 미친다."(왜냐하면 예속은 이처럼 자유로운 인간을 단순한 프로그램으로 만든다는 점에서 자유가 실존하는 현실적인 역사적 환경을 이루기 때문입니다)라고 말함과 동시에, "질문자가 어떻게 피질문자—즉 [질문자] 그 자신—가 자신의 소외로 실존하는지, 어떻게 자신의 소외를 극복하면서 그 극복 속에서 스스로 소외되는지 이해하는" 것이—더 이상 지식의 질서에 속하지 않는—쟁점이라고 말할 것입니다.

프로그램으로서의 인간은 해방의 단계들이 언제나 소외의 새로운 형식들을 이루게 되는 해방의 관점에서 인간 소외의 극복을 실존적으로 이해하는 것을 말합니다. 또는 프로그램으로서의 인간은 [사르트르의 다음과 같은 언급에서 보듯이] 인간 자신의 조건인 자유에 대한 (주체적) 이해를 통해서 예속에 대한 (객관적) 지식을 변증법화하는 것을 말합니다. "실천적 자유는 오로지 예속의 구체적 조건, 예속의 항구적 조건으로서만 파악된다. 즉 예속을 가로질러서, 그리고 예속을 통해서, 오로지 예속을 가능케 하는 것으로서만, 오로지 예속의 근본으로서만 파악되는 것이다."

여기에서 "근본"이라는 단어는 근원적 인본주의의 형이상학을 요약합니다. 왜냐하면 인간은 인간 자신에게 있어서 자기 고유의 프로그램인 존재이며, 또 동일한 운동을 통해서 인간 자신에 대한 프로그램적 인식의 가능성을 세우는 자이기 때문입니다. [사르트르는 말합니다.] "인간학의 근본은 인간 자신이다. 즉 실천적 지식의 대상으로서의 인간이 아니라, 프락시스의 순간으로서의 지식을 생산하는 실천적 유기체로서의 인간인 것이다."

죽은 신의 자리를 차지하는 것, 그것은 이처럼 자기 자신인 것의 유일한 기초가 되는 것입니다.

핵심적 내용에 있어서 니체적인, 두 번째의 거대한 가정은 신의 부재는 곧 인간의 부재를 가리키는 이름들 가운데 하나라는 것입니다. 신적 형상을 띤 즐거운 재난(니체는 신들이 웃다가 죽었다고 반복해서 말합니다)은 동시에 인간적인, 너무나도 인간적인 재난에 대한 즐거운 지식이기도 합니다. 즉 그것은 인간 형상의 흩어짐이요 해체입니다. 인본주의의 종말입니다. 마치 푸코가 "오늘날 우리는 사라진 인간의 빈자리에서만 사유할 수 있다."라고 쓴 것처럼 말입니다. 니체와 꼭 마찬가지로 푸코는 "여전히 인간에 대해서, 인간의 지배에 대해서, 또는 인간의 해방에 대해서 말하고자 하는" 이들에게 단지 그가 "철학적 웃음—즉 어떤 면에서는 침묵의 웃음"이라고 명명한 것만을 대립시키길 원합니다.

이러한 웃음 또는 이러한 침묵으로 뒤덮인 가정假定은 확실히 근원적 반-인본주의의 역사적 도래를 가정합니다.

따라서 우리는 철학적인 어떤 20세기는, 세기 자신의 한복판에서, 대략 50년대와 60년대에, 근원적 인본주의와 근원적 반-인본주의의 대립을 통해서 확인된다고 말할 수 있습니다.

하지만 모순에 대한 변증법적 사유가 합일을 원하는 것과 마찬가지로 대립적인 이 두 방향의 합일이 존재합니다. 실제로 이 두 방향은 모두 신이 없는 인간이란 무엇인가, 라는 물음을 다룹니다. 아울러 이 두 방향이 모두 프로그램적입니다. 사르트르는 프락시스의 즉각성 위에서 새로운 인간학을 세우길 원합니다. 푸코는 인간 형상이 사라지는 것은 "마침내 사유가 다시 가능해지는 공간이 펼쳐지는 것"이라고 선언합니다. 근원적 인본주의와 근원적 반-인본주의는 개방으로서의, 가능성으로서의, 사유 프로그램으로서의 신이 없는 인간이라는 논제 위에서 서로 일치합니다. 그래서 두 방향은 수많은 상황 속에서, 특히 모든 혁명적 에피소드 속에서 서로 교차하게 되는 것입니다.

어떤 의미에서 보면 세기의 정치들은, 또는 보다 일반적으로 말해서 혁명적 정치들은 근원적 인본주의와 근원적 반-인본주의 사이에서 주체적으로 결정이 불가능한 상황들을 창조합니다. 메를로퐁티가 훌륭하게 파악했던 것처럼—하지만 결정이 불가능한 것으로부터 불확실한 결론을 도출해내기 위해서—일반적인 제목은 "인본주의 그리고 테러" 같은 결합적인 형태가 될 수 있을 것입니다. 이에 반해서 21세기는 "인본주의 또는 테러" 같은, [예를 들어] (인본주의적) 전쟁 대 테러리즘 같은 분리적인 [또는 선언選言적인] 도덕 위에서 시작됩니다.

이러한 결합적 차원, 사람들이 로베스피에르 또는 생쥐스트 (테러 그리고 덕)의 사유에서 이미 인지한 바 있는 이 "그리고", 40년 후에 사람들이 아무런 모순 없이 "사르트르 그리고 푸코"라고 쓰도록 허락하는 이 결합은, 도래하는 것에 상응하기 위하여, 근원적인 방향들의 충돌을 형식화하는 일을 금지하는 것이 아니라 요구합니다. 세기 속에서 이 충돌은 50년대에서 60년대와 70년대에 이르는 동안 경험적으로 좌우 균형으로 나타나기도 했습니다. 80년대가 모든 근원성뿐만 아니라 보편화할 수 있는 모든 희망까지도 명백하게 빼앗긴 분리를 마치 죽은 물고기처럼 표면으로 떠오르게 하기 전에 말입니다.

근원적 인본주의를 위한 철학은 무엇일까요? 사르트르는 그것은 일종의 인간학이라고 힘주어 말합니다. 그에 따르면 철학의 인간학적 생성이 있습니다. 이 생성은 명백하게 인간에 의한 인간의 창조에 달려 있습니다. 궁극적으로 철학은 그 자체가 인간의 절대성인 이 프로그램의 역사적 실행 또는 시퀀스를 통한 실행을 기다리는 잠정적 인간학이라고 할 수 있습니다.

근원적 반-인본주의의 틀 속에서 사람들은 다짜고짜 "철학"이라는 말을 싫어합니다. 왜 그럴까요? 그 이유는 푸코가 우리에게 말하는 것처럼 "아마도 인간학이 칸트로부터 우리에게 이르기까지 철학적 사유를 명령하고 인도해왔던 근본적인 배치를 구성하기" 때문일 것입니다. 하지만 니체 철학 지지자에게 있어서 "인간학"이라는 것은 결국 "신학"을, 더 나아가 "종교"를 의미합니다. 그 결과 오랜 시간 동안 인간학으로서 형식화되어왔던 철학이 의심을 받는 것입니다. 따라서 사람들은—이번에는 하이데거와 함께—"철학"이라는 말보다 "사유"라는 말을 더 선호합니다. 사실상 "사유"는 (사실 20년대부터 하이데거가 앞서 행한) 근원적 반-인본주의의 비전 속에서, 사람들이 철학이 너무 위태롭게 연루되어왔던 인간학을 포기할 경우, 철학을 대체하는 것을 가리킵니다. 프로그램적 스타일을 간직한 푸코에 따르면 "사유자가 인간이라는 것을 즉시 사유함 없이 사유하는 것"이 문제입니다. "사라진 인간의 빈자리에서" 사유하는 것, 따라서 사유하기를 시작하는 것이 문제인 것입니다.

50년대와 60년대의 가장자리에, 그리고 신의 죽음이라는 유일한 슬로건 아래, 다음과 같이 철학의 과업에 대한 두 가지 정의가 있습니다.

a) 해방의 구체적 과정을 동반하는 일반적 인간학(사르트르).

b) 비인간적 시작이 도래하도록 하는 사유(푸코).

사르트르는 너무 늦게 태어난 사람입니다. 그는 "인간은 가장 값비싼 자본이다."라고 쓴 스탈린의 테러리스트적 의지주의의 기초를 이루고 있었던 근원적 인본주의를 다시 활성화할 것을 제안합니다. 게다가 사르트르는 다음과 같이 매우 헤겔적인 (또는 "젊은 맑스주의적인") 문체로 자신의 인본주의적 인간학을 혁명적 프락시스를 동반한 포괄적 지식처럼 상상할 뿐 아니라, 사유의 구체적 생성처럼, 철학적 지성의 역사적 통합처럼 상상하기도 합니다. "인간을 항구적으로 떠받치는 인간학의 한복판에서 인간을 구체적 실존으로서 회복시키는 일은 필연적으로 철학의 '세계-생성'의 한 단계로서 나타난다."

요컨대 모든 일이 해방의 패러다임적 형상으로서의 소비에트 연방과 공산당이 이미 정치적 시체에 불과한 순간에 마치 사르트르가 연방과 당에게 영혼의 보충을 제안하는 것처럼 일어납니다.

사르트르는 길이 없는 길동무의 형상을 비장하면서도 기막히게 그리고 있습니다.

만약 60년대 말에 근원적 반-인본주의의 프로그램이 승리하게 된다면(하지만 내가 보기에 그것은 출발선에 그대로 머물고 맙니다), 그것은 이 프로그램이 공백과 시작이라는 짝을 이루는 관념들을 전달하기 때문입니다. 그런데 이 관념들은 68년의 저항에서도, 그다음에는 70년대 초에도 유용한 것으로 드러납니다. 따라서 사람들은 무엇인가가 임박했다고, 무엇인가가 일어날 것이라고 공통적으로 생각합니다. 그리고 이 "무엇인가"는 사람들이 거기에 몰두할 만한 가치를 가지고 있습니다. 이 "무엇인가"는 정확하게 말해 그 이전에 수없이 반복된 인본주의의 재탕이 아니기 때문에, 다시 말해 비인간적 시작의 형상이기 때문에 사람들이 거기에 몰두할 만한 가치를 가지고 있습니다.

우리는 인본주의에 대한 이와 같은 물음이 결국 역사와 관련된 어떤 몫을 가리키는 것을 봅니다. 근원적 인본주의는 참의 역사성이라는 헤겔 철학의 주제를 유지합니다. 실제로 "인간"이라는 프로그램적 단어는 인간의 어떤 역사적 노동을 가리킵니다. 그래서 『변증법적 이성비판』의 제2권은 이집트에서 스탈린에 이르기까지의 역사에 할애되어야 했습니다. "인간"은 해방의 역사의 기념비적 노동에 대한 이해를 가능케 하는, 규범적 본질에 대한 개념인 것입니다.

한편 푸코는 반-인본주의의 기호 아래에서, 불연속적 시퀀스에 의한, 역사적 특이성들에 의한, 즉 그가 에피스테메들이라고 부르는 것에 의한 역사의 비전을 제안합니다. 따라서 "인간"은 여기에서 근대의 철학적 담론에서 사용되는 단어 가운데 하나에 불과한 것으로만 이해되어야 합니다. 그 결과 의미의 연속체로서의 역사 또는 인간의 생성으로서의 역사는 이 같은 역사를 운반하는 담론(인간학으로서의 철학)의 범주처럼 더 이상 쓰이지 않는 범주가 됩니다. 절대적이고 유일하게 주의를 기울여야 하는 것이 있다면, 그것은 무언가가 시작되었는지를, 그리고 이 시작이 어떤 담론적 그물망에 들어가 있는지를 아는 문제입니다.

역사는 [사르트르에게서 보듯이] 역사적 기념비일까요, 아니면 [푸코에게서 보듯이] 시작의 연속일까요? 세기 속에서 "인간"은 이 같은 양자택일에 놓입니다.

신이 없는 인간의 프로그램은 이와 같이 서로 다른 두 제안을 배치했습니다. 혹 인간은 자기 고유의 절대적 본질의 역사적 창조자입니다. 혹 인간은 도래하는 것 속에 자신의 사유를 자리 잡게 하면서 바로 이 도래의 불연속 속에 머무는 비인간적 시작의 인간입니다.

오늘날에는 이와 같은 두 제안에 대한 동시적 포기가 있습니다. 오늘날 사람들은, 신이 있든 없든, 이전까지 고전적 인본주의의 실천을 지탱해왔던 신의 생기성을 배제한 채, 오로지 고전적 인본주의의 부흥만을 우리에게 제의합니다.

이처럼 신이 없는, 계획이 없는, 절대자의 생성이 없는 고전적 인본주의는 자신의 동물적 신체로 인본주의를 환원시켜버리는 인간을 재현하는 것입니다. 나는, 만약 우리가 사유의 두 프로그램이었던 근원적 인본주의와 근원적 반-인본주의를 한꺼번에 취소하면서 세기로부터 나온다면, 인간을 아주 단순하게 하나의 종으로 만들어버리는 형상을 우리가 반드시 견뎌야 할 것이라고 주장합니다.

이미 사르트르는, 인간이 공산주의를, 다시 말해 전적인 평등함을 기투로 갖지 않는다면, 인간은 개미나 돼지보다 흥미로울 것이 없는 하나의 동물의 종에 불과하다고 말했습니다.

우리가 여기에 있습니다. 사르트르와 푸코, 고약한 다윈 이후로. "윤리적" 모양새를 갖추고서, 하나의 종에 대해서 말할 때, 실제로 그 종의 생존에 대해 걱정하지 않는다면 도대체 무엇에 대해 걱정해야 할까요? 결국 생태학과 생명-윤리가 우리의 "올바른" 생성을, 즉 돼지나 개미의 생성을 추구하게 될 것입니다.

그럼에도 불구하고 하나의 종이란 특히 길들여지는 것이라는 사실을 상기합시다.

설령 내가 스캔들을 일으키는 한이 있더라도 나는 우리에게 부과되는, 프로그램이 배제된 인본주의에 잠재되어 있는 이러한 길들이기가 이미 희생적 신체의 장려 속에서 스펙터클로서, 규범으로서 작동되고 있다는 나의 확신을 말할 수밖에 없습니다.

오늘날 사형당한 사람, 살육된 사람, 굶주린 사람, 집단 학살당한 사람의 형태로만 인간에 대한 물음이 아주 무겁게 제기되는 이유는 무엇 때문일까요? 가장 눈부시게 증명돼온, 인간이 신체의 동물적 소여에 불과하다는 사실을 제외하고 나면, 판매할 수 있는 유일한 것(우리는 거대한 시장 속에 존재합니다)은, 우리가 서커스 묘기 이래로 알고 있는 것처럼, [신체의] 고통입니까?

현대의 "민주주의"가 지구 전체에 부과하기를 희망하는 것은 이와 같은 동물적 인본주의라고 말해봅시다. 인간은 여기에서 오로지 동정할 가치가 있는 것으로서만 존재합니다. 인간은 가없은 동물입니다.

이제 막 시작한 21세기를 지배하는 이 이데올로기는 사르트르와 푸코의 공통점을 절대적으로 파괴하기를 원합니다. 특히 인간이 자기 고유의 절대성에 대한 무한한 프로그램이 아니라면, 인간은 단지 사라지는 것 말고는 다른 가치가 없다는 사실을 파괴하기를 원합니다. 사르트르와 푸코는 다음과 같이 생각합니다. 인간은 인간의 미래(사르트르)이거나, 인간의 과거(푸코)입니다. 인간은 그가 가지고 있는, 또는 그의 하부구조인 짐승의 윤곽으로 환원되지 않고서는 그의 현재가 될 수 없을 것입니다. 하지만 오늘날의 반동주의자들, 예를 들어 『왜 우리는 니체주의자가 아닌가』[1]라는 비방문을 쓴 사람들은 반대로 인간은 인간의 유일한 현재라고 선언합니다.

하지만 사람들은, 만약 인간이 인간의 유일한 현재라면, 우리의 현재를 놓고 볼 때 인간은 아무런 가치도 없으리라는 것을 인정하게 될 것입니다.

어쨌든 동물적 인본주의의 반작용 속에서 우리는 근원적 인본주의와 근원적 반-인본주의의 공통점을 보다 잘 파악하게 됩니다.

이 공통점은 다음의 세 가지입니다.

1. 사르트르와 푸코는 인간 또는 인간의 빈자리로부터 어떤 개방된 형상을 그립니다. 이 두 경우에 쟁점은 전체적인 계획입니다. 사르트르에게 있어서 인간학은 철학을 세계의 차원으로 확장시킵니다. 푸코에게 있어서 인간의 부재 속에서 행동하는 것, 그것은 "그다음에 오는 사유를 완강하게 가로막는" 장애물을 넘어서는 것입니다. 사르트르와 마찬가지로 푸코에게 있어서도 핵심적인 문제는 참신한 가능성의 개방인 것입니다. 다만 그것이 푸코에게 있어서는 사유의 가능성의 개방이었고, 사르트르에게 있어서는 존재의 인간화 가능성의 개방이었습니다.

---

[1] 이 제목으로 최근에 출간된 이 집단 저작물은—『68의 사유La pensée 68』(Gallimard, 1985)라고 이름 붙인 지루한 책에서 미래의 승려 르노Renaut와 미래의 장관 페리Ferry가 시도했던 것처럼—20세기의 60년대가 지닌 위대한 지적 형상들을 공개적으로 억압하기를 원하는 수많은(또는 적은) 못난 젊은이를 집결시켰다.

그것이 생성이든 또는 공허함이든, "인간"은 이 같은 가능성, 이 같은 개방의 이름 가운데 하나와 다른 것이 아닙니다.

2. 사르트르와 푸코는 실체론적 범주에 격렬한 반감을 표시합니다. 사르트르는 실천적 자유에 대한, 그리고 그것의 소외에 대한 모든 실체적 분리에 대항해서 논쟁을 벌입니다. "기투의 자유가 우리 사회의 소외 아래 자유 자신의 완전한 실재성 속에서 재발견된다고 하는 가정"은 불가능합니다. 인간은 자기 고유의 절대성 밖에서 인간을 취하는 것으로부터 분리될 수가 없기 때문에, 인간은 소외의 도정 또는 기투이지, 결코 분리 가능한 동일성이 아닙니다. 푸코 또한 "인간이 그 본질상 무엇인지를 아직도 묻는" 사람들을 잔인하게 비웃습니다.

동물적 인본주의에서 말하는 인간은 실체론적 범주이거나 본성적인 범주, 즉 우리가 고통의 광경 속에서 공감함으로써 받아들이는 범주에 해당합니다. 기 라르드로Guy Lardreau[1]처럼 기민한 재능을 가진 사람조차도 이러한 압제적인 형이상학 속에서 동정을 베풀어야 한다고 믿었습니다. 하지만 그것이 "인도주의적" 개입을 위한 선동의 주체화된 심급이 아닐 경우, 동정이란 단지 현대의 인본주의 속에서 인간이 자연주의로, 심오한 동물

---

1 『진실함La Véracité』(Verdier, 1993)에서 라르드로는 타인의 고통이 야기하는 감정에 근거한 감성적인 (또는 유물론적인) 도덕의 정립을 절망적으로 시도한다. 이 수준에서 보면 그는 여전히 한 사람의 "새로운 철학자"요, 인본주의적 간섭을 말하는 이데올로그다. 그렇지만 우리는 그가 참으로 그런 것은 아니라고 말할 수 있다.

성으로 환원된다고 할 때의 자연주의에 대한, 심오한 동물성에 대한 확인에 불과한 것입니다.

정확하게 말해서 우리의 시대는, 적어도 "서구의" 프티부르주아의 입장에서 볼 때, 생태학의 시대, 환경의 시대, 사냥―참새 사냥이든, 고래 사냥이든, 인간 사냥이든―에 적대적인 시대입니다. 우리는 우리의 "지구촌"에서 살아야 하고, 자연을 있는 그대로 놔두어야 하며, 도처에서 자연권을 긍정해야 합니다. 실제로 사물은 존중해야 할 본성을 가집니다. 따라서 자연적인 균형을 발견하고 공고히 하는 일이 중요합니다. 예를 들어 시장경제는 자연스러운 것입니다. 사람들은 고슴도치와 달팽이 사이의 균형을 존중하는 것이 타당한 것처럼 불행히도 불가피하게 부유한 사람들과 불행히도 헤아릴 수 없이 많은 가난한 사람들 사이에서 균형을 찾아야 합니다.

우리는 아리스토텔레스적 배치 속에서 살고 있습니다. 즉 본성이 있고 그 옆에는 법이 있습니다. 그리고 이 본성은 자연의 우연한 초과를 바로잡기 위하여 좋건 나쁘건 노력합니다. 사람들이 두려워하는 것, 사람들이 배제하기를 원하는 것은 자연스럽지 않은 것, 법만 가지고서는 개선할 수 없는 것입니다. 요컨대 그것은 괴물 같은 것입니다. 그리고 사실상 아리스토텔레스는 민감한 철학석 문제들을 이 괴물의 형태로 만났습니다.

푸코와 사르트르는 이러한 신新-아리스토텔레스적 자연주의에 대해 진정한 증오를 품습니다. 푸코와 사르트르는 둘 다 실제로, 적절하게, 괴물로부터, 예외로부터, 받아들일 만한 그 어떤 본성도 없는 것으로부터 출발합니다. 그리고 여기에서부터, 오직 여기에서부터 그들은 모든 법 바깥에서 행동하는 유적 인류를 고찰하는 것입니다.

3. 사르트르와 푸코는 시작, 계획, 개방으로서의 인간에 대한 정의 또는 사유에 대한 정의를 지탱하는 핵심적인 개념을 제안합니다. 사르트르에게 있어서 실존(또는 프락시스)은 이런 종류의 작용자입니다. 푸코에게 있어서 그것은 사유하기 또는 사유입니다. 사르트르에게 있어서 실존은 소외 자체 속에서 이해하는 무엇이며, 지식으로 환원이 불가능한 무엇입니다. 푸코에게 있어서 사유하기는 한 에피스테메의 담론적 형식을 단순하게 실행하는 일과 다릅니다. 이러한 작용자들을 (마치 플라톤주의자처럼) 이데아들이라고 부르는 데 동의해봅시다. 그러면 이제 우리는 동물적 인본주의의 근본 명령은 곧 "이데아 없이 살아라."라는 명령이라고 말할 수 있게 될 것입니다.

세기는 사르트르와 푸코의 커다란 목소리로 다음과 같이 물었습니다. 실존 아래 또는 사유 아래 오고 있으며 또 와야 할 인간은 초인간적 형상 또는 비인간적 형상일까? 사람들은 인간의 형상에 변증법을 적용함으로써 인간의 형상을 극복하게 될까? 아니면 사람들은 다른 곳에서, 들뢰즈가 "별 사이의 어떤 곳"이라고 선언한 바 있는 그 "다른 곳"에서 스스로를 세우게 될까?

세기의 끝자락에서 동물적 인본주의는 토론 자체를 폐기시킬 것을 주장합니다. 우리는 동물적 인본주의의 논거가 지닌 완고함을 이미 여러 차례 만난 바 있습니다. 동물적 인본주의의 논거는 곧 초인(또는 새로운 종류의 인간, 또는 근원적 해방의 인간)의 정치적 의지는 오로지 비인간적인 것만을 낳는다는 것입니다.

하지만 비인간으로부터 출발해야 합니다. 즉 우리가 참여하는 일이 일어날 수도 있는 그런 진리로부터 출발해야 합니다. 그리고 오로지 여기에서부터 초인을 검토해야 합니다.

이 비인간적 진리에 대해서 (마치 "이론적 반-인본주의"를 말한 알튀세르가 옳았으며, 참된 것의 근원적인 인간성 상실을 말한 라캉이 옳았던 것처럼) 그것이 우리로 하여금 "인간학화하는 일 없이 형식화"하도록 강요한다고 말한 푸코가 옳았습니다.

따라서 새로운 세기의 가장자리에서, 우리를 포위 공격하는 동물적 인본주의에 대항해서, 마치 형식화된 비-인본주의에 대해서 말하듯이 우리 이제 철학적 과업에 대해서 말해봅시다.

참고 문헌

Aïgui, Guennadi Nikolaevitch, *Hors commerce Aïgui*, textes réunis et traduits du russe par André Markowicz, Le Nouveau Commerce, 1993.

Aragon, Louis, *Le con d'Irène*, Mercure de France, 2000.

Bonnefoy, Yves, *Ce qui fut sans lumière*, Mercure de France, 1987.

Bossuet, Jacques Bénigne, *Sermon sur la mort et autres sermons*, éditions de Jacques Truchet, GF, Flammarion, 1996.

Brecht, Bertolt, *Écrits sur la politique et la société(1919-1950)*, traduit de l'allemand par Paul Dehem et Philippe Ivernel, L'Arche, 1971.

Brecht, Bertolt, *La Décision*, in *Théâtre complet*, vol. 2, L'Arche, 1988.

Breton, André, *L'Amour fou*, Gallimard, 1998.

Breton, André, *Arcane 17*, Pauvert, 1971, Fayard, 1989.

Celan, Paul, *La Rose de personne*, traduit de l'allemand par Martine Broda, José Corti, 2002.

Eluard, Paul, "Joseph Staline", in *Hommages*, recueilli dans *Œuvres complètes, 1913-1953*, Gallimard, coll. "La Pléiade", 1968.

Foucault, Michel, *Les Mots et les choses*, Gallimard, 1990.

Freud, Sigmund, *Cinq psychanalyses*, traduit de l'allemand par Marie Bonaparte et Rudolph M. Lœwenstein, PUF, 1999.

Freud, Sigmund, *Le Petit Hans*, in *Œuvres complètes*, t. IX: *1908-1909*, PUF, 1998.

Freud, Sigmund, *Le Président Schreber*, traduit de l'allemand par Pierre Cotet et René Lainé, PUF, 2001.

Freud, Sigmund, *L'Homme aux loups*, PUF, 1990.

Genet, Jean, *Les Nègres*, in *Théâtre complet*, édition présentée, établie et annotée par Michel Corvin et Albert Dichy, Gallimard, coll. "La Pléiade", 2002.

Goethe, Johann Wolfgang von, *Faust II*, traduit de l'allemand par Jean Malaparte, édition de Bernard Lortholary, Flammarion, 1990.

Hegel, Georg Wilhelm Friedrich, *Phénoménologie de l'esprit*, traduit de l'allemand par Gwendoline Jarczyk et P.-J. Labarrière, Gallimard, 2002.

Heidegger, Martin, *Essais et conférences*, Gallimard, 1980.

Mandelstam, Ossip, "Distiques sur Staline", in *Tristia et autres poèmes*, traduit du russe par François Kérel, Gallimard, 1982.

Mao Zedong, *Problèmes stratégiques de la guerre révolutionnaire en Chine*, Édition en langue étrangère, Pékin, 1970.

Mao Zedong, *Problèmes de la guerre et de la stratégie*, Édition en langue étrangère, Pékin, 1970.

Perse, Saint-John, "Loi sur la vente des juments", in *Anabase*, Gallimard, 1966.

Pessõa, Fernando, *Ode maritime*, in *Œevres poétiques d'Alvaro de Campos*, traduit du portugais par Patrick Quillier, avec la participation de Maria Antónia Câmara Manuel, Christian Bourgois, 2001.

Sartre, Jean-Paul, *Questions de méthode*, édition d'Arlette Elkaïm-Sartre, Gallimard, 1986.

Valéry, Paul, *Le Cimetière marin*, Gallimard, 1922.

옮긴이의 말

원래는 이 책 『세기』만을 위해 바디우의 철학을 요약 정리한 맞춤형 글을 '옮긴이의 말'로 쓸 생각이었다. 그런데 몇 차례 글을 쓰려다가 그만두었다. 이런 종류의 글쓰기가 나로서는 힘에 부치는 일이기도 하지만, 가장 큰 이유는 『세기』가 순수 철학 이론서가 아니기 때문이다. 지난 100년에 고유했던 정치, 예술, 과학, 사랑 등과 관련된 다양한 경로를 통해 20세기를 통찰한 이 책은 13개의 논제로 이루어진 세미나 모음집이다. 각각의 세미나는 지난 세기를 이해토록 하는, 아울러 현재 진행 중인 우리의 세기를 조망토록 하는 강력한 사실주의적 관점들을 제안한다. 따라서 굳이 바디우의 철학에 대한 전문적인 사전 지식이 없더라도 접근할 수 있도록 기획된 책에, 그것도 13개의 논제로 깔끔하게 체계적으로 완성된 책에 더해지게 될 나의 글은, 그것이 아무리 독자를 배려하기 위한 것이라 할지라도, 오히려 군더더기가 될 공산이 커 보였다. 마찬가지 이유로 『세기』에 대한 옮긴이의 개별적 이해를 담은 해설 글 또한 자칫 독자의 자유롭고 창조적인 읽기를 제한할 수 있기에 쓰지 않기로 했다. 결국 번역을 모두 끝낸 후 무언가 방점을 찍고 싶어서 '옮긴이의 말'의 형식으로 『세기』에 관련된 옮긴이의 사적인 소회를 간단하게 적게 되었다.

이야기는 15년 전으로 거슬러 올라간다. 바디우 선생님의 지도 아래 들뢰즈에 대해 박사논문을 쓰기 시작한 것이 『세기』의 첫 세미나가 열린 1998년 가을이다. 나의 논문 계획에 선뜻 동의해주셔서 그해 9월 처음 선생님을 뵈었다. 그날 선생님이 이국인 제자에게 보여준 깊은 연대감과 솔직함이 지금도 생생하다. 선생님에 대한 존경심이 시작된, 언제 생각해도 기분 좋은 잊을 수 없는 날이다.

그해 가을 새 학기부터 선생님의 강의를 듣는 일은 내게 있어서 언제나 긴장해야 할 중요한 임무였다. 집이 멀어 1시간 40분 동안 기차를 타고 갔다가 막차를 놓치지 않고 집에 돌아오는 일 자체가 이미 쉽지 않은 임무였고, 시간 내내 밀도 있게 진행되는 선생님의 강의를 매번 놓치지 않고 이해하는 일은 어렵지만 반드시 달성해야 할 임무였다. 당시 선생님의 사유(존재론)를 막 알아가고 있었기에 말 그대로 입문 수준에 있었던 나는 정말 힘든 시간을 보냈다. 강의는 녹음해서 반복해서 듣고, 선생님의 책은 책대로 꾸준히 읽으면서 이해의 수준을 높여갔다. 그 최초의 결과물이 선생님의 책 『들뢰즈—존재의 함성』(이학사, 2001)을 우리말로 옮기면서 뒤에 역자 부록으로 붙인 「알랭 바디우의 『존재와 사건』 소개」(부록 1)와 「『존재와 사건』 용어 사전」(부록

2)이다. 하지만 이런 노력과 진전에도 불구하고 나중에 『세기』로 결실을 맺게 될 선생님의 세미나 시리즈는 여전히 쫓아가기가 힘들었다. 20세기가 막 저물어가는 때, 세기의 한복판을 거쳐 지나온 철학자의 입장에서 세기에 대해 내재주의적 이해를 시도한 이 세미나는 이전까지 순수철학 강의에만 익숙해 있던 나에게는 무척이나 낯설었다. 특히 만델스탐을 비롯한 시인들의 시를 주요 텍스트로 삼아 세기에 대해 강의할 때는 정말 눈만 깜빡일 뿐 다른 도리가 없었다. 『세기』는 이렇게 해서 나에게는 아쉽게도 '달성 못한 불가능했던 임무'로 남아 있었다.

2005년에 프랑스에서 『세기』가 출판되었다. 자본주의의 대안을 모색하는 전선에서 선생님을 동지라 칭하는 슬라보예 지젝이 『세기』의 원고가 이미 오래전에 완성되었음에도 불구하고 아직 출판되지 않은 것을 가리켜 '인류에 대한 범죄'라고 말한 덕담을 받아들인다면, 드디어 인류에 대한 범죄가 멈춘 것이다. 1년 후인 2006년 나는 선생님의 동의 아래 박사 논문을 발표했다. 이로써 나도 그동안 나를 힘겹게 지켜보았을 가족에 대한 범죄를 드디어 멈추게 되었다.

그 이후 이학사로부터 『세기』의 번역 의뢰를 받았다. 순간, '달성 못한 불가능했던 임무'라는 오래전의 기억이 떠오르면서 "그때 그렇게도 강의를 제대로 이해하지 못해 헤맸던 것이 혹시 오늘의 이 일을 위해서였나?" 하는 생각이 들었다. 마치 라이프니츠식의 예정조화론 아래 이미 결정되어 있었던 일처럼, 나는 『세기』의 번역이 최고의 선을 이루기 위하여 나에게 예비된 일이라고 생각하기로 했다. 다시금 임무를 달성할 수 있도록, 그리하여

20세기에 대한 선생님의 그 강력한 통찰을 우리나라 독자들에게 제대로 전달할 수 있도록 감사하게도 나에게 예비된 기회! 『세기』의 번역은 그래서 개인적으로 애착이 컸다. 강의의 사실성을 살리기 위해 강의체로 번역한 것, 극히 예외적인 경우를 제외하면 직역의 원칙을 벗어나지 않은 것, 초벌 번역 후 그 어느 때보다 교정 작업을 철저히 한 것 모두 이 때문이다. 특히 이학사 편집부의 치열한 교정 작업이 동반되지 않았다면 이 책은 없다. 이학사에 무한 감사를 드린다.

마침 올 가을에 선생님이 주도적으로 조직하여 주최한 '공산주의의 이념에 대한 네 번째 컨퍼런스'가 우리나라에서 열렸다 ("멈춰라, 생각하라! 공통적인 것과 무위의 공동체를 위한 철학 축제" 2013. 9. 24 ~ 10. 2). 경희대학교 이택광 교수를 비롯한 여러 관계자가 헌신적으로 일을 추진한 덕분이다. 너무나 감사하게도 선생님을 우리나라에서 뵙고, 많은 분과 더불어 뜨거운 열기 아래 선생님의 강의를 서울에서 듣는 소중한 시간을 가졌다. 선생님의 제자로서 이분들께 어떤 식으로라도 마음을 전하고 싶어서 이 지면을 빌려 작은 감사의 글을 적는다.

2013년 12월 13일
박정태

찾아보기

ㄱ
고티에, 테오필 237~238
괴델 287~288
괴테 257
그로텐디크 285
그리피스 21
기요타 9, 283
기조 57

ㄴ
나데이다 32
낭시, 장뤽 255, 268
네르발 166, 283
니체 35~36, 39~40, 49, 62, 66, 68, 70, 81, 91, 124, 126, 171, 183, 208, 285, 296~297, 301~302, 304

ㄷ
다윈 307
덩샤오핑 119~120, 122~123
덩컨, 이사도라 280
데데킨트 21
데리다, 자크 256
데카르트 141, 294

뒤메질 219
뒤샹 271, 274, 279
드골 65, 156
드보르, 기 237, 263, 269, 272
드상티 288
들뢰즈 66, 285, 312, 316
디드로 80

ㄹ
라뤼엘, 프랑수아 285
라르드로, 기 310
라부아지에 124
라자뤼스, 실뱅 59, 72, 107
라캉 46, 97, 148, 182~183, 185, 196, 245~246, 263, 277, 294, 313
란츠만, 클로드 18
랑시에르, 자크 262
랭보 80, 182, 238, 258~259
러셀 21
레닌 13, 21, 72, 121, 135, 152, 186, 195, 197, 265
레마르크, 에리히 마리아 86
레비나스, 엠마누엘 256
레이, 시몬 121
레이스, 리카르두 206

로렌스 69~70, 208, 222
로리, 말콤 222
로베스피에르 13, 303
로벨, 레옹 163
로트레아몽 240
로트만 288
루소 142, 224, 295
루크레티우스 9
류사오치 119
르노, 프랑수아 275
리만 21
리오타르, 장 프랑수아 65
린뱌오 26

ㅁ
마르코비치, 안드레 111
마르쿠, 릴리 102~103
마야콥스키 109
마오쩌둥 13, 72~73, 119~123, 186, 198~199, 254, 261
마인호프, 울리케 226
만델스탐, 오시프 29~33, 40~42, 49, 54~55, 61~62, 65, 70, 77, 160, 162~163, 210
말라르메 20, 47, 58~59, 108, 110, 131, 163, 184, 242, 247, 286
말레비치 109, 111~112, 234, 274, 283
말로 23, 70, 208, 272
맑스 38, 81, 91, 128, 171, 187, 244, 300
매카시 87

메니공, 나탈리 226
메를로퐁티 303
메이어홀드 81
멜리에스 21
모스 219
미셸, 나타샤 166
밀네, 장클로드 188
밀레, 자크 알랭 182

ㅂ
바그너 80~81, 255
바타유 208
발레리 48, 156~157
발소, 주디스 205, 207
발자크 57
방브니스트 219
베르그손 35
베르크, 알반 281
베베른 234~235, 242, 283
베케트, 사무엘 161, 173, 283
벤야민, 발터 82, 278
보레유, 장 271
보쉬에 10
본푸아, 이브 50, 54~55
부르바키 197, 286~287
부하린 102~103
브라크 21
브레히트 54, 79~88, 90~92, 95~96, 111, 197~198, 204~205, 207~208, 211, 216~217, 219~221, 229~230, 264, 271
브로델, 페르낭 190

브르바, 루돌프 18
브르통, 앙드레 50~51, 237, 243~
    244, 246, 248, 250~254, 256,
    258~259, 263, 272, 283
블랑쇼 268
블로크, 마르크 190, 219
블룸, 레옹 267
비제 81
비테즈 81, 84
비트겐슈타인 21, 245
빌라르 81

ㅅ
사드 240
사르트르 9, 176, 181~182, 198, 299~
    300, 302~305, 307, 312
생쥐스트 189, 303
샤르, 르네 272
샬라모프 102
세르시 207
소벨, 버나드 84
솔레르, 필립 10
쇤베르크 21, 274
스타니슬랍스키 81
스탈린 13, 30~32, 45, 101~102, 105,
    304, 306

ㅇ
아감벤, 조르조 269
아도르노 162, 190
아라공, 루이 266~267
아르키메데스 235

아르토 208
아리스토텔레스 289, 311
아이기 162~163
아인슈타인 20~21
아피아 81
알튀세르, 루이 92, 96~97, 198, 313
앙리, 미셸 194
야콥슨 219
에이젠슈타인 191
엘뤼아르, 폴 30~31
엥겔스 128
예조프 32
콩트, 오귀스트 296~297
위고 47, 132, 166, 272
윌슨 81
융 147
이다노프 261, 267

ㅈ
자니코, 도미니크 62
장베, 크리스티앙 196~197
제임스 21
조이스 21, 281
주네, 장 9~10
주베 81
지노비예프 102
지드 23, 129

ㅊ
채플린 21
체호프 161
첼란, 파울 154, 160~163, 165, 167,

172~177, 179

ㅋ
카바예 288
카스트로, 피델 13
카에이루, 알베르투 206
카잔, 엘리아 87
칸토어 21, 135, 272, 288
칸트 172, 236, 294~295, 297, 304
캄푸스, 알바루 드 204, 206, 209, 214, 221, 223~230, 241
코이레 219
코포 81
콘래드 21
크래그 81
크세노폰 151~152
클로델 54, 62, 157

ㅌ
토레즈, 모리스 267
트로츠키 82, 101, 263

ㅍ
파솔리니 62
파스테르나크 32
페로케 40
페르스, 생존 154~158, 160, 163, 165~173, 176
페리클레스 20
페소아, 페르난두 21, 162, 204~208, 211, 216, 252
페탱 51, 156

포크너 222
푸앵카레 21
푸코 135, 298, 302~304, 306~313
푸키에탱빌 124
퓌레, 프랑수아 102, 190
프레게 21, 288
프로이트 21, 130, 132~150, 263, 277
프루스트 21, 155
플라톤 139, 211~212, 281, 289
피란델로 99, 101, 106, 197
피카소 21, 281
핀리, 모지즈 219

ㅎ
하버마스 190
하이데거 47, 53, 55, 111, 128, 161, 245, 272, 304
헤겔 38, 58, 71, 90, 104, 106~108, 194, 239~240, 276~279, 295~297, 305~306
헤라클레이토스 272
후설 21
휘트먼 47
히틀러 13, 17, 85, 102
힐베르트 21, 285